k.

Markus Flohr

Wo samstags immer Sonntag ist

Ein deutscher Student in Israel

Kindler

2. Auflage Februar 2011
Copyright © 2011 by Rowohlt Verlag GmbH,
Reinbek bei Hamburg
Alle Rechte vorbehalten
Satz aus der Minion PostScript
bei hanseatenSatz-bremen, Bremen
Druck und Bindung GGP Media GmbH, Pößneck
Printed in Germany
ISBN 978 3 463 40591 9

Und Gott segnete den siebenten Tag, und heiligte ihn, weil er an ihm ruhte von allen seinen Werken, die er geschaffen und gemacht hatte.

GENESIS 2, 3

Samstag ist Selbstmord.

TOCOTRONIC

Scherut

Wenn ich Jude wäre, hätte ich genug von den Deutschen.

«Die Frage ist, warum man überhaupt nach Israel fährt», sagte Friedrich. «Ich meine: Was willst du hier? Es kommen viele, die glauben, es sei sehr edel von ihnen, nach Israel zu fahren. Weil sie den Juden helfen wollen. Oder den Palästinensern. Oder den Christen. Auf jeden Fall helfen und versöhnen. Du kannst ja sagen, es gehe dich nichts an. Aber das stimmt nicht! Es waren unsere Großväter, deine und meine, die in Polen einmarschiert sind, die Konzentrationslager errichtet haben. Das klebt an dir, das wirst du nicht los. Jetzt kommst du hierher, in das Land der Menschen, die unsere Großväter nicht erwischt haben.»

«Also mein Opa war kein Nazi.»

«Ich meine auch gar nicht deinen Opa als Person. Den kennt hier außer dir keiner. Du kommst in das Land der Menschen, die Auschwitz entkommen sind. Wie taktlos ist das denn? Vielleicht wäre ein Einreisestopp eine gute Idee. Ein hundertjähriger Einsreisestopp für Deutsche. Ach was, ein tausendjähriger. Ein Israel-Moratorium. Nochmal: Wenn ich Jude wäre, hätte ich genug von Deutschen. Ich würde uns nicht reinlassen. Bei jedem deutschen Pass denkt der Mann am Einreiseschalter an Auschwitz.»

Das ging schnell. Kaum im Land, und schon hatte jemand «Auschwitz» gesagt. Ich kannte Friedrich seit zwei Stunden, eben hatte er im Flugzeug neben mir gesessen.

Jetzt saßen wir im Bus, und er sagte solche Sachen. Friedrich war jung, kaum 21, und was mir auffiel, war sein dichter roter Bart und seine Geheimratsecken. Er sprach schnell und energisch wie ein U-Boot-Kommandant. Seit einem Jahr wohnte er hier, in Israel; er arbeitete in einem Krankenhaus. Ich kam, um in Jerusalem zu studieren. Ich musste Friedrich komisch angesehen haben, denn er sagte, ich würde gucken wie Luke Skywalker aus «Krieg der Sterne». Die Szene, in der Darth Vader sagt: «Ich bin dein Vater, Luke.»

Wenn ich Jude wäre, hätte ich auch so geguckt.

Wir fuhren nach Jerusalem. Draußen schimmerte es schwarz wie auf dem Todesstern. Am Flughafen hatte Friedrich für uns Bier gekauft, in Flaschen mit hebräischer Schrift, die sehr teuer gewesen waren, aber jetzt auch sehr gut schmeckten. Wir fuhren in einem Kleinbus, einem Großraumtaxi, das Friedrich mir als «Scherut» vorgestellt hatte. Ein Mercedes Sprinter, gelb-weiß bemalt, acht Menschen saßen drin, außer uns. Auf der Rückbank lümmelten sich drei Mädchen um die 16, sie diskutierten sehr laut auf Hebräisch. Ich verstand sie nicht, ich fragte Friedrich. Er übersetzte. Sie redeten darüber, ob es mehr Christen auf der Welt gebe – oder mehr Araber. Und wie viele Juden. Friedrich sagte, die Mädchen würden sicher Muslime meinen und nicht Araber. Einig waren sie sich darin, dass es zu viele gab. Zu viele Araber. Also Muslime. Weil es passte und nicht so sehr, weil ich es meinte, sagte ich: «Deutsche. Es gibt zu viele Deutsche auf der Welt.»

Weil ich Deutscher bin, habe ich genug von Deutschen.

«Nein. Es gibt nicht zu viele Deutsche. Aber es gibt zu viele Menschen, die es nur gut meinen, mit Israel, die gute Absichten haben, mit den Palästinensern. ‹Der Weg zur

Hölle ist gepflastert mit guten Absichten.› Solche Leute, die es gut meinen, sagen: Israel ist ein ganz normales Land. Stimmt nicht! Sie wissen, dass es nicht stimmt. Sie meinen: Es wäre schön, wenn Israel ein ganz normales Land wäre. Sie sagen auch: Deutschland ist ein ganz normales Land. Du weißt, dass auch das Blödsinn ist. Schau dir die Leute an, da vorne, in Reihe 2, solche kommen ständig nach Israel.»

«Solche?»

«Solche, die sich mit ‹den Arabern› verbrüdern wollen oder mit ‹den Juden› versöhnen. Versöhnen! Das kann ein Ehepaar machen, wenn es sich gestritten oder sich Beleidigungen an den Kopf geworfen hat. Israel ist doch kein Beichtstuhl für die deutsche Volksseele.»

«Nicht jeder Deutsche ist hier, um sich für seinen Großvater zu entschuldigen.»

«Nein. Es gibt auch noch die, die herkommen und sagen, sie trügen eine besondere Verantwortung, für das, was hier passiert – weil ihre Großväter, deine und meine, daran schuld seien, dass es Israel überhaupt gibt. Sie wollen verhindern, dass hier Unrecht geschieht. Dann stellen sie sich in die Westbank und schmeißen Steine auf israelische Soldaten.»

«Und ist das nicht so? Mit dem Unrecht?»

«Quatsch! Diese Deutschen sind es doch, die den Juden niemals verzeihen werden, dass sie sich in Auschwitz haben vergasen lassen. Sie gehen nach Gaza und sagen: ‹Haben die Juden denn nichts aus der Geschichte gelernt?› Ich sage es noch einmal: Wenn ich Jude wäre, hätte ich genug von Deutschen.»

«Ich habe es verstanden. Sie haben uns ja reingelassen.»

«Sobald ich am Strand in Tel Aviv jemanden Deutsch sprechen höre, gehe ich mindestens 100 Meter in die andere Richtung.»

«Warum redest du dann mit mir?»

«Ich will wissen, warum du hier bist. Also?»

«Studieren.»

«Hast du schon einmal gesagt. Ich meine den anderen Grund.»

«Den anderen?»

«Jeder hat mindestens zwei Gründe, nach Israel zu gehen. Einen, den er zugibt, und einen, den er verschweigt. Wenn du sagst: ‹Ich komme, weil der Strand in Tel Aviv so schön ist›, dann weiß ich, dass du lügst.»

«Es gibt hier sicher Leute, die nur Urlaub machen wollen.»

«Ja, die gibt es. Russen. Aber nicht du. Zwei von 180 in einem Flugzeug sind Russen. Die wollen Urlaub machen. Reihe 4, Platz 19 und 20, kommen nur wegen der Sonne. Und dann gibt es im Flieger noch den Mossad-Agenten in der Reihe dahinter, der vom Einsatz nach Hause fliegt und im Schlafzimmer eine weitere Kerbe in den Bettpfosten ritzen wird, weil er wieder einen steinalten SS-Offizier zur Strecke gebracht hat.»

SS. Jetzt hatte er auch noch «SS» gesagt.

«Oder er hat einen von der Hamas erledigt. Der Agent und die Russen, die haben keinen zweiten Grund, hierherzukommen. Keinen, den sie nicht zugeben würden, alle anderen 177 Passagiere schon. Du auch. Na ja. Du wirst es mir noch erzählen.»

«Und du?»

«Ich? Ich habe auch meinen Grund. Jeder hat seine eigene Idee, worum es hier geht. Jeder hat sogar seine eigene Idee, wo er hier eigentlich ankommt. Du musst wissen: Die Leute kommen nicht im gleichen Land an.»

«Verstehe ich nicht.»

«Eben, im Flugzeug: Reihe 11 singt ‹Schalom Aleichem›. Sechs Juden aus Milwaukee auf dem Weg nach ‹Eretz Israel›. Wenn die das sagen, klingt es wie ‹Alex is real›. In Reihe 13 drückt sich ein Mann die Ohren zu, weil er Palästinenser ist und den Zionismus für ein Verbrechen gegen die Menschlichkeit hält. Der kommt selbstverständlich nicht in ‹Israel› an, sondern im ‹von Juden besetzten Palästina›. In den Reihen 10 bis 18 sitzt die Reisegruppe ‹Auf Jesu Spuren durch Galiläa mit Pastor Klein›. Die Damen und Herren fragen sich in erster Linie, ob sie um diese Zeit in Jerusalem noch etwas zu essen bekommen werden. Ob das hier nun ‹Palästina› oder ‹Israel› oder ‹Königreich Jerusalem› heißt, ist denen egal. Hauptsache heilig und Hauptsache, sie sehen das Haus, in dem der Herr Jesus lebte, und Hauptsache, der Bus ist klimatisiert. Hinten im Flieger sitzen noch ein paar Russen, also, russische Israelis, die bei der Familie in Kaliningrad waren. Die kommen zwar in Israel an, das schon, aber für sie ist das mehr so ein ‹Isragrad›. Sie sprechen den ganzen Tag Russisch, haben russische Freunde, heiraten russisch, schauen russisches Fernsehen, lesen russische Zeitungen, freuen sich über die russische Bedienungsanweisung im Geldautomaten. In der russischen Metzgerei am Mahane-Jehuda-Markt in Jerusalem gibt es sogar Schwein.»

«Schwein?»

«Schwein. Das Flugzeug landet hier zwar auf dem Ben-Gurion-Airport, und der Pilot behauptet, man sei in Israel –

aber so einfach ist das nicht. Nein. So einfach nicht. Du bist hier angekommen in einem Zirkus, einem Drama, das eigentlich ins Theater gehört, im Disneyland der Religionen, im Frontstaat des Liberalismus. Von außen bunt, laut, spannend. So herrlich gefährlich.»

«Und von innen?»

«Von innen? Von innen? Schau dich um: zehn Menschen im Taxi. Zwei Deutsche, also wir, drei israelische Gören, da vorne sitzt ein Orthodoxer, der mit dem Hut, vorne rechts sehr wahrscheinlich ein Palästinenser. Könnte auch arabischer Jude sein, dahinter ein Soldat. Das Pärchen hier vor uns sind Deutsche auf Versöhnungstour. Oder Dänen, die zum Steinewerfen kommen. Wenn du diese zehn Menschen nimmst und an einen Tisch setzt, brauchen sie eine halbe Stunde, um eine Sprache zu finden, in der sie sich unterhalten können. Vermutlich interessieren sie sich aber ohnehin nicht füreinander.»

«Na und?»

«Jetzt …», Friedrich sog den letzten Schluck aus seinem Bier, «jetzt stell dir vor, das ganze Land wäre dieses Scherut.»

«Dieses Scherut? Du bist betrunken.»

«Nein. Hör zu: Mehr als sieben Millionen Menschen leben in Israel. Nimmst du die Westbank und Gaza dazu, sind es sogar mehr als neun, fast zehn. Israel, dieses Land, die Idee des Zionismus, der palästinensischen Nation, des Heiligen Landes der Christen, dieser ganze Kram ist eigentlich der Versuch, diese zehn Millionen Menschen in ein, also in EIN Scherut zu setzen. Rein, Tür zu, ab geht's. Klappt natürlich nicht. Zehn Millionen in einem Scherut. Zu eng. Klar, oder? Einer fängt an zu meckern, dass er die

Beine nicht ausstrecken kann, dem Nächsten gefällt sein Nachbar nicht, der Dritte will am Fenster sitzen, der Vierte aber nicht am Gang. Jeder bringt das beste Argument vor, warum er oder sie ein ewig-natürliches Recht auf genau diesen Platz in genau diesem Taxi hat. Sie schubsen sich, sie schlagen sich. Schließlich kommt die Polizei in ihren hellblauen Uniformen, die verspiegelten Sonnenbrillen auf der Nase, das Hemd halboffen über der Brust. Sie zeigen nach links, rechts, unten, oben, die eine Hand am Walkie-Talkie, in das sie nervös Befehle husten, die andere an der Waffe im Halfter. Sie verzweifeln, weil ihnen klar wird, dass diese zehn Millionen niemals in dieses Taxi passen werden. Die Stimmung wird schlechter, die Menschen prügeln sich um die lächerlich wenigen Plätze. Die Grenzpolizei rauscht auch noch an, in ihrem dunkelgrünen Kastenwagen. Einer ballert in die Luft, und die zehn Millionen laufen auseinander. Palästinensische Kinder maskiert mit Tüchern, hochgezogen bis zur Nase, schmeißen Kieselsteine auf die Grenzpolizei und das Scherut, und ...»

«Sag mal, wir haben doch das gleiche Bier getrunken, oder?»

«Das ist nicht das Bier.»

«Was dann?»

«Das ist Israel.»

King David

Die Nonne rauchte. Bis jetzt dachte ich, dass Nonnen nicht rauchen, weil es ihnen der Herrgott oder die Äbtissin verbietet. Einen guten Grund dafür hatte ich nicht, denn Rauchen hat nichts mit Keuschheit zu tun. Nonnen brennen ja auch Schnaps und keltern Wein. Einige schauen sogar Fußball.

Friedrich nahm mich mit, vom Scherut zu seinem Krankenhaus, und lud mich auf einen Tee ein. Vermutlich wollte er noch etwas über Israel und die Deutschen loswerden.

«Ich muss weg», sagte ich, «mein Zimmer wartet.»

«Wo hast du es her?»

Ich erzählte, dass ich es im Internet gefunden hatte, in einem Forum, als ich noch in Hamburg saß, in meiner Wohnung im Stadtteil St. Pauli, der auch heilig ist, das sagt schon der Name, aber anders als Jerusalem. Auch in St. Pauli gibt es Nonnen, und es wurde Bier gebraut, bis vor kurzem. Manchmal wird sogar geraucht.

Friedrichs Krankenhaus war ein herrschaftlicher Bau mit hellblauen Fensterläden aus Holz. Es lag oberhalb der Altstadt. Rechts die Mauer mit den Zinnen, links das Krankenhaus «St. Pierre»: Eine Treppe aus Stein führte durch einen kleinen Garten zum Eingang. Neben der Treppe stand die Nonne und rauchte.

Sie sagte: «Hallo, Friedrich», und zwar auf Deutsch, mit einem Wiener Akzent.

Friedrich sagte: «Hallo, Hedvig.»

Er holte Tee in Plastikbechern. Im Tee dümpelten zwei Minzblätter herum. Hedvig drückte ihre Zigarette aus und verschwand im Krankenhaus. Wir setzten uns auf die Treppe und tranken den Tee. Friedrich sah auf seine Uhr.

«Es ist halb eins. Willst du jetzt noch zu deinem Zimmer? Du kannst auch hier schlafen.»

«Ich muss da hin. So ist die Verabredung.»

In meinem Rucksack kramte ich nach ein paar Zetteln, es waren Mails von einem Menschen, der Gidi Begin hieß und auf dessen Anzeige ich geantwortet hatte. Ich zeigte sie Friedrich und auch die Anzeige aus dem Forum der «Jerusalem Post», in der Gidi Begin ein «geschmackvolles Zimmer mit Bett, Bad und Balkon» anbot. Wir hatten zweimal telefoniert, erst hatte ich mit ihm gesprochen, also Gidi, und später mit seinem Mitbewohner Amichai. Sie hatten gesagt, ich hätte das Zimmer und solle am 22. Juli kommen. Es ginge auch spät am Abend. Sie würden warten. Ich fand das Datum merkwürdig, aber ich dachte: egal, denn ich war sehr froh, dass ich so schnell und so einfach ein Zimmer gefunden hatte. Ins Studentenwohnheim wollte ich nicht. Das lag bei der Uni, und die war weit weg. Weit weg von allem anderen.

Ich gab Friedrich die Blätter. Er blätterte.

«‹Gidi Begin›, komischer Name. Hier steht etwas von 400 Euro Kaution und eine Kontonummer in … England. Hast du das überwiesen?»

«Ja. Wieso?»

«Ein Bekannter von mir ist so mal reingelegt worden. In welcher Straße ist dein Zimmer?»

«David Hammelech.»

«David HaMelech? ‹King David› sagt man eigentlich. Welche Nummer?»

«25.»

Friedrichs Blick hüpfte ein wenig. Er lachte, es klang schief. «Wir machen einen Spaziergang. Ich zeige dir ‹David HaMelech 25›. Es ist nicht weit.»

Wir gingen raus auf eine Kreuzung, einen Berg hinunter, an einer Ampel blieben wir stehen. Eine breite Straße öffnete sich vor uns, fast eine Chaussee, langsam lief sie bergauf. Wie Burgen ruhten große Häuser aus Sandstein am Straßenrand, sie zeigten ihre großzügigen Eingänge her, Scheinwerfer leuchteten die schönsten Ecken an. Breite Bürgersteige säumten die Fahrbahn, hochgewachsene Pinien ragten in die Nacht, Seit an Seit mit prachtvollen Straßenlaternen, die irgendjemand in Paris geklaut haben musste. Über allem wachte ein wuchtiger Turm, doppelt so hoch wie die Häuser, mit einer Kuppel auf der Spitze. Er sah aus wie ein Finger, der so in den Himmel zeigte, als wolle er sagen: Da oben wohnt Gott, und darum geht es hier, in Jerusalem.

«Schau auf die Hausnummern», sagte Friedrich.

Nummer 7 las ich links, an einem Kasten, dessen Vorderseite aus sechs Rundbögen bestand, so hoch, dass ein Doppeldeckerbus hätte hindurchfahren können. «David Citadel Hotel» stand über dem Eingang, fünf Sterne, es schimmerte golden und hell, wie ein Tempel lag es da. Daneben stand die nächste Burg, aber die war kein Hotel, sondern das «Hebrew Union College». Es versteckte sich hinter Pinien, Zedern und Zypressen, und im Dunkeln konnte man nur erahnen, wie weit das Anwesen ausuferte. Nummer 13.

Wir passierten eine Ladenzeile, vier, fünf kleine Geschäfte mit weinroten Markisen über dem Schaufenster. Sie verkauften Schmuck oder Parfüm und sahen teuer aus. Nummer 15 bis 17.

Die Straße öffnete sich auf beiden Seiten zu einem Platz. Rechts der Turm, der aussah wie ein Finger. Links thronte ein quaderförmiger Kasten, sechs Stockwerke nach oben, 20 Fenster zur Seite. Eine Front wie ein Palast, ein Haus wie eine Wand. In majestätisches Licht getaucht, eingefasst von einem Park, in dem Zypressen sich andächtig vor dem

Hauptportal verneigten und ein paar Büsche sich unter der Aura des Baus wegduckten: das King David Hotel. Nummer 23.

Friedrich zog mich in den Park. In ein paar Metern Entfernung konnte ich einen Swimmingpool glitzern sehen. «Hier in etwa ist ‹David HaMelech 25›. Du hast 400 Euro für ein Zimmer überwiesen, das die gleiche Adresse hat wie der Pool des King-David-Hotels. Die haben dich gelinkt. Willst du doch bei uns schlafen?»

Koscher wohnen

Gleich am nächsten Morgen machte ich mich auf die Suche nach einem Zimmer. Am Anfang ohne Erfolg. Die Isomatte und der Schlafsack wurden langsam unbequem, und die Schwestern des Krankenhauses schauten Friedrich jeden Tag ein wenig schräger an. Am Abend des vierten Tages stellte ich mich in einer WG im Süden der Stadt vor. Viel zu weit weg von der Uni, eine halbe Stunde mit dem Bus, quer durch Jerusalem. Bei allem, was besser lag, war ich abgeblitzt.

Drei junge Leute öffneten mir: Joel, Ruth und Simson. Joel und Ruth waren jüdische Amerikaner, zum Studieren nach Israel ausgewandert, Juristen. Simson war in Jerusalem geboren. Er hatte einen Platz an der Bezalel-Kunsthochschule – erst war er zweimal mit seiner Bewerbung gescheitert, aber jetzt studierte er endlich Film und Fotografie. Das erzählte er mir noch in der Tür. Alle drei waren etwa so jung wie ich, vielleicht ein, zwei Jahre älter.

Er sei «observant», sagte Joel über sich. Er trug eine

Kippa. Zunächst wusste ich nicht, was er mir damit sagen wollte. Jetzt weiß ich es. «Observant» ist Englisch und heißt auf Deutsch: Joel war religiös. Er versuchte, so viele der 613 Gebote Gottes einzuhalten wie möglich. Das komplette Haus war also koscher.

«Hallo», sagte Ruth.

«You are Jewish?», fragte Simson.

«No.»

«But your nose!»

In der Küche gab es alles zweimal: zwei Öfen, zwei Sätze Besteck, zwei Sätze Teller, Pfannen und Töpfe. Überall klebten kleine Sticker mit hebräischen Schriftzeichen. Die wichtigste Regel: Fleisch und Milch trennen.

«An das Kaschrut müssen wir uns alle halten», sagte Ruth.

«Kaschrut?»

«Kaschrut, alles koscher, weißt du? Keine Angst. Das lernst du schon. Sonst haben wir auch Literatur zu dem Thema.»

Sie deutete auf ein Regal an der Wand, das mit Büchern vollgestopft war, mit englischen, hebräischen und sogar ein paar arabischen. Da Ruth nicht lachte, wusste ich nicht, ob es ein Witz gewesen war oder sie die Sache ernst meinte. Ich lachte vorsichtshalber nicht und nickte stattdessen. Simson grinste und klopfte mir auf die Schulter: «Don't-äh worrie!»

Die Wohnung hatte zwei Etagen, in der unteren waren Küche und Wohnzimmer mit einem großen Fernseher und einer bemerkenswert hässlichen Sitzecke. Die Wände gähnten mir kahl entgegen, nur über dem Sofa hing ein Bild von New York und über dem Bücherregal eine Uhr von Ikea. In der Ecke neben dem Fernseher stand ein Leuchter mit sieben Armen. Eine Schiebetür führte in den Garten, und eine Wendeltreppe drehte sich in den ersten Stock. Oben gab es vier Schlafzimmer und ein Bad.

Ich sagte, dass ich sofort einziehen würde.

«Wir müssen dir noch ein paar Fragen stellen», meinte Ruth.

Wir gingen zur Sitzecke, ich nahm genau gegenüber dem New-York-Bild Platz.

Joel fragte, was ich überhaupt in Israel wolle. Ich sagte, ich wolle studieren. Was ich vorher gemacht hatte? Zivildienst.

Joel: «Ihr habt einen Wehrdienst in Deutschland? Für Frauen und Männer?»

«Nein. Nur für Männer.»

«Wirklich? Warum wolltest du nicht Soldat werden?»

«Ich hatte keine Lust zu lernen, wie man Menschen tötet. Schon gar nicht im Namen des Vaterlandes.»

«Ja, lustig fand ich den Wehrdienst auch nicht.»

«Du warst bei der Armee?»

«Nicht in den USA. Aber hier, freiwillig.»

Mist. Falsche Antwort.

Ich suchte Joels Blick, um zu schauen, ob ich es versaut hatte. Er sah echt nicht nach einem Soldaten aus. Er war kleiner als ich, dünner, hatte kurze dunkle Haare, die Kippa auf dem Kopf, Pullover in Grau, Flanellhose. Joel verzog keine Miene, guckte jedoch die ganze Zeit, als habe man ihn gerade beleidigt und als sei er nun kurz davor zu weinen. Also hatte er schon eine Miene, aber die verzog er eben nie. Er war Hauptmieter. Er hatte die Gesprächsleitung. Er schuf die Fakten.

Ruth wollte wissen, ob ich rauche.

«Nein», log ich.

«Schade», sagte Simson.

Ruth: «Du weißt, dass du drinnen nicht rauchen darfst?»

Simson: «Im Garten ist wohl nicht drinnen.»

Ruth: «Wenn du die Tür nicht richtig zumachst, zieht es rein.»

Joel fragte noch einmal, ob ich jüdisch sei. Ob ich wirklich glauben würde, dass ich die Küche koscher halten könnte, fragte Ruth.

«Mit eurer Hilfe, sicher.»

Simson fragte, ob ich gerne Fußball spiele – «Ja!»

«Gut. Das ist viel wichtiger als die Küche.»

Joel seufzte.

Simson passte so gut zu Ruth und Joel wie Kurt Cobain in den Ortsverein der Jungen Liberalen in Bonn-Bad Godesberg. Er war groß, breit gebaut, hatte ein Gesicht, das ständig lachte, einen Quadratkilometer Haare auf dem Kopf, die er mit einem Gummiband zusammenschnürte. Er trug meistens nur ein T-Shirt («So kalt ist es doch gar nicht, hör mal, wir sind im Nahen Osten»), das ganze Jahr Sandalen («Sonst bekomme ich Fußpilz») und eine Jeans mit lauter Löchern («Für die Durchlüftung»). Er versuchte aus allem einen Witz zu machen.

Joel zog ein paar Zettel hervor, Rechnungen, auf Hebräisch. Er zeigte mir einen nach dem anderen. Der sei für den Strom und der für das Wasser. Er übersetzte ganze Passagen. Ich nickte. Und nickte. Simson schnaubte verächtlich. Es sagte etwas zu Joel auf Hebräisch. Es klang nicht nett, sie diskutierten. Ich sah in Joels Gesicht und machte mir Sorgen, dass er gleich zu heulen beginnen könnte.

Nach einer kleinen Pause fuhr er fort, mir die Geheimnisse der israelischen Stromversorgung zu erläutern. Simson stöhnte genervt, nahm sich eine Zeitung und kratzte sich im Schritt. Ruth fuhr ihn an, auch auf Hebräisch, sodass ich nicht verstand, was sie sagte, doch es war so etwas wie: «Benimm dich mal.» Joel legte mir einen Zettel hin, am unteren Ende stand ein Betrag, ich rechnete kurz und sagte: «Okay.» Billig war es nicht. Aber ich hatte ein Zimmer. Ein echtes.

«Bitte hier unterschreiben.»

Ich nahm einen Kuli in die Hand.

«Nein! Nicht unterschreiben!», schrie Simson plötzlich.

«Jetzt hast du dich und deine Familie auf Hunderte von Jahren zu Holocaust-Reparationszahlungen verpflichtet, Oi va voi! Haha!»

Mein Kinn klappte herunter wie eine Zugbrücke. Dieser Witz war mir peinlich. Ich muss geguckt haben wie ein Zwölfjähriger, der die Nachbarsfrau nackt im Garten herumlaufen sieht. Ruth schüttelte ihre Locken hin und her. «Das ist nicht witzig, Simson. Ganz und gar nicht.» Simson hielt sich den Schritt vor Lachen. Er fand sich prima. Joel stand auf und schrie.

«You are such a schmock! Such a disgusting punk!»

Er trat Simson gegen das Schienbein. Simson trat zurück. Joel schrie: «Aaaaah!» Er hielt sich das Knie, sein Gesicht war vom Schmerz verzerrt. «Stop it! Du hast meine Kniescheibe zertrümmert!»

Ruth: «Soll ich einen Arzt rufen?»

Simson lachte über Joel. «Ant-äh, iu, iu arr satsch ä puussi.»

«A little bit lucky»

Im Fußball hat Israel selten etwas gerissen. Sicher, Hapoel Tel Aviv hat neulich den HSV geschlagen. Vor 40 Jahren soll ein israelisches Fußball-Team bei der WM gewesen sein. Und dann gibt es Jossi Benajoun, der erst beim FC Liverpool Tore schoss und jetzt bei Chelsea London auf der Bank sitzt. Das war's.

Ich saß im Wohnzimmer meiner neuen Wohnung und las den Sportteil der «Jerusalem Post». Gestern war ich eingezogen. In meinem Zimmer stand nur eine Reisetasche, meine Kleidung hatte ich über das Bett verteilt und eine Postkarte von den Hamburger Landungsbrücken an die Wand geklebt. Im Wohnzimmer sah es auch nicht heimeliger aus, aber dafür war der Kühlschrank nicht so weit weg. Das Problem: Er stand in der Küche. Dort bewegte ich mich noch wie auf heißen Kohlen. Immer von der Angst begleitet, alles auf Jahrhunderte hin zu ent-koschern. Fürs Erste beschloss ich, alle Fleischgerichte von meinem Ernährungsplan zu streichen und ausschließlich Wasser zu trinken.

Die «Jerusalem Post» misst dem Sport keine größere Bedeutung bei, heute reichte es für ganze zwei Seiten. Die Hauptmeldung: Israel spielte am Wochenende in Luxemburg, WM-Qualifikation. Der Trainer warnte vor den gefährlichen Luxemburger Konterstürmern. Mein Magen knurrte. Ich sah zum Kühlschrank, lauschte in die Wohnung. Totenstille.

Nun nahm ich allen Mut zusammen, stand auf und ging rüber zum Kühlschrank. Irgendwann musste ich es wagen. Gestern Abend hatte ich mit Ruths Hilfe einen Lageplan der Küche in meinen Taschenkalender gezeichnet. Darauf war genau zu erkennen, wo sich das Besteck und die Teller für die Milchprodukte befanden und wo der Kram fürs Fleisch. Ich schlug den Kalender auf und sah mir die Zeichnung an. Leider wusste ich nicht mehr, wie herum ich sie halten musste. Waren nun die roten Sachen fürs Fleisch? Rot = Blut? Oder genau umgekehrt? Blau = Rohes Fleisch? Außerdem hatte ich die Begriffe mit Ruths Hilfe auf Hebräisch geschrieben, sehr zu ihrer Erheiterung: «Like a Russian granny!» Ich schüttelte über sie, die russische Oma und mich selbst den Kopf.

Schließlich nahm ich einen Teller mit rotem Rand aus dem Schrank, ein Brot aus dem Korb und ein Messer aus der Schublade. Ich betrachtete diese Dinge, hielt sie vor mir in die Luft und war mir nicht sicher, ob es die richtigen waren.

Ich bestrich das Brot mit Margarine und legte eine Scheibe Käse drauf. Plötzlich war Joel in der Küche. Ich schob den Teller zur Seite und stellte mich so davor, dass er ihn nicht sehen konnte.

«Hi Joel! Auch hungrig?»

Er nickte. Ich beobachtete ihn genau. Er tat exakt das Gleiche wie ich: Er nahm ein Messer – aus der gleichen Schublade. Ein Stück Brot – aus dem gleichen Brotkorb. Einen Teller – mit rotem Rand. Hurra. Dann ging er zum Kühlschrank – und zog die Geflügelsalami heraus. Geflügelsalami, das ist Fleisch. Kein Käse. Keine Milch. Alles falsch gemacht. Ich wollte augenblicklich im Boden versinken. Entsetzt fühlte ich hinter meinem Rücken nach dem Teller mit dem roten Rand, mit dem Brot, auf dem der Käse lag. Holy shit. Ich fürchtete, der Teller würde jeden Moment wie eine Auto-Alarmanlage zu piepen beginnen.

Ich war kaum einen Tag in diesem Haus, und schon hatte ich Joel in eine Krise mit Gott gestürzt, denn zumindest mein Teller war jetzt nicht mehr koscher. Und das Messer? Schnell nahm ich einen blauen Teller aus dem Regal, schob ihn zwischen den roten und das Brot und hoffte, dass Joel es vielleicht nicht gesehen hatte. Wenn er nicht wüsste, dass ich die Sachen verwechselt hatte, könnte Gott ihm das nicht zu seinem Nachteil auslegen, dachte ich. Für mich galten diese Regeln, rein religionstheoretisch, nicht. Das war doch nur logisch. Ich nahm den oberen Teller, ging zügig zurück zum Tisch, aß noch zügiger mein Brot und las im Sportteil.

Hapoel Tel Aviv ist gegen St. Étienne aus dem UEFA-Pokal geflogen. Ein iranischer Schwimmer hat sich bei der WM geweigert, mit einem Israeli gleichzeitig in den Pool zu steigen. Und: Lothar Matthäus wird zur neuen Saison Trainer von Maccabi Netanya.

Lothar! Ich versuchte mir Lothar vorzustellen, wie er in der Kabine bei Maccabi Netanya stand und zwanzigjährigen Israelis erklärte, wie sie gegen den Ball treten sollten. Auf einmal fühlte ich mich tief verbunden mit Lothar. Er erlebte vielleicht in etwa das, was ich gerade in unserer Küche erlitten hatte. Oder? Als Lothar für eine Saison in den USA spielte, sagte er auf einer Pressekonferenz: «I hope we have a little bit lucky.» Das war schon einer seiner stärkeren Sätze gewesen. Von der Pressekonferenz gab es einen Clip, den man sich noch Jahre später auf YouTube anschauen konnte. Ich holte meinen Computer und suchte nach dem Clip.

Joel setzte sich neben mich an den Tisch.

Ich lachte nervös. «Rot, blau – gar nicht so einfach.»

«Nein. Gar nicht so einfach. Habe ich gesehen. Ich wollte am Wochenende sowieso die Küche re-koschern.»

«Ach, das geht?»

«Ja. Mit Besteck jedenfalls.»

«Wie denn?»

«Du legst es einen Tag lang in Seifenlauge ein und steckst es anschließend im Garten in die Erde.»

«Und die Teller?»

«Die nicht. Die können wir jetzt wegschmeißen.» Ich glotzte betreten auf meinen Computer. YouTube hatte den Lothar-Clip gefunden. 22 000 Klicks. Gleich daneben ein neuer Film: «Lothar in Israel». Lothar steht da auf dem Flughafen Ben Gurion, kurz nach der Landung, und muss seine Fußball-Philosophie erklären. Das geht so:

«Here in Israel we have to work a lot to be on the same standard like in Germany. Specially the INFRASTRUKTUR. We must to do better. (...) Specially not for us. For the future, for the children. This was my speaking. We must to work hard. Every day. Each player must to work hard all over the world. Not only my players. Everyone must to work hard. To be ready to go into the game in the Coupe Uefa or in the Championship everybody must to work hard. (...) I like to change the style of the football of Maccabi Netanya. My player like to play football – my player like to play with each other. (...) Like Arsenal or Barcelona. We must to work hard.»

Dieser Film hatte schon 5000 Klicks. Heute war ich auch ein Lothar, dachte ich und sah mir einen anderen Film mit seinen tollsten Toren an. Und noch einen: Lothar, wie er 1990 Deutschland Richtung WM-Titel schoss. Meine Cousine hatte damals einen Brief an ihn geschrieben, um ein

Autogramm zu bekommen. Lothar hatte nie geantwortet, seitdem mag unsere Familie Lothar eigentlich nicht mehr.

Ich träumte noch ein wenig von der WM 1990, da landete auf meinem Schoß ein Motorradhelm. Simson hatte ihn geworfen. Er rief: «Los. Komm, Deutscher. Fußball.»

Der Helm fiel mit einem Krachen auf den Steinboden. Joel verdrehte die Augen und ging. Simson zuckte mit den Schultern und blickte mitleidig auf mich herab.

«Ins Tor gehst du nicht. Komm jetzt, mein Scooter steht unten bereit.»

Ich hob den Helm auf, zwängte meinen Kopf hinein, holte schnell meine Schuhe und mein braun-weißes Trikot. Auf der Treppe begegnete ich Joel. Ich sah ihn durch das Visier an.

«Was hast du denn jetzt vor?»

«Fußball spielen.»

Simsons Scooter kam aus Japan, war rot und sehr dreckig. Auf dem Lenker klebte ein Sticker, auf dem eine Figur zu sehen war, die wie ein Kung-Fu-Kämpfer einen Arm nach vorne streckte und dabei in einer riesigen Sichel stand. Simson drehte den Zündschlüssel und ließ den Motor aufheulen. Ich nahm hinter ihm Platz. Mit einem Ruck raste der Roller los. Vor Schreck schlug ich beide Arme um Simsons Hüften. Er stöhnte, verlor das Gleichgewicht, wir stürzten. Ich schlug mit dem Helm gegen einen Laternenpfahl. Simson rollte sich ab und stand in einer Bewegung wieder auf den Beinen. Er schrie mich an. «*Ma seh? Ma atah osseh? Atah meschuggah? Eise Germani! Eise Nazi!* You want to kill me? You want to finish the Holocaust?»

Er griff mir unter die Arme, hob mich hoch, sodass ich fünf Zentimeter über dem Boden schwebte. Dann schlug er seinen Helm an meinen.

Klong. Er setzte mich ab. Wir schwiegen. Er ging zum Roller und richtete ihn auf. Er trat gegen das Seitenblech, rastete den Lenker ein. Er sah zu mir.

«Möchtest du fahren?»

Mochte ich nicht.

Als wir wieder losrollten, hielt ich mich am Gepäckträger fest. So gut es eben ging. An der Ampel bremste Simson, ich klammerte mich tapfer an den Roller. Wir bogen ab auf die Hebron-Straße. Sie hat drei Spuren, die Autos fahren so schnell wie auf einer deutschen Autobahn und so vorsichtig wie beim Auto-Scooter.

40 Kilometer pro Stunde.

Wir überholten rechts einen weißen Kleinwagen, am Steuer eine Frau mit Brille. Sie schüttelte den Kopf.

50 Kilometer pro Stunde.

Simson fuhr Slalom durch drei Kleinlaster, wir überholten links einen grünen Chevrolet. Der Fahrer hupte und zog sein Auto zu uns rüber. Ich hielt aus einem Reflex die Hand raus, um ihn auf Abstand zu halten. Sie schlug gegen seinen Seitenspiegel. Ich wollte mich umsehen, ließ es dann aber bleiben. Der Fahrtwind. Tatsächlich war ich froh, dass wir nun …

60 Kilometer pro Stunde

… fuhren, auch wenn ich mich kaum noch auf dem Sozius halten konnte. Mir war, als hätte Simson gelacht. Neben seinem Helm sah ich die Mauern der Altstadt auftauchen. Die Straße führte in einem langen Bogen ins Tal. Links sah ich eine Windmühle. Eine Windmühle.

Simson zog bei Dunkelgelb und mit …

70 Kilometern pro Stunde

… über die Ampel. In einem Tunnel rauschten wir unter der Altstadt hindurch und an der Autoschlange vorbei. Wir tauchten aus der Tiefe auf, und rechts strahlte die Kuppel des Felsendoms. Simson drehte wieder seine rechte Hand nach hinten. Los, schneller, es ging bergauf. «Das hier ist der Osten», schrie Simson.

«Das da sind 80 auf dem Tacho», schrie ich.

«Hast du Angst? Du sitzt doch hinten – halt deine Hände bei dir. I am not a girl, you know.»

In einem Kreisverkehr nahmen wir allen anderen die Vorfahrt, ein Polizeiauto musste eine Vollbremsung machen, und einen Reisebus mit der Aufschrift «Holy Land Tours» drängte Simson beinahe von der Fahrbahn ab.

Ich war mir sicher, dass ich diese Fahrt nicht überleben würde. Mit gefühlten …

90 Kilometern pro Stunde

… rasten wir auf die nächste rote Ampel zu, das Käsebrot kletterte langsam meine Speiseröhre hoch, apokalyptische Tränen liefen aus meinen Augenwinkeln. Ich dachte an die Kinder, die ich leider nie gezeugt hatte, sie hätten Sophia und Jonathan heißen sollen – da passierte etwas Überraschendes.

Simson drosselte das Tempo.

Ich sackte zusammen wie ein Soufflé. Ein Auto schloss zu uns auf. Simson drehte sich und schlug mit der Faust auf die Motorhaube. Die Fensterscheibe glitt herunter. Der Fahrer beugte sich in Simsons Richtung und hielt ihm die Hand entgegen. Simson schlug ein. Der Roller schwankte bedenklich. Auf dem Beifahrersitz lag eine Maschinenpistole.

«Schalom Simson!»

«Schalom Ron!»

Sie schrien sich an, hin ging es und her, das Auto röhrte, der Roller knatterte, und hinter uns brummte der Bus, auf dem «Holy Land Tours» stand. Aber was sofort gesagt werden muss, muss sofort gesagt werden.

Drei Minuten später stellten wir den Roller neben Rons Auto ab, auf dem Parkplatz des «Lerner Sports Center» der Hebräischen Universität Jerusalem. In der Umkleide übersetzte mir Simson das Gespräch von der Ampel. Vermutlich beschönigte er die Wortwahl und verschwieg die gröbsten Flegeleien. Er schrie auch in der Umkleide so laut, als stünden wir noch auf der Straße.

Ron: «HEUTE TRETE ICH DICH INS KRANKEN-HAUS. DU WIRST KEINEN BALL SEHEN! VERSTANDEN? KEINEN BALL!»

Simson: «ICH BINDE DIR DIE SCHUHE ZUSAMMEN UND ESSE DEIN TRIKOT! WENN ICH NUR KÖNNTE. DU WEISST DOCH ...»

Ron: «WAS?»

Simson: «WIR MÜSSEN EH IM GLEICHEN TEAM SPIELEN. DIE RUSSEN SPIELEN IMMER FÜR SICH.»

Ron: «DAS IST EINE FRAGE DER EHRE. HÖRST DU? WIR MÜSSEN DEN RUSSEN ZEIGEN, WIE WILL-KOMMEN SIE IM LAND SIND.»

Simson: «KOMMT VLADIMIR?»

Ron: «VLADIMIR? HABE ICH GESTERN IM STAR-DUST GETROFFEN. WOLLTE HEUTE KOMMEN. SAH GANZ FRÖHLICH AUS. KEINE KRÜCKEN MEHR,

NACH VIER MONATEN. HAT MIR EIN GOLDSTAR AUSGEGEBEN. HABE ICH ABER NICHT GETRUNKEN. BIN AUF DIÄT.»

Simson: «GRÜN!»

Der Fußballplatz war aus Beton. In der linken Hälfte saßen sechs junge Männer, die Russisch miteinander sprachen und Trikots von italienischen Erstliga-Klubs trugen: AC Mailand, Inter Mailand, Juventus Turin, AS Rom. Einer trug ein Hemd von Chelsea London. Auf dem Rücken las ich immer den gleichen Aufdruck: Shevchenko, Nummer 7. Wo der überall gespielt haben sollte. Sie rauchten. Ich trug ein braun-weißes Trikot vom FC St. Pauli, kein Name, keine Nummer.

Ron grinste.

«Oh, St. Pauli. Bist du Deutscher oder Kommunist?»

«Du kennst St. Pauli?»

«Jeder kennt St. Pauli.»

«Ich bin Deutscher.»

«Na ja, dafür kannst du ja wirklich nichts. It's not your fault.»

Neben Ron dehnten sich zwei andere Spieler: Der eine trug kurze Haare und guckte böse, der andere eine Glatze und ein schwarzes Army-Shirt. Im Tor machte ein Mann mit sehr breitem Oberkörper und dicken Waden Klimmzüge an der Querlatte. Das war mein Team.

«Wir sind sechs», sagte Ron.

«Dann los», sagte Simson.

«Stell den Deutschen ins Tor.»

«Nee, zu dünn. Der Klammer-Ami macht sich da ganz gut. Den lassen wir nicht aufs Feld. Der glaubt, er sei hier im dritten Golfkrieg. Wenn der merkt, dass wir gegen Russen spielen, gibt es Tote. Im Tor kann er in Ruhe seine Kraftübungen machen.»

Anstoß. Ich lief und grätschte, ich schoss und passte, ich war heiß, ich war gut, ich war voll dabei. Die ersten zehn Minuten. Danach jagte ich den Ami von der Torlinie, machte selbst den Goalkeeper und konzentrierte mich darauf, keine Schüsse der Shevchenkos in die Weichteile zu bekommen. Ich sah dem Treiben auf dem Betonplatz zu und kam mir vor wie bei einem Armeesportklub. Voller Körpereinsatz bis zum Ringkampf.

Und der Boden! Stumpf und hart. Der Ami, ich glaube, er hieß Justin, bewegte sich wie ein Footballspieler, nur ohne Helm und Brustpanzer. Er rannte immer geradewegs auf die gegnerische Grundlinie zu. Manchmal mit Ball, manchmal ließ er ihn liegen und manchmal einfach so.

Simson war Libero, Spielmacher und Mittelstürmer in einer Person; Ron dribbelte sich ständig an einem der Basketballkörbe fest und fluchte über die angeblich so schlechten Pässe. Bei einer Ecke gab es einen Tumult: Justin, unser Ami, rammte einen der Shevchenkos. Sie schimpften, sie schlugen sich. Alle waren ganz aufgeregt, und es wurde viel geredet. Hebräisch, Russisch, Englisch. Wir einigten uns auf ein Elfmeterschießen.

Simson sagte, ich müsse nicht ins Tor. Er würde das schon machen. Er hielt alle Schüsse. Und verwandelte seinen eigenen Elfer. Ron auch. Justin nicht. Ich auch nicht. Wir gewannen trotzdem. Ab unter die Dusche.

Ron schmiss sein Trikot auf den Boden. Ich hob es auf. Es war schwarz-gelb, ein rundes Wappen, in der Mitte so etwas wie ein Diamant, ein Davidstern und hebräische Buchstaben.

«Wie heißt denn dein Klub?»

«Maccabi Netanya – bald trainiert von your German Lothar.»

«Na ja. Kannst du ja auch nix für. It's not your fault. I hope, you have a little bit lucky.»

In die Negev

«Wie heißt das?»

«In D Negev.»

«In-die-Negev?»

«In D Negev. Genau. Oder auch Indie Negev.»

«Das ist lustig.»

«Wieso?»

«Es bedeutet: ‹Into the Negev›, but in German, you know: In-die-Negev.»

«?»

Simson schaute schräg. Er hatte den großen Wagen seines Vaters geliehen, wir fuhren auf dem Highway 1 von Jerusalem nach Beit Schemesch. Simson saß am Steuer. Er trug Lederhandschuhe. Er sagte, sein Vater habe auch immer Lederhandschuhe an, wenn der das Auto fahre, das gehöre sich so bei einem Mercedes. Ein Mercedes sei sicher schon in Deutschland sehr teuer, aber in Israel koste er so viel wie ein Haus. Wir waren auf dem Weg zu einem Rockkonzert, einem Festival. Auf dem Weg in die Wüste. In die Negev.

In seiner Freizeit arbeitete Simson als Fotograf. Er knipste für eine Zeitung, um sich das Studium zu finanzieren. Sein Chef hatte diese Idee gehabt: Eine Seite, nur mit Bildern vom Festival. Einfach so, ohne störenden Text. «Impressionen», sagte Simson.

Simsons Kumpel Lior war auch dabei. Der saß zwar hinten, wollte aber trotzdem bestimmen, welche Musik wir hörten. Wir sollten das mit der Musik mal jemandem überlassen, der sich damit auskenne, meinte Lior. Also ihm. Simson hatte wirklich einen schlimmen Musikgeschmack, was man daran merkte, dass er «Use your Illusion I» von Guns N' Roses für das beste Album aller Zeiten hielt. Das zweitbeste war natürlich «Use your Illusion II».

Das seien ja gute Alben, sagte ich, aber überholt. Ich schätzte sie eher als Dokumente der Popgeschichte. Mal ein Lied oder zwei. Wie die Sex Pistols oder Ofra Haza.

Lior hatte selbstverständlich seine eigenen CDs mitgebracht und wollte auch nicht Guns N' Roses hören.

Lior: «Hier, Minimal-Techno aus … ich glaube aus Leipzig. Das ist in Deutschland.»

Lior nickte mir zu. Ich nickte zurück.

Simson: «Wieder so ein Gefiepe?»

Lior: «So ein was?»

Simson: «Aquariums-Musik. Fische beim Schabbat-Sex. Gefiepe halt.»

Lior: «Es ist nicht Guns N' Roses.»

Ich sah aus dem Fenster, sah Bäume, und weil mir nichts Dümmeres einfiel, fragte ich: «Warum gibt es hier so viele Bäume?» Es stimmte schon, im Vergleich mit dem Rest des Landes gibt es in der Gegend um Beit Schemesch eine Menge Bäume. Trotzdem kann man auch etwas Schlaueres fragen. Zum Beispiel: «Was genau ist Schabbat-Sex?»

«Weiß ich», grummelte Simson. «Ich bin hier aufgewachsen.» Er meinte die Bäume.

Lior reichte eine CD nach vorne. «Ist kein Techno.»

Ich schob sie in den Spieler. Eine junge Frau hauchte:

«One, two, three, four …», dann ging es auf Hebräisch weiter. Ich verstand: *«Ani ohevet otam ioter ve ioter …»*, ich liebe sie mehr und mehr. *Ich liebe die Bäume. Ich liebe sie mehr und mehr.*

Es zischte auf der Rückbank. Noch ein Zischen. Lior reichte mir eine Dose Bier über die Lehne. Sie war warm. Simson wollte auch eine. «Du musst doch fahren …», sagte Lior, «… warte, ich bau dir lieber einen Joint.» Ich trank. Das Bier schmeckte wie Pisse.

Lior reichte einen Joint nach vorne. Ich gab ihn Simson, und der zündete ihn gleich an.

«Wie in Europa», meinte Lior. «Es sieht hier aus wie in Europa, oder? Wie in Frankreich oder im Schwartzwald.» Lior sagte «SCHWARTZ», nicht «schwarz». Israelis übertreiben es, wenn sie Deutsch sprechen, gerne mit dem Deutschen im Deutschen. Sie sagen:

SCHWARRTZ statt «schwarz».

IECHHHH statt «ich».

MIENCHEN statt «München».

BÄRLINN statt «Berlin».

JAA, JAA, DASS ISST GUTT statt «Ja».

Ich vermute, das hat mit der Artikulation und dem Vokabular der Menschen zu tun, die in Holocaust-Filmen Deutsche spielen. Und mit deutschen Pornos.

Lior sah also kurz vor Beit Schemesch den Schwartzwald, pardon, den Schwarzwald aus der Erde wachsen. Er ließ nicht locker: «Ich finde, das hier ist die schönste Ecke Israels.» Ich sah in die Bäume, in ihre Blätter und Nadeln. Sie hingen in braven Reihen leicht verloren den Hang hinunter, wie aufgereiht. So viele Bäume gab es hier nun auch wieder nicht. Lior redete aber immer noch von ihnen. Ich wurde müde. Das Bier. Die Musik. Die Bäume. Lior machte blah, blah, blah, Bäume, Bäume, Bäume. Seine Stimme wurde ein Ton, ein Ton ohne Sinn. Ich hörte den Ton zusammenfließen mit der Musik von seiner CD. Bäume, Leipzig, Techno …

Ani ohevet otam ioter ve ioter.

Ich dämmerte weg.

«Hallo! Aufwachen! *Jesch* Kaffee, es gibt Kaffee. Wir machen Pause.»

Wir rührten in unserem Instant-Kaffee. Er schmeckte scheußlich, aber das musste so sein. Nescafé, erzählte Simson, sei übrigens eine israelische Erfindung.

«Ach was. Echt?» Echt.

«Vor 60 Jahren …», begann Simson, «… im Unabhängigkeitskrieg …»

«… damals, als wir noch jung waren …», sagte Lior.

«Jedenfalls baute damals ganz hier in der Nähe, bei Beit Schemesch, eine Gruppe jüdischer Soldaten und Freiwilliger Nacht für Nacht an einer Art Straße von Jerusalem nach Tel Aviv. Das war zu der Zeit, als der jüdische Westen Jerusalems von den Verbänden der Haganah am Mittelmeer abgeschnitten war. Bei Latrun stand die jordanische Legion. Ben Gurion befahl, nach Westjerusalem durchzubrechen und eine Bypass-Straße anzulegen. Sie sollte die Stadt mit Wasser und Nahrung versorgen. Diese Straße bekam den Namen ‹Burma Road›, nach einer Versorgungslinie der Briten im Zweiten Weltkrieg in Burma. Die Straße hier ist heute eine Art Museum mit Lehrpfad und so. Das Grüppchen, bei dem damals sogar ein paar Araber aus Abu Gosch dabei waren, schuftete acht Wochen Nacht für

Nacht. Am 9. Juni 1948 war die Schummel-Straße passierbar. Nach nur acht Wochen! Die Türken haben Jahre gebraucht, um eine Straße von Jerusalem nach Jaffa zu bauen. Und warum schafften die Hebräer es so schnell? Na?»

Lior: «Naaah?»

«Weil die Pioniere, diese Helden der Straßen, jede Nacht eine Kanne Kaffee tranken. Pro Kopf. Keinen normalen Kaffee, das wäre viel zu aufwendig gewesen, sondern dieses Pulver hier, über das man nur heißes Wasser gießen muss. Nescafé! Als die Straße fertig war, dankte das Grüppchen dem Herrn für das Wunder, mit dem Er ihnen beim Bau der Straße geholfen hatte. Sie erkannten im Instant-Kaffee Sein kleines Werkzeug, Sein Geschenk an sie. Und wahrlich war es ein Wunder, dass sie die Burma Road gebaut hatten. Ganz zu schweigen von ihrer Geschwindigkeit. Nun frage ich euch – was heißt Wunder auf Hebräisch?»

Lior: «*Nes*. Wunder heißt *Nes*.»

Simson: «*Nes* wie …?»

Lior: «Loch Ness? Nintendo Entertainment System?»

Simson: «*Nes* wie das *Wunder* der Burma Road. Darum heißt der *Nes*café heute *Nes*café. *Wunder*-Kaffee. Daran sollten wir immer denken, wenn wir ihn trinken.»

Lior: «Was für ein Quatsch.»

Ich fragte, wohin wir eigentlich genau führen.

Simson: «In die Wüste.»

«Wo schlafen wir?»

«Draußen.»

«Gibt's da keine Tiere? Schlangen? Löwen?»

«Nur Skorpione.»

«Na dann. Die sind nicht gefährlich?»

«Welches Sternzeichen bist du?»

«Sehr witzig. Skorpion.»

«Siehst du – dann tun sie dir nichts. Skorpione können ihresgleichen sofort erkennen, quasi riechen. Wegen der Nase.»

«Oder wegen des Stachels», fügte Lior hinzu. «Ich bin hier mal morgens aufgewacht und hatte gleich zwei davon im Schlafsack. Sie waren nachts reingekrabbelt und hatten sich ganz friedlich neben mich gelegt. Gefährlich sind nur die weißen. Nachts siehst du allerdings nicht, ob so ein Skorpion weiß ist oder schwarz oder grün oder ...»

«Grüne Skorpione? Gibt es die?»

«Gibt es. Ich habe damals jedenfalls kein bisschen gespürt, wie die Viecher mir in den Sack krabbelten. Ich finde die Käfer und die Kakerlaken auch viel unangenehmer.»

«Kakerlaken?»

«Ja. Ziemlich viele. Aber ganz ehrlich: Wenn du dir unbedingt Sorgen machen möchtest, dann denk lieber an die Raketen.»

«Raketen?»

«Aus Gaza. Liegt ganz in der Nähe. Die schießen gerade recht viel. Nicht, dass ich glaube, eine Rakete könnte gerade dich oder mich treffen, die Hamas schießt ja quasi blind – und warum sollten sie gerade dir die Nase abschießen wollen oder den Stachel. Aber wenn auf das Festival eine Rakete fällt, gibt es Panik. Und einen Vergeltungsschlag der Luftwaffe.»

Fand ich diesen Ausflug noch gut? Simson hatte gemeint, ich müsse unbedingt mitkommen. Das In D Negev sei, ähm, Israels Woodstock: Liebe, Frieden, Rockmusik. Jetzt kam es mir vor, als führen wir in den Krieg: Kakerlaken, Skorpione, Raketen, Wüste.

Ich erinnerte mich an mein erstes Rockfestival in Deutschland, in der Lüneburger Heide. Meine größten Sorgen damals waren, ob mein Kumpel Basti und ich genug Gras zum Kiffen dabeihatten und ob wir bei den Toten Hosen nah genug an die Bühne kamen. Das hier schien etwas ganz anderes zu werden.

Ich hatte mich auf die Rückbank gesetzt, zu Lior. Vorne brannte mir die Sonne zu stark, und ich war immer noch müde und wollte schlafen. Ich bekam langsam einen Brummschädel vom Bier und der ganzen Kiff-Luft. Schnell nickte ich ein, mein Körper kippte zur Seite. Ich lag über die Rückbank gestreckt, unser Auto sauste geschmeidig die Landstraße entlang. Ich spürte, wie die Reifen über den Asphalt glitten und dabei beruhigend brummten. Ein ums andere Mal wachte ich auf, für eine Sekunde, blinzelte nach draußen und dachte an Skorpione. Ich träumte von den Bäumen. Sie verschwammen mit dem Nescafé und der Burma-Road, und ich sah einen Skorpion; er war grün und er kroch mir über das Gesicht, aber es war gar nicht unangenehm. Als ich aufwachte, lag mein Kopf auf dem Schoß von Lior, er strich mir mit seiner Hand durch die Haare. Ich schreckte hoch, nur ein wenig, aber doch so, dass er es merkte und dass ich merkte, wie überrascht ich war. Ich sah ihn an, er lächelte. Ich schwieg, weil ich nicht wusste, was ich sagen sollte. Weil es in einem solchen Moment nur dumme Dinge zu sagen gibt. Weil er nichts sagte. Weil es sich ganz gut angefühlt hatte.

Wir rollten auf den Parkplatz des Festivals, Simson pfiff durch die Zähne. «Ganz schön voll.»

Wir parkten, Simson wollte Karten holen. Lior und ich

lehnten am Auto. Als Simson zurückkam, schaute er übellaunig. «Zwei Karten. Nur noch zwei Karten. Zu viele Leute.» Ich sagte schnell, dass das doch kein Problem sei und ich einfach den nächsten Bus zurück nach Jerusalem nehmen würde. Mir war dieses Festival sowieso nicht mehr geheuer. Das komme gar nicht in Frage, sagten die beiden im Chor. Es gebe gar keinen Bus. Sie nuschelten sich in gedämpfter Sprache etwas zusammen, eine Art Kriegsrat auf Hebräisch. Ich meinte, die Wörter «Hamburg» und «Germania» gehört zu haben. Simson baute sich vor mir auf: «I know – you listen – I tell you. Jetzt gibt es deine erste Lektion *Chutzpa* – how to behave Israeli.»

Wir gingen zum Schalter. Zu dritt. Zwei Meter vor dem Ziel legte Lior seinen Arm um mich. Nicht wie bei einem Kumpel, sondern wie bei jemandem, den man gleich küsst. Simson ging zum Schalter; das war ein Tapeziertisch, der unter einem olivenfarbenen Zeltdach stand. Er schob zwei, drei Leute beiseite, dann redete er auf den Menschen ein, der im Schneidersitz unter dem Zeltdach auf einem Plastikstuhl saß und rauchte. Er hatte die gleiche ovale, vollverspiegelte Sonnenbrille wie Simson. Er schüttelte den Kopf. Simson nahm die Brille ab und klopfte mit ihr auf den Tapeziertisch. Tack. Tack. Die beiden wurden lauter. Lior fuhr mit dem Arm meine rechte Hüfte ab, griff mir hinter den Hosensaum, zog ihn weg und ließ ihn zurückschnappen. Ich hatte Bermudas mit Gummizug an. Es klatschte. Simson bezog auch die umstehenden Menschen in seine Diskussion mit ein. Sie nickten. Simson deutete auf uns, auf Lior und mich. Simson produzierte Gesten wie ein italienischer Fußballer beim Foul, beim Abseitstor, bei einer Gelben Karte. Liors Hand wanderte über meinen Bauch, über die Brust, am Hals entlang zum Ohr und in die Haare. Da blieb sie.

Es bewegte sich etwas. Der Mann mit der Sonnenbrille hinter dem Tapeziertisch war aufgestanden. Er nahm seine Brille sogar ab, sah zu uns rüber, dann zu Simson, machte einen Satz über den Tisch und ging auf uns zu.

«You are from Deutschland?»

«Ja.»

«Du bist den ganzen weiten Weg aus Hamburg hierhergekommen, nur um mit deinem Freund auf dieses Festival zu gehen?»

«Ja.» (Ja?)

«Ihr habt euch hier vor zwei Jahren kennengelernt? Und feiert heute Nacht Jahrestag?»

«Äh, ja?» (Was? Wie bitte?)

«Wie süß. Ihr könnt auch im Freien schlafen, ohne Zelt?»

«Wenn es sein muss ...» (Auf gar keinen Fall!)

«Na gut. Ihr dürft rein.»

Ich spürte Liors Hand in meinem Nacken. Ich sah seine Nase auf mich zukommen, roch sein After Shave und schmeckte seine Lippen. Sie waren eher trocken. Wir knutschten. Aber nicht mit Zunge, das wäre mir dann doch zu weit gegangen. Er lachte. Simson lachte. Ich ... lachte auch.

Wir suchten uns einen Platz im Schatten unter einem Zeltdach. Überall gab es Zeltdächer. Weiße und blaue. Schwarze. Sie waren zu kleinen Türmen gespannt, spitzen Türmen, schiefen Flächen. Alles sah ein wenig aus wie im Olympiapark in München. Oder wie auf dem Raumschiff Enterprise. Zwischen den Zeltburgen standen Holzschilder und Wände, selbst gebaut, geschnitzt, bepinselt und bemalt, mit Bildern so bunt wie ein Comic. Katzenaugen, Affen, Würmer mit Gesicht, Feen, eine Ziehharmonika, Ritter, Schlangen, Käfer, Ufos, Raumschiffe, nackte Jungs und nackte Mädchen, Gitarren und natürlich Skorpione.

Willkommen im Indie-Hippie-Wüsten-Wunderland.

Und diese Leute! Sie stapften durch den Sand, diese tausend Negev-Indianer, als seien sie einer ihrer eigenen Zeichnungen entsprungen. Bemalt, tätowiert, geschminkt, mit langen Bärten und komischen Hüten und Kappen und alle mit Sonnenbrille im Gesicht, wirklich alle, am besten mit der verspiegelten. Eine Insekten-Armada, ein eigener Staat, der Staat der hebräischen Fliegengesichter in der Wüste Israels.

Unter dem größten Zelt stand die Bühne, daneben ein altes Getreidesilo, das wohl zum Kibbuz nebenan gehört hatte. Aus der Anlage säuselte amerikanischer Indie-Pop, der ein wenig nach Uriah Heep oder Led Zeppelin klang, mit Hammondorgel und piepsiger Flöte. Wir knieten im Sand, der sich in sanften Dünen ringsumher türmte. Wir versanken in dicken bunten Kissen, die verstreut herumlagen. Wir knieten auf Orientteppichen und rauchten Schischah, die Wasserpfeife. Da hinten sah ich eine Plantage, ordentlich in Reih und Glied stehende Bäume, an denen Orangen wuchsen.

Simson lief die ganze Zeit umher und knipste. Später zeigte er ein paar Bilder: Leute, Landschaft, Musiker auf der Bühne. Mich hatte er auch geknipst. Er meinte, die Bilder würde er nicht zur Zeitung geben. Auf jedem dritten Bild entdeckte ich eine blonde Frau. Also immer die gleiche blonde Frau. Sie hatte ein feines Gesicht, eine Stupsnase und ein knallrotes T-Shirt an. Ich fragte Simson, ob er sie verfolgt habe. Na ja, verfolgt nicht, aber dieses rote Shirt, das sei ihm andauernd in die Linse gesprungen, er wisse auch nicht, wie.

Die Hitze fraß sich durch mein Hemd. Ich kannte aus Hamburg diese kurzen Wärmeschübe, mitten im Juli, an den drei Tagen im Jahr, an denen es nicht regnete. Dann lief die halbe Stadt an den Elbstrand und grillte, die andere fuhr zur Ostsee, um dem Smog zu entkommen, den sie selbst produziert hatte. Man zog aus Spaß mal das Hemd aus, um sich zu sonnen und zu zeigen, dass man im Fitnessstudio besonders fleißig gewesen war.

In der Negev ziehst du dich aus reiner Notwehr aus. Die Hitze greift nach dir wie Klauen aus dem Sand, die dich langsam zu sich ziehen und nie wieder loslassen. Zuerst denkst du, es sei die Sonne und du müsstest nur in den Schatten, und dann wäre alles besser. Aber dann sitzt du im Schatten, und die Hitze wanzt sich von der Seite an. Und aus dem Boden. Der Sand, die Steine, die Kiesel, der Morast der Negev sind wie eine Herdplatte. Du sitzt auf ihr und wirst gebraten. Sie bläst dir von allen Seiten wie ein heißer Föhn ins Gesicht. Du bewegst dich nicht mehr. Du sprichst nicht mehr. Du liegst nur noch im Schatten, trinkst und rauchst und schaust deinem Bart beim Wachsen zu. Ich faltete mein Hemd zu einem Turban, schlug ihn um den Kopf und setzte eine Sonnenbrille auf. Jetzt war auch ich Teil des Insektenstaats. Ich war ein hebräischer Fliegenmann und hatte Durst.

In einer blauen Zeltburg verkauften sie Wasser. Es war stockdunkel, unter dem Dach hing ein Schwarzlicht. Irgendwo blubberte Trance aus einem Lautsprecher. Vor mir saß ein Typ mit sehr vielen Haaren auf dem Oberkörper.

«Water, please.»

«Ah, Schalom. American?»

«No.»

«Romani?»

«No. Water?»

«Yes, yes. Bist du ein Freiwilliger aus dem Kibbuz nebenan?»

«Nein.»

«Bist du gerade eingewandert?»

«Nein. Aber sehr durstig.»

«Jaja. Aber du bist … also …»

«German.»

«Ah. Ah, o. k. But you have a great nose, you know. Like a Jew. Have fun on In D Negev.»

Später standen wir vorne, an der Bühne, und eine Frau mit einem riesigen Lockenkopf spielte hinreißend auf ihrem Klavier und sang dazu. Leider verstand ich nicht viel, es war ja hebräisch. Vor der Bühne wurde es eng, ganz viele Sonnenbrillen-Insekten auf einmal. Jetzt, gegen Abend, nahmen sie ihre Hüte und Kappen ab, und man sah auf einmal sehr viel Haar. Braun und schwarz, gewellt und gelockt, lang und kurz, aber immer recht viel. Mein Blick wanderte über die Köpfe, die Sonne stand schräg über ihnen, und gegen den schwachen Schein konnte ich die kleinen Härchen sehen, die widerspenstigen, das, was du beim Kämmen nie erwischst. Sie tanzten in der Luft ein wenig zur Musik. Aus dem Insekten-Staat wurde ein Königreich – ein Königreich der Haare.

Simson holte Cocktails. Zuerst Mojito, dann Caipirinha. Als wir wieder im Sand saßen, ging es weiter mit White

Russian, Black Russian oder einfach Wodka mit irgendwas und Korn mit Sprite. Es roch nach Minze, Kiff und Wüste. Mir liefen kleine Käfer über die Beine, und ich wurde sehr schnell betrunken. Und bekifft. Alles durcheinander. Mein Level war schon bei unserer Ankunft recht hoch gewesen, jetzt war ich kurz vor dem Time-out. Dazu diese Hitze! Wir rauchten Wasserpfeife oder höllisch starke und höllisch eklige und billige Zigaretten mit dem Namen «Noblesse».

Am Abend spielte eine Band, auf die alle gewartet hatten und deren Texte alle mitsingen konnten. Sie hießen «The Giraffes», «Girafot», sagte Lior, also «Die Giraffen». Ah, so. Das fand ich lustig, und ich machte einen Witz: «Zum Glück sind es die Giraffen und nicht die Skorpione.» Haha. Wieder landeten Liors Lippen auf meinen. Er konnte schon gut küssen. Trotzdem, wir hätten jetzt auch mal aufhören können, dieses Spielchen zu spielen. Es war doch schon dunkel, und der Typ vom Eingang konnte uns gar nicht mehr sehen. Dafür alle anderen. Der Himmel über der Wüste war heller, dachte ich, als in der Stadt, aber das war natürlich Unsinn, denn es war ja das Licht der Stadt, das sonst alles dunkler machte, und nicht der Himmel, der hier heller war. Ich suchte den Horizont im Westen ab, da, wo Gaza lag, nach Raketen und Krieg.

Ich erinnerte mich wieder an mein erstes Festival, damals, mit Basti, vor fast sechs Jahren. Nebel hatte über der Heide gestanden, und als letzte Band des Abends brummten «Nine Inch Nails» ins diesige Dunkel der norddeutschen Tiefebene. Ich hatte nicht mit Lior, auch nicht mit Basti, sondern mit Kristina geknutscht. Irgendwie muss man bei diesen Festivals wohl immer mit jemandem knutschen, dazu sind sie eben da. Es ist ein wenig wie das Spiel aus dem Kindergottesdienst, die «Reise nach Jerusalem»: Wenn die Musik aufhört, braucht man einen Platz, und wer keinen findet, der ist raus. Vor sechs Jahren ging ich nach dem letzten Lied mit Kristina zu ihrem Zelt und sie sagte, sie habe in ihrem Schlafsack etwas verloren und ob ich ihr suchen helfen würde. Ich meinte, sie solle den Schlafsack doch aus dem Zelt holen, dann könne man ihn besser sehen und ausschütteln. Da sah mich Kristina wie versteinert an, vor dem Zelt, schüttelte den Kopf wie ein Kapitän, der einen Matrosen ausmustert und in die Kombüse schickt, damit er dem Smutje beim Kartoffelnschälen hilft. Kristina verschwand in der Dunkelheit, Richtung Bühne, auf der «Nine Inch Nails» doch noch eine Zugabe spielten. Ich verstand das alles nicht so ganz. Später sah ich Kristina mit einem anderen Jungen in ihr Zelt krabbeln, der ihr beim Suchen in ihrem Schlafsack half. Vermutlich hatte er eine Taschenlampe.

«Die Giraffen» spielten ihr letztes Stück, und Lior trug mich halb, denn man musste mich halb tragen, zu dem Zeltdach am Eingang, das mit dem Tapeziertisch. Da war es ein wenig ruhiger, und man konnte vielleicht schlafen. Simson stand auf einmal vor uns, er hatte auch jemanden zu tragen, die Frau mit dem roten Shirt. «Ja, das ist Marit aus Odense», sagte Simson. «Und das sind Lior und ...» ... dann gab Marit aus Odense Simson einen langen Kuss. Ich war neidisch.

Lior und ich legten uns auf den Teppich. Nach einer Weile holte Lior aus dem Auto die Schlafsäcke. So heiß es tagsüber ist, so sehr kühlt es nachts ab in der Wüste. Ich brummte und wickelte mich halb ein. Lior legte sich hinter mich. Gute Nacht.

Ich spürte, wie er seine Hand durch meinen Schlafsack wandern ließ.

Er sagte: «Ich will nur schauen, dass du keine Skorpione zwischen den Beinen hast.»

Ich sagte: «Vergiss es. Bin besoffen.»

Als ich morgens aufwachte, lag ich allein auf dem Teppich. Lior war nicht mehr da.

Ich suchte ihn, aber er war weg. Ich suchte auch Simson und Marit aus Odense, mit dem roten Hemd, aber die waren auch weg. Mein Schädel brummte, mir war schlecht, und auch ich wollte – weg.

Unser Auto stand noch auf dem Parkplatz. Ich lief zwischen den Zelten umher, in denen sich nichts regte. Unter den Zeltdächern schnarchten hier und da ein paar Leute. Sie lagen zwischen aufgerauchten Wasserpfeifen, weggeworfenen Cocktailgläsern, Zigarettenkippen, Essensresten, Kondomen – gebraucht oder noch in der Packung. Es roch nach Schweiß, Rauch, Alkohol und Sex.

Mein Kopf wurde immer dicker. Ich musste hier weg. Ganz schnell. Im Sanitätszelt klaute ich eine Flasche Wasser, setzte mich am Ausgang des Parkplatzes unter einen Baum und hielt den Daumen hoch. Es kamen zwar keine Autos, aber ich dachte, wenn ich nur den Daumen hochhalten würde, dann käme schon irgendwann eins.

Tatsächlich: Gefühlte 30 Minuten später rollte ein roter Mazda heran. Leider fuhr er nach Eilat und nicht nach Jerusalem. Das Nächste war ein grauer Toyota, der vollbesetzt war und nach Tel Aviv fuhr. Es folgten:

– Ein weißer Kastenwagen auf dem Weg in den nächsten Kibbuz (zwei Kilometer entfernt).

– Ein Motorrad, Ziel unbekannt. Große Staubwolke.

– Ein weißer Ford, der so schnell an mir vorbeizog, dass ich nicht einmal sehen konnte, wie viele Menschen drin saßen. Noch größere Staubwolke.

Meine Wasserflasche war leer, meine Blase voll, und ich stellte mich hinter einen Baum. Eigentlich entferne ich mich in diesen Momenten immer einen halben Kilometer von der Zivilisation, so weit, bis auch ein hochalpiner Hütten-Bernhardiner meine Fährte nicht mehr wittern kann. Aber jetzt war's egal. Ich stand in knöchelhohem Gestrüpp. Meine Blase leerte sich. Direkt vor mir, genau da, unter dem Busch, raschelte es. Ein Halm bog sich zur Seite, ich sah ihn: den Skorpion. Ob er grau war oder weiß oder grün, war schwer zu sagen, ich hatte ihn wohl geduscht. Er war etwas kleiner als meine Hand. Es schien, als schaue er mich an und als wisse er, was ich gerade getan hatte. Ich hatte ihn geweckt, mit einer Morgendusche.

Eigentlich ist ein Skorpion ein hübsches Ding, ein imposantes Insekt: die Zangen, der geschuppte Körper, der Stachel. Vielleicht hätte ich mit ihm reden sollen, so von Skorpion zu Skorpion, aber dieser hier sah nicht aus, als glaube er an Sternzeichen oder Horoskope. Dieser Skorpion war giftig. Ich setzte in Zeitlupe einen Schritt rückwärts, aus den Sträuchern raus. Noch einen, schnell weg. Mit offener Hose. Der Skorpion richtete seinen Stachel auf.

Ich drehte mich um und machte einen Satz, zog an meiner Hose, stolperte und stand auf der Straße. Aus dem Augenwinkel sah ich den Skorpion, wie er auf die Straße … ja … sprang, hüpfte. Vor mir schoss ein Auto heran. Na klar, jetzt kam eins. Wo hinschauen? Wo hinspringen? Da der Skorpion, zwei Meter, dort ein Auto, 20 Meter. Ich versuchte auf die andere Straßenseite zu kommen, mit großen Schritten. Ich rutschte. Ich fiel. Autsch. Das Auto begann zu bremsen. Es quietschte. Kieselsteine und Staub bohrten sich in meine Kniescheiben, in meine Handflächen, in meine Wange. Ich dachte: Das war's.

Der Hamas-Rakete bin ich entkommen, dem Sex mit Lior, dem Sonnenstich, sogar dem Biss eines Skorpions. Aber jetzt überrollt mich ein grauer Peugeot auf der Straße zum Parkplatz und planiert meine Knochen tief in den Boden, in die Wüste. In die Negev.

Der Peugeot bremste unter lautem Quietschen. Kurz vor mir blieb er stehen. Ich konnte die Zunge des Löwen auf dem Kühlergrill schon gut erkennen, obwohl eine Menge Staub in meinem Gesicht klebte. Er starrte mich an, aus etwa zehn Zentimetern Entfernung. Ich sah mich um. Der Skorpion war weg oder begraben unter dem Sand. Ich saß inmitten einer Staubwolke.

Aus dem Peugeot stiegen zwei Frauen. Die eine kam von links, die andere von rechts. Ich sah ihre Beine um die Kühlerhaube gehen. Zuerst rechts, dann links.

«*Atah beseder?*»

«I am o. k.»

«Oh. You are not Israeli?»

«Nein.»

«I was sure, you know, I war sicher. It looked like ... an Israeli.»

«Was? Der Sprung? Der Sturz? Der Skorpion?»

«Deine Hose ist offen. Brauchst du einen Doktor?»

«Nein. Nein, nein. Aber bringt mich hier weg, bitte.»

Sie saßen vorne, ich hinten. Mein Ohr fiepte noch von der Vollbremsung. Mein Knie blutete und sah nicht gut aus.

Im Gesicht hatte ich zwei lange rote Streifen, wie ein Apache auf dem Kriegspfad. Ich biss die Zähne zusammen. Ich roch meinen Schweiß und andere Sachen und hatte wahnsinnigen Durst. Zum Glück lief die Lüftung auf Anschlag.

Die ersten zehn Kilometer sprachen wir kein Wort.

Dann fragte ich die am Steuer, wie sie hieß.

«Natalie», sagte sie. Sie hatte lange, glatte schwarze Haare.

«Noa», sagte die andere. Sie hatte lange schwarze Locken.

«Danke», sagte ich.

«Klar», sagte Natalie. «Brauchst du noch Wasser?»

Wir hielten an einer Tankstelle. In der Toilette wusch ich meine Wunden aus. Es fühlte sich an wie Feuer, aber es war besser, als bei einem Arzt zu sitzen und auf die Spritze mit dem Gegengift zu warten, weil ein Skorpion mich gebissen hatte. Ich sah in den Spiegel. Die Risse auf der Wange waren tief im Fleisch, die Haut war weggescheuert vom Wüstenkies. In den Augenbrauen klebte Dreck. Ich schüttete mir noch einmal Wasser ins Gesicht.

An der Kasse kaufte ich drei Flaschen Sprudel, drei Bananen und drei Tüten Chips. Noa und Natalie lachten, als ich ihnen die Sachen gab. Sie legten sie auf die Rückbank, und wir fuhren zu einem Schnellrestaurant an der nächsten Tankstelle.

Der Hamburger hat mir noch nie so gut geschmeckt. Obwohl nicht einmal Käse drauf lag. Vor dem Fenster der Imbissbude öffnete sich eine weite, flache Ebene, ein paar Sträucher standen da, in denen sicher Skorpione saßen und ihre Stachel streichelten.

Ich fragte Natalie: «What is ‹scorpio› in Hebrew?»

«Scorpio? Akrav.»

«Kannst du es mir aufschreiben?» Sie schrieb in die Luft: עקרב.

Hier ein Stachel, da ein Stachel. Hebräisch ist wie Schreiben mit Skorpionen. Die Israelis haben diesen Schnack, würde man in Norddeutschland sagen, mit dem sie die im Land geborenen Nachkommen bezeichnen: «Sabres» sollen sie sein, also Kaktusfrüchte, die außen stachelig sind und innen süß wie Honig. Mag sein. Aber ihre Buchstaben, die haben die Hebräer bestimmt erfunden, als sie sich vor Tausenden von Jahren die Skorpione angesehen haben, die ihre Wüste bevölkern. Ihre einfachen, aber kunstvoll geschwungenen Körper, mit dem Stachel, der meist nach oben strebt:

עברית!

Vielleicht war es die Hitze. Oder der Skorpion hatte mich doch gebissen, und das Gift zerfraß langsam mein Hirn. Ich meine: Was würde ich wohl denken, wenn mir Noa oder Natalie, die ich auf dem Parkplatz des, sagen wir, Wacken Open Air (Schleswig-Holstein) aufsammele, weil sie vor einer Kuh davon laufen, die sie beim Hinter-den-Busch-Gehen … na, also, wenn mir Noa und Natalie erzählen würden, dass geschriebenes Deutsch eigentlich aussehe wie, ja, sagen wir, Ochsenhörner? Pferdeäpfel? Hasenpfoten? Das fände ich ja auch merkwürdig.

Wir fuhren zurück nach Hause. Die Negev glitt am Fenster vorbei wie ein riesiger ockerfarbener Kuchen. Am Rande der Wüste kam eine Stadt, deren Name ich aus der Bibel kannte: «Beer Scheva». Das bedeutet: «Brunnen der Sieben».

Mit Skorpionen geschrieben: באר שבע

Seit biblischer Zeit hat sich diese Stadt Stück für Stück ein wenig verändert, nicht immer zu ihrem Vorteil. Wenn man von Norden nach Beer Scheva kommt, denkt man, die Stadt liege gerade nicht mehr in der Gegend, in der noch etwas wächst. Wenn man von Süden kommt, denkt man, sie liege gerade da, wo noch nichts wächst. Jakob fand laut Altem Testament am Ortsausgang von Beer Scheva eine Leiter, die aus dem Himmel hing, was für ihn ein Beweis war, dass dieses und nur dieses Gottes eigenes Land war. Die Band Led Zeppelin hat dieser Leiter zu Ehren ein berüchtigtes Rock-Epos komponiert: den «Stairway to heaven».

Ich sah aus dem Fenster. Am Ortsrand von Beer Scheva duckten sich schwarze, windschiefe Zelte, Hütten und Verschläge in die Dünen. Dazwischen türmte sich Abfall. Hin und wieder stand da ein Traktor oder ein altes Auto oder ein ausrangierter grüner Bus der Transportgesellschaft «Egged». Kinder spielten im Dreck oder kickten einen Ball umher, der sich beim nächsten Torschuss in seine Einzelteile zerlegen sollte. An der Straße fehlte an einigen Stellen die Leitplanke. Da war kein Weg, keine Abfahrt, keine Ampel, gar nichts.

Ich fragte Natalie, wer hier wohnte.

«Beduinen.»

«Wollen die da leben oder müssen sie?»

«Von beidem etwas.»

Mein Telefon klingelte. Es war Simson.

«Alles gut? Wo bist du?»

«Per Anhalter nach Jerusalem.»

«Ah. Gut. Bin gerade wach geworden.»

«Du meinst, du und … Marit?»

«Ja. Und du und … Lior?»

«Nein.»

Ich dachte an gestern, an die Hinfahrt, an Beit Schemesch. An die Bäume. Von hier unten, von Beer Scheva aus gesehen, verstand ich genau, was Lior gemeint hatte, als er sagte, bei Beit Schemesch, da sehe es eigentlich aus wie in Europa. Wie in Deutschland, Frankreich oder Finnland. Na ja, wie in Finnland bestimmt nicht. Aber ein wenig wie im Schwarzwald.

Dreiundfünfzig tote Schafe

Ich bin in einem religiösen Haushalt aufgewachsen. Wir haben vor dem Essen gebetet, ich bin getauft und konfirmiert, manchmal gehe ich in die Kirche. Ich bin nicht mit 15 Existenzialist geworden und mit 21 nicht Buddhist. Mein Vater ist zu allem Überfluss auch noch Pastor – für norddeutsche Verhältnisse bin ich Fundamentalist mit Hang zum Fanatismus. Es leuchtet folglich unmittelbar ein, warum Joel und ich auf einer Wellenlänge schwangen. Ich fand jede Regel, die er mir in den ersten Tagen in unserem gemeinsamen Heim erklärte, an die er sich halten wolle und an die wir uns alle folglich auch halten mussten, sehr interessant und sinnvoll.

Ich gebe zu, ich habe mich gewundert, als ich eines Morgens verschlafen und in Unterhose die Wendeltreppe herunterstolperte und auf einmal vor Joel stand – der die Augen geschlossen hatte, den Oberkörper nach vorne beugte, die Hände wie einen Kelch vor sich haltend, die Unterarme eingewickelt in etwas, das wie Videokassettenband aussah. Auf dem Kopf trug er einen schwarzen Würfel. Ich war peinlich berührt, ging zurück in mein Zimmer, zog eine Hose an und schlurfte noch einmal an ihm vorbei zum

Kühlschrank, denn ich hatte Durst und Hunger. Joel sang, er summte mit geschlossenen Augen. Ob er noch schlief und schlafwandelte? Oder ob er schlief und betete, also schlafbetete? Ob er das jeden Tag tat?

Am nächsten Morgen stand ich besonders früh auf und wartete unauffällig auf der Terrasse mit einem Tee und der Zeitung. Ich tat so, als würde mich nicht interessieren, was drinnen vor sich ging. Tatsächlich kam Joel gegen acht Uhr die Wendeltreppe herunter, das Kassettenband schon locker um die Unterarme geschlungen, den schwarzen Würfel auf dem Kopf, stellte sich mit dem Rücken zu mir, irgendwie in eine ganz bestimmte Richtung, und begann sein Gebet. Ich war tief beeindruckt ob so viel religiöser Disziplin und beschloss umgehend, noch am Vormittag ins Einkaufszentrum zu gehen und ein paar neue koschere Teller zu kaufen, um meinen Fauxpas mit dem Käsebrot wettzumachen. Als Joel sein Frühstück aß, fragte ich ihn, wo das Einkaufszentrum lag. Ich verstand seine Antwort nicht, weil er den Mund voll hatte, und fragte ihn, ob er mitkommen wolle; aber er wollte nicht. Ich sah auf seinem Kopf die Kippa, heute hatte er eine orangefarbene an. Sie war mit einer Haarspange an seinem dunklen Haupthaar befestigt. Schließlich stand er auf und ging zur Uni.

Ruth kam ins Wohnzimmer. Ich fragte sie, wo ich in der Nähe einen Teller kaufen könne.

«Auf der anderen Seite der Hebron-Straße, einfach die Jam HaMelach und die Ein Gedi hinunter, dann stehst du vor einer Mall.»

«Einer was?»

«Einer Mall. Also einem Kanion.»

«Einem Canyon?»

«Ja. Einem Supermarkt. Nur größer. In Deutschland holt ihr die Milch wohl noch vom Bauern ab und dreht den Hühnern selbst den Hals um?»

«Ja, nee, ich meine nur – dieses ‹Canyon›; bedeutet das, dass der Supermarkt wie ein Canyon aussieht? Mit Felsen?»

«Nein, o nein. Es heißt Kanion. Das kommt von ‹liknot›, was ‹kaufen› heißt. Auf Hebräisch.»

«Ach so. Joel meinte …»

«… dass du ihm neue Teller kaufen sollst?»

«Nein. Er meinte …»

«Solltest du aber. Ich meine, ist nicht weiter schlimm, dass du die Kaschrut-Regeln noch nicht kapiert hast, aber immerhin sind die Teller jetzt für uns unbrauchbar. Nicht, dass ich dir Vorschriften machen möchte, aber …»

Ruth redete sehr schnell, so im Allgemeinen, und in einer Geschwindigkeit, die die Wörter so sehr ineinanderschob, dass sich ein konstanter Redeton erhob, eine Art Ruth-Rede-Brummton. Man konnte fast meinen, dass dieses Brummen aus irgendeiner mysteriösen Quelle in ihrer direkten Nähe entwich und schon in der Luft eines Raumes vibrierte, wenn sie nur durch die Tür kam und noch nicht einmal zu sprechen begonnen hatte.

Ich machte mich auf zum Kanion, Teller kaufen. Schon an der ersten Ecke hatte ich ein Problem. Da stand ein Straßenschild, aber es sagte etwas ganz anderes als mein Stadtplan. Noch dazu war es nicht ein-, zwei-, nein, es war dreisprachig. Die Straße hatte auf Hebräisch anscheinend einen ganz anderen Namen als auf Englisch. In meinem Stadtplan stand allerdings der hebräische Name, jedoch in lateinischen Buchstaben. Vielleicht war es auch die falsche Straßenecke. Auf Arabisch stand wahrscheinlich wieder etwas anderes auf diesem Schild. Ich fragte einen älteren Mann mit einer Brille, hoher Stirn und einem schütteren weißen Bart, der mir auf dem Bürgersteig begegnete.

«Das hier ist die Jam HaMelach?»

«Nein, nein. Nach meinem Wissen hat diese Straße gar keinen Namen. Jam HaMelach? Versuch es mal mit der dritten links. Oder mit der zweiten.»

«Aber auf dem Schild hier steht doch: ‹Jam HaMelach›.»

«Ja, aber das ist alt. Erst wurde der Verlauf der Straße geändert, und dann wurde sie umbenannt. Erst im Hinblick auf den biblischen Charakter der Stadt, dann wurde sie wieder umbenannt, beim zweiten Mal aus Rücksicht auf die Minderheiten. Und schließlich hat der Stadtrat beschlossen, dass sie am besten gar keinen Namen tragen soll. Jetzt heißt sie Tsipora, glaube ich. Aber nur bis zur Ecke da vorne. Dahinter heißt sie auf der linken Seite Nachum Lifschitz und auf der rechten Ben Dov.»

«Ich dachte, sie hat keinen Namen?»

«Habe ich das gesagt? Dann hat sie eben doch einen. Oder drei.»

«Und warum drei?»

«Warum warum warum? Der Straßenname war vermutlich mal wieder Verhandlungsgegenstand in irgendwelchen Friedensverhandlungen. Oder anderen Verhandlungen, ohne Frieden. Was weiß ich. Oder es hat jemand gespendet. Ich glaube, man kann sogar schon Jerusalemer Straßennamen im Internet ersteigern.»

«Wer will das denn?»

«Die ganze Welt will das! Du hast ja überhaupt keine Ahnung. Israel ist ein Land, das sich besonderer Beobachtung erfreut – und Jerusalem ist seine Hauptstadt. Da uns alle beobachten, versuchen wir hier allen zu gefallen. Du verstehst? Unsere Armee tut gerne so, als sei sie der bewaffnete Arm der Ärzte gegen den Atomkrieg, und das Straßenbauamt hält sich am einen Tag für das Komitee für den Literaturnobelpreis und am nächsten Tag für das Komitee für den Friedensnobelpreis.»

Da stand ich nun unter diesem Schild und wollte herauszufinden, wo die Mall, der Kanion war, in dem ich die koscheren Teller kaufen konnte. Ich war noch nicht einen Schritt vorwärtsgekommen. Ich versuchte es noch einmal: «Sagen Sie, es soll da ein Einkaufszentrum geben, so eine Mall oder einen Kanion, oder Canyon?»

Er akzeptierte meine Frage nicht. Er sagte: «Neu hier, oder?»

Ich: «Ja. Gewissermaßen.»

«Dann pass jetzt gut auf. Kannst was lernen. I tell you. I know. You listen. Mein Junge, es ist also so, dass das moderne Israel seit dem Tag seiner Geburt ein Land unter besonderer Beobachtung ist. Falls du es wirklich noch nicht bemerkt haben solltest: Die Weltgemeinschaft hält täglich prüfend ihre Lupe über unseren Judenstaat, und man muss nicht Sherlock Holmes sein, um zu sehen, dass deshalb hier einiges anders läuft. Wenn die israelische Regierung zum Beispiel die Entscheidung fällt, einen Baum im Unabhängigkeitspark in der Stadtmitte Jerusalems zu fällen, weil er so groß geworden ist, dass er die umherflanierenden Spaziergänger eines schönen Tages mal erschlagen könnte, dann greift der Regierungschef zum Telefon und ruft erst mal eine Reihe von Menschen an, um diese wichtige Operation zu besprechen …»

«Ah? So? Also ich wollte eigentlich nur wissen ...»

«Unterbrich mich nicht. *Zuerst* spricht der Regierungschef natürlich mit seiner Frau. Würden wir ja alle so machen. Oder sei der Regierungschef eine Frau, ruft sie ihren Mann an. Oder sei er doch ein Mann, der schwul ist, dann ruft er seinen Mann an. Oder umgekehrt. Wir verstehen uns. In jedem Fall sagt der Regierungschef – oder die Regierungschefin, ihrem oder ihrer Liebsten, dass es spät werden könne, denn im Unabhängigkeitspark stehe eine Zeder und die sei so groß, dass sie bald umfallen könne und dass es deswegen ein bisschen dauern könne, bis das Thema vom Tisch sei.

Als *Zweites* muss der Generalsekretär der UNO vom Fällen der Zeder in Kenntnis gesetzt werden. Der hört sich die Sache an, stimmt weder zu, noch lehnt er ab, behält sich aber das Recht vor, gegebenenfalls zu protestieren.

Der *dritte* Anruf geht an den US-Präsidenten. Der stimmt zu, ohne verstanden zu haben, worum es geht. ‹Zeder› ist ihm im Sinn geblieben. Also funkt er danach Air Force und Marine an und lässt vom US-Flugzeugträger ‹Dwight D. Eisenhower›, der gerade vor Kreta liegt, ein Kampfgeschwader aufsteigen, das eine Wiese im Süden des Libanon bombardiert.»

«Jetzt übertreiben Sie aber.»

«Was fällt dir ein, mich zu unterbrechen? Undankbarer Bengel.»

«Verzeihung.»

«Wo war ich? Ach ja. Der *vierte* Anruf geht also an den Vorsitzenden der Palästinensischen Autonomiebehörde. Der unterbricht den Premierminister nach den ersten zwei Sätzen und sagt, man solle sich doch mit wichtigeren Din-

gen beschäftigen. Zum Beispiel sei der Unabhängigkeitspark mit der Zeder auf dem Boden eines alten muslimischen Friedhofs gebaut, und heute, ja gerade heute, gebe es
da eine Demonstration gegen die lokale historische Amne-
sie der Israelis und er könne ja mal nach der Zeder sehen
und sie gegebenenfalls fällen.

Dann will unser Oberisraeli den *fünften* Anruf machen,
erinnert sich aber daran, dass das so nichts wird. Er nimmt
Zylinder, Mantel und Spazierstock, geht vor die Tür und
macht einen kleinen Gang, die King-George-Straße hinauf, am Unabhängigkeitspark vorbei, in dem gerade Polizei
unterwegs ist wegen der Demonstration, von der ihm der
Oberpalästinenser erzählt hat. Und wo sich die Zeder bedächtig im Wind wiegt.

Wiege hin,
Wiege her,
Bald, da wiegt sie nimmermehr.

Weiter geht er über die Jaffa-Straße, den Berg hoch, die
Strauss-Straße entlang bis zur Ecke Melech Israel, dann
rechts und in den Hauseingang vor dem Bäcker, in den
zweiten Stock, erste Tür links, wo Israels Oberrabbiner gerade während der Arbeitszeit auf einem Fernseher unter dem Schreibtisch ein Pferderennen aus England schaut,
weil er einen nennenswerten Betrag auf das Pferd ‹Mor-
ning Star› gewettet hat, was natürlich verboten ist. Auch,
wenn er außerhalb der Arbeitszeiten und nicht am Schabbat gewettet hat.

Der Premierminister fragt den Oberrabbiner nach dem
Baum im Unabhängigkeitspark. Der Rabbi antwortet gar
nichts, sondern winkt nur abfällig mit der rechten Hand,
den Blick fest auf dem Bildschirm. Also geht der Premier-

minister wieder zurück durchs Treppenhaus, auf die Melech Israel, zur Kreuzung. Als er vor dem Fenster des Antiquariats ‹Karl Richter› steht, klingelt sein Telefon. Es ist sein Sekretär. Der sagt:

‹*Erstens:* Ihre Frau hat vor geraumer Zeit angerufen, sie seien ja immer noch nicht zu Hause, sie habe die Nachbarn zum Abendessen eingeladen, die würden in der Küche sitzen und Arak trinken, und sie gehe jetzt mit Ehuds Motorsäge in den verdammten Unabhängigkeitspark und säge die Zeder nieder. Hat sie gesagt. Ich habe sie darauf hingewiesen, dass sie in diesem Fall zu spät käme. Dazu gleich mehr.

Zweitens: Die USA haben den Libanon angegriffen. Allerdings haben sie nur ein Fußballfeld im Süden des Landes bombardiert, auf dem gerade eine Lammherde graste. Dreiundfünfzig tote Schafe. Die Hisbollah hat als Rache das Feuer auf Israel eröffnet und schießt seit einer halben Stunde Scud-Raketen auf Haifa. Bisher nur Dach-, äh, Sachschaden. Die Hamas hat sich solidarisch erklärt und schießt aus dem Süden auf Sderot. Keine Verluste. Demonstrationen in allen europäischen Großstädten. In Stockholm spricht Annie Lennox gerade zur schwedischen Öffentlichkeit. Sie ist sehr aufgebracht ...›

Darauf der Regierungschef: ‹Die Öffentlichkeit oder die Lennox?›

‹Die Lennox.›

‹Wusste gar nicht, dass die Schwedin ist.›

‹Ist sie auch nicht. Sieht nur so aus.›

‹Und die Schweden?›

‹Sorgen sich um die Schafe und den Baum.›

‹Welchen?›

‹Den im Unabhängigkeitspark.›

‹Ach was.›

‹*Drittens:* Kurz bevor ich sie anrief, hat uns die traurige Nachricht erreicht, dass der Vorsitzende der Palästinensischen Autonomie-Behörde zur Stunde einen Unfall im Zentrum von Jerusalem hatte. Er befand sich auf der Demonstration für den Erhalt des mittelalterlichen muslimischen Friedhofs Mamilla in der Nachbarschaft des Unabhängigkeitsparks. Als er auf einen Felsen kletterte, um seine Ansprache zu halten, verunglückte er.›

‹Wie denn?›

‹Eine Zeder fiel ihm auf die Schulter.›

‹Eine Zeder?›

‹Ja. Er hat überlebt.›

‹Noch was?›

‹Der UNO-Generalsekretär protestiert aufs Schärfste. Er verurteilt die neuerliche israelische Aggression.›

So läuft das hier. Verstehst du, mein Junge? Verstehst du?»

Der Mann mit dem Bart nickte mir mehrfach zu, mit weitaufgerissenen Augen und offenem Mund. Er guckte wie ein nervöser Bernhardiner. Er sagte noch einmal: «Verstehst du?»

«Ich ... weiß nicht so recht. Wo ist denn jetzt diese Mall?»

«Diese was?»

«Der Kanion ...?»

«Kanon?»

«Ich brauche zwei Teller.»

«Frag doch mal im Restaurant da drüben.»

Schließlich brachte der Mann mit dem Bart, der nun nicht mehr schaute wie ein Bernhardiner, weil er den Mund wieder geschlossen hatte, mich doch noch zum Einkaufszentrum und verabschiedete sich mit einem Klaps auf meinen Hintern, was ich sehr befremdlich fand. Ich ließ mich am Eingang des Einkaufszentrums durchsuchen: Taschen ausleeren, durch den Detektor. Zwei Polizisten mit gezückter Waffe. Ich fragte: «Was ist hier denn los?»

«Erhöhte Sicherheitsstufe. Im Unabhängigkeitspark ist eine Bombe gefunden worden.»

«Am Fuße einer Zeder?»

«Genau.»

Arabisch für Anfänger, Lektion 1

Omar, der Arabischlehrer, donnerte. Er klang nicht wie ein Mensch, sondern eher wie ein Gewitter. Er donnerte auf uns los, und wir grummelten zurück. Das war sein pädagogisches Konzept. Omar war ein toller Mann. Er mochte so um die 50 sein, sein Schädel war bekränzt von weißem Haar, die Stirn lag in tiefen Falten. Seine Augen waren blau, freundlich und gerecht. Er ist der beste Lehrer, den ich kenne, obwohl ich nicht lange Zeit in seinem Kurs saß. Wenn er einen Witz machen wollte, erzählte er von seiner Frau, die ihn beherrschte wie ein Scheich seinen Harem, sagte er. Einmal pro Stunde rief sie ihn an. Omar entschuldigte sich erst bei den Schülern, sprach dann mit ihr und benutzte genau die Vokabeln, die die Klasse gerade lernte. Am Ende des Gesprächs entschuldigte er sich dann bei seiner Frau.

Arabisch ist übrigens eine sehr eingängige und leichte Sprache, sie besteht im Wesentlichen aus drei Wörtern:

Achlan (wa-sachlan)

Praktische, in nahezu jeder Lebenslage gebräuchliche positive Äußerung. Das Wetter ist gut? Achlan. Die Geschäfte gehen gut? Achlan. Die Israelis blamieren sich gerade wieder? Achlan. Deutschland? Achlan. Mercedes Achlan, Ballack Achlan, alles Achlan.

Challas

Das Gegenstück zu Achlan. Ständig einsetzbares Wort, um etwas negativ zu kommentieren oder zu verneinen. Du magst mein Schwarma nicht? Challas! Du warst noch nie in Ramallah? Challas! Du weißt nicht, was Al Nakba ist? Challas, du stehst doch mitten drin! Du findest meine Schwester hübsch? Challas. Du findest meine Schwester nicht hübsch? Challas, was bildest du dir ein! Du willst schon wieder gehen? Challas, das war doch erst der vierte Tee. Außerdem, was willst du denn wieder zu Hause, im Westen, bei deinen Zionisten? Challas, Habibi! Was direkt zu Wort Nummer drei führt, nämlich:

Habibi!

Das ist einfach zu merken: Alle und jeder sind Habibi, vor allem Ballack, Beckenbauer und du – nur nicht die Israelis, die sind An Nakba. Du willst wissen, was An Nakba ist? Tut mir leid, das ist eine Vokabel aus dem zweiten Teil des Kurses.

Da war wieder diese Noa, sie saß neben mir. Ich war ein wenig überrascht, sie hier zu treffen, aber nicht sehr. Sie studierte auch Kunst an der Bezalel, wie Simson, wie ihre Freundin, diese Natalie. Wie vermutlich alle, die auf dem

Indie Negev gewesen waren – außer Simsons Dänin Marit mit dem roten Hemd und mir. Noa legte ihre Hand auf meine Wange. Das fühlte sich gut an. Sie sagte, der Kratzer sei gut verheilt. Im Auto war es mir gar nicht so aufgefallen, aber jetzt dachte ich, dass ich sie irgendwie gut fand. Vielleicht war es auch nur die Hand. Die Stunde begann. Ich sah zu Noa. Sie trug eine schwarz-weiß geringelte Strumpfhose. Um den Hals baumelte ihr eine lange Kette mit zwei Elefanten als Anhängern, die direkt zwischen ihren Brüsten zu liegen kamen und ziemlich groß waren. Ich schaute sie mir genau an.

Ich mag Elefanten.

Noa ertappte mich. Ich schämte mich und sah fortan aus dem Fenster. Da lag ein arabisches Dorf, das die Universität an ihrem Nordrand so eng umschloss wie ein Blütenkelch seine Frucht. Als ich die Uni zum ersten Mal gesehen hatte, wirkte sie auf mich wie ein Ufo, eine Trutzburg mitten in Ost-Jerusalem. Im Museum der Uni hing ein Bild, auf dem genau diese Stelle abgebildet war, die ich jetzt durchs Fenster sah. Das Bild war aus dem Jahr 1925; da war der Skopus-Berg, auf dem die Uni thront, noch ein kahler leerer Rücken. Die Wege über den Hügel konnte man nur Ackergäulen und Geländewagen zumuten. Und wohnen, ja wohnen wollte hier kaum einer. Der Berg gehörte fast schon zur Wüste. Die Hebräische Universität hatte damals noch nichts von einer Burg. Sie sah eher aus wie ein verstoßener Kibbuz, für den im fruchtbaren Galiläa kein Platz mehr gewesen war.

Ich wachte auf aus meinem Tagtraum, denn ich hörte Noas Stimme. Sie konnte schon ein wenig Arabisch. Sie sprach laut und fest und klang nach mindestens zwei

Schachteln Zigaretten am Tag, ohne Filter. Ich hörte ihr zu und zählte dabei die weißen Ringe auf ihrer Strumpfhose.

Dann war Schluss. Noa stand vor mir. Ob sie mein Buch mal kurz leihen könne?

Drei Tage später war wieder Arabisch, und ich freute mich darauf, auch wenn ich die Hausaufgaben nicht gemacht hatte. Ich kam zu spät. Der Platz neben Noa war frei. Sie hatte ein fettes Piercing in der Lippe. Ich flüsterte: «Hallo.» Der Ring in der Lippe gab ihrem Gesicht und ihrem Blick etwas Scharfes, das ich bisher nicht gesehen hatte. Immerhin waren die Elefanten noch da. Ansonsten sah Noa fast ein wenig gefährlich aus. Als würde sie im nächsten Moment sagen: «Renn nur, ich bekomme dich doch und reiße dir die Kleider vom Leib und verspeise dich zum Abendessen.»

Sie las Vokabeln, unsere Hausaufgabe. Ich hörte ihre Stimme, aber nicht so sehr, was sie da sagte. Wie wohl alle möglichen Sätze in Noas Ton klingen würden? Etwa: «Wollen wir eine Zigarette rauchen?», «Hast du früher auch so viel Nirvana gehört?», «Wollen wir ein Bier trinken gehen?» Oder: «Wie geht deine Hose auf?»

Noa klang nicht nur nach Rauch, sie rauchte auch in der Tat sehr viel. Es war Pause, und in der Zeit, in der die anderen *eine* Zigarette schafften, rauchte sie zwei weg, und sie steckte sich eine dritte an. Ihre Streichhölzer waren alle, und ich glaube, sie machte sich einen Spaß daraus, sich von dem Jungen, der in der dritten Reihe links saß, der mit dem karierten Hemd, Feuer zu leihen. Sie lieh es sich nicht nur, sie entriss es ihm, baute sich vor ihm auf, zündete sich so nah wie möglich vor seinem Gesicht die Zigarette an, blies ihm anscheinend aus Versehen den Rauch ins Gesicht und stopfte ihm das Ding zurück in die Hosentasche.

Wenn es stimmt, dass die einen Tauben sind und die anderen Wölfe; wenn es Raubtiere und Beute gibt, dann war Noa eine Wölfin. Oder ein Adler. Sie ging auf die Jagd, wenn es ihr gefiel. Sie beobachtete ihre Beute, lockte sie an und nebelte sie ein; schlug zu, wenn sie Lust hatte – oder auch nicht. Ich sah kommen, vermutlich wünschte ich mir, dass sie langsam ihre Klauen nach mir ausstrecken möge. Ich wusste, ich würde eine leichte Beute sein.

Nach der Stunde fasste ich mir ein Herz: «Wollen wir ein Bier trinken gehen?»

«Ein Bier?»

«Ja?»

«Klar. Ich trinke aber lieber Arak. Ich ruf Natalie an.»

Klar? Klar.

Wir trafen uns an der Jaffa-Straße. Sie kam mit Natalie, ich hatte Friedrich dazu telefoniert. Wir gingen ins Sira. Eine Gruppe Kiffer saß vor der Tür, obwohl es Oktober war und nicht mehr sehr warm. Man roch es schon von weitem. Die Musik ist meistens schlecht, das Bier zu teuer, und es sind auch immer zu viele Typen da und zu wenig Mädchen. «Wurstparty» hat Friedrich das einmal genannt. Heute gab es für uns keine Wurstparty, wir waren genau zwei zu zwei. Wir saßen auf den Steinbänken im Eingang, und ich redete mit Noa und Natalie. Friedrich holte Bier.

Natalie: «Sag mal, und entschuldige die Frage, aber – bist du jüdisch?»

«Geht es um meine Nase?»

Pause.

Noa: «Bist du schwul?»

«Was, wenn ich es wäre?»

Natalie: «Auf dem Indie Negev, da war doch so ein Typ bei dir.»

«Na und?»

Noa: «You are sure you are not gay?»

«Wer weiß? Was ist mit euch?»

«Wir haben zuerst gefragt.»

Friedrich kam mit dem Bier. Natalie wollte auch von Friedrich wissen, ob er schwul sei. Und ob ich es war. Er sagte, wenn er es sei und wenn ich es sei, wüsste er noch nichts davon. Dann legte er seinen Arm kurz um mich und zog ihn recht schnell wieder weg. Vielleicht müsst ihr es ausprobieren, dachte ich. Dachte Friedrich. Dachte noch jemand?

Wir gingen tanzen. Außer uns waren nicht viele auf der Tanzfläche. Es gab Britpop und Techno. Es ging hin und her, Noa mit mir, Noa mit Friedrich, Natalie mit mir, ich mit Friedrich. Wir schwitzten. Es machte Spaß. Es wurde voller, mehr Leute kamen. Aggressive Schubser. Ich kam aus dem Rhythmus und stand einen Moment am Rand. Ich ging vor die Tür, lehnte mich an eine Mauer und schloss die Augen.

Noa zog an meinem Arm, zog mich zurück in die Bar. Sie bestellte zwei Gläser mit Anisschnaps.

«*Lechaim!*»

«Prost.»

Komm, Barmann, noch einen.

Lechaim. Und noch einen. Prost.

Noa griff nach meiner Hand, ich hielt sie fest. Natalie kam dazu. Noa ließ mich wieder los.

«Ich glaube, ich gehe nach Hause.»

«Ich bringe dich noch ein Stück», sagte ich.

Wir gingen die Gasse runter, am muslimischen Friedhof vorbei, der keiner mehr ist, durch den Unabhängigkeitspark. Die Argon-Straße hoch bis zum Paris-Platz. Nachts sieht Jerusalem aus wie ein großes Museum. Auch tagsüber, aber nachts noch mehr. Da stehen die großen, schicken Straßenlaternen und beleuchten mondäne Bürgersteige aus hellem Jerusalem-Stein, die leer sind. Nur in drei, vier dunklen Ecken neben der Jaffa-Straße lebt die Nacht.

Unter der Woche geht es noch, aber abends am Schabbat kann Jerusalem geradezu depressiv machen. Gehst du zum ersten Mal weg, lernst du eine Menge Leute kennen. Gehst du zum zweiten Mal weg, triffst du jeden Zweiten vom ersten Abend wieder. Am dritten Abend kennst du sie alle. Der Rest der Stadt schläft den keuschen Schlaf der Langeweile. Jerusalem, eine Metropole der Stubenhocker.

«Noa, wo wohnst du?»

«Ich gehe zu meinen Eltern.»

«Wo wohnen die?»

«Marcus-Straße. Hier links.»

Auf dem Bürgersteig stand ein Zelt. Im Zelt saßen ein Mann und eine Frau an einem gedeckten Tisch, mit feinen Porzellantellern, einer Flasche Wein, Servietten, einer Kerze und einem gelben Blumenstrauß in einer Vase. Ich sah auf die Uhr. Halb zwei. Vor dem Zelt hing ein großes Plakat in Blau-Weiß, auf dem das Gesicht eines jungen Mannes mit kurzen Haaren zu sehen war.

Daneben stand: ‏גלעד עדיין חי‎

«Was steht da?»

«Gilad lebt noch.»

«Wer ist Gilad?»

«Gilad Schalit. Der Soldat, den die Hamas gekidnappt hat.»

«Wann war das?»

«Vor fast vier Jahren, glaube ich.»

«Und was soll das Zelt? Ich meine, macht man das so?»

«Nein. Seine Eltern haben das aufgebaut. Sie halten Mahnwache. Gilad ist so eine Art Symbol geworden. Na ja. Da hinten hat der Ministerpräsident sein Büro. Er soll das Zelt und die Eltern sehen und sich jeden Tag an Gilad erinnern. Darum ist es hier.»

Wir gingen durch eine Absperrung, an der ein Wachmann mit einem Gewehr stand. Noa grüßte ihn, er grüßte sie. Das Haus des Ministerpräsidenten sah aus wie eines der vielen anderen hübschen Wohnhäuser in diesem Stadtteil, mit Balkon und Garten und Bäumen. Nur dass dieses aus Versehen zum Sitz des Ministerpräsidenten geworden war; jetzt musste sich das Haus halt daran gewöhnen. Am Ende der Straße gab es noch eine Sperre. Noa deutete nach rechts. «Da wohnt der Präsident. Und hier wohnen meine Eltern.»

«Welches Ministerium war das noch einmal?»

«Sehr witzig. Mein Vater war bei der Luftwaffe. Und meine Brüder sind es auch.»

Nicht, dass ich verstanden hätte, warum das jetzt eine Erklärung gewesen wäre. Aber ich akzeptierte es eben. Ich hatte nicht einmal richtig gesehen, auf welches Haus Noa gezeigt hatte. Überall sah ich schöne, geputzte Fassaden, hergerichtete Aufgänge und Türen. Es war still hier und friedlich. In den Vorgärten standen stattliche Bäume, Zedern, Akazien, Pinien, Zypressen. Ihre Zweige gingen leise im Wind, als wollten sie diese Häuser, diese Straße, das ganze Land in den Schlaf wiegen und als wollten sie sagen: Nein, das hier ist nicht Israel. Nein, Gaza ist weit weg. Hebron auf einem anderen Kontinent. Das hier ist die Provence, die Toskana, und wir brauchen uns alle keine Sorgen zu machen.

Noa nahm meine Hand und fasste kräftig zu. Wir standen in der Mitte der Straße, nebeneinander, als wolle uns jemand fotografieren, wie ein Paar in einem Holzschnitt. Ich griff ihr mitten in die Locken, denn das hatte ich schon länger gewollt. Sie trat mir sanft auf den Fuß und lachte. «Kasper», sagte sie. Ein Auto fuhr vorbei, und wir mussten zur Seite gehen. Das war gut, denn jetzt standen wir noch näher beieinander. Ihre Arme lagen auf meiner Hüfte. Ihr Kopf sank langsam auf meine Brust. Ich mochte ihre Haare und wie sie roch. Ich sog ihren Duft tief in mich hinein. Ich schob die Locken beiseite und sah ihren Nacken.

Ein dickes Auto fuhr vorbei. Getönte Scheiben, schweres Summen auf dem Asphalt.

«Der Ministerpräsident?», fragte ich.

Noa lachte. «Rede nicht so viel.»

Wir küssten uns.

Noa legte mir einen Finger auf die Lippen.

«Ich glaube nicht, dass du schwul bist.»

Weg war sie.

Septemberfest

Die Altstadt von Jerusalem besteht aus vier Teilen: Dem jüdischen Viertel neben der Klagemauer, dem muslimischen neben dem Tempelberg, dem christlichen rund um die Grabeskirche und dem armenischen, von dem niemand genau weiß, wo es eigentlich liegt. So etwas wie eine Kneipe gibt es nur im christlichen. Genauer gesagt: Gab es nur dort. Aber das ist eine andere Geschichte.

Die Kneipe gehörte dem christlichen Araber Pascal; Friedrich und ich saßen bei Pascal vor der Tür und tranken Bier. Genau genommen tranken wir kein Bier, sondern Tuborg. Das Zeug stand vor mir und sah mich an – im Hirn von Männern, und vor allem von denen, die es gerade werden wollen, legt sich ja ein Schalter um, wenn der Kronkorken von der Flasche springt. Pascal öffnete mein Tuborg, und, zack, ging es los.

Ich: «Sach mal, haste kein richtiges Bier?»

Friedrich: «Du, der kann kein Deutsch.»

Ich: «You don't have real beer? Like Jever?»

Friedrich: «Jever? Das ist ja wohl kein ‹real beer›! Jever! Ha! Eklige Ostfriesen-Plörre.»

Pascal verdrehte die Augen und ging.

Ich: «Was trinkst du denn? Irgendein Gesöff aus Augsburg?»

Friedrich: «Mannheim. Ich komme aus Mannheim. Ist das so schwer?»

«Spielt das eine Rolle? Für das Bier?»

«Echtes Bier wird in Deutschland erst südlich von Göttingen gebraut.»

Pascal stellte mir eine neue Flasche vor die Nase. Sie war braun. Und ein wenig golden. «Taybeh» stand drauf. Er sagte: «Good beer, real beer, German beer. But from Palestine. Drink!»

Was? Ich schaute Friedrich an.

«‹German beer› hat er gesagt.»

«Ja, ja. Gebraut nach dem deutschen Reinheitsgebot.»

«Aus ‹Palestine›?»

«Aus Taybeh. Das ist ein Dorf in der Nähe von Ramallah. Die Leute in Taybeh haben sogar ein Oktoberfest. Das ist wie in München auch schon im September, obwohl es Oktoberfest heißt.»

Mein Telefon klingelte. Simson.

«Wo bist du? Unterwegs? Bin gerade bei Marit …»

«Marit?»

Das sei die Dänin, sagte er, die mit dem roten Shirt, vom Indie Negev. Er fragte, ob ich noch ein Bier trinken wolle.

«Bin gerade dabei. In the old city, Christian quarter.»

«Oh. Old city. Betest du oder hast du ein Problem?»

«Hä?»

«Ich meine, warum bist du abends in der Altstadt? Da sind doch nur Mönche, Rabbis und Dealer.»

«Dealer? Echt? Also wir trinken hier Bier. Kennst du Taybeh?»

«Das Bier? Ich komm noch vorbei. Irgendwer muss dich ja retten und nach Hause bringen.»

Aufgelegt. Hm. Retten? Marit? Dealer? Friedrich war immer noch beim Oktoberfest.

«Also: Das Oktoberfest in Ramallah ist auch schon im September. Wäre hier ja gar nicht nötig, aber aus Rücksicht steigt das Gelage, wenn die religiöse Festsaison Pause hat: Ramadan, Rosch ha-Schana, Jom Kippur.»

«Eins verstehe ich nicht: Alkohol in der Westbank? Die Palästinenser sind doch Muslime?»

«Nicht alle. Taybeh ist ein christliches Dorf. Hundert Prozent christlich. Dieses Jahr kommt sogar eine Blaskapelle aus Rosenheim.»

«Ich war noch nie auf einem Oktoberfest.»

«Also abgemacht. Wir fahren nach Taybeh.»

Pascal legte eine Platte auf mit Neunziger-Jahre-Hits, auf Arabisch nachgesungen. Gerade lief die Arab-Version von «Macarena». Er kam vor die Tür. Seine Frisur wippte im Takt; er hatte so eine mit Nackenspoiler und Minipli. In Deutschland wäre er sicher Mantafahrer gewesen, Anfang der Neunziger. Wenn er das hätte hören können, was mir durch den Kopf ging, hätte er mich vielleicht weggejagt. Aber so – *Jalla, gib mir noch ein Bier, Habibi, und zünd die Wasserpfeife nochmal an.*

Ich kam auf die wichtigen Dinge zu sprechen.

«Sag mal, Friedrich, die Nacht neulich …»

«Ja? Mit Noa? Und Natalie?»

«Ist da was, also, habt ihr, also ich meine …»

«Nein. Ihr?»

«Nein. Eigentlich ist nichts passiert. Nichts.»

Simson bog um die Ecke. Wir tranken ein letztes Bier, sagten Pascal und seinem Bruder und Friedrich eine gute Nacht, Simson setzte mir den Helm auf und fuhr mich nach Hause. Als wir am King-David-Hotel vorbei in den Süden der Stadt rauschten, dachte ich, dass es schon gut ist, wenn man Leute hat, die auf einen aufpassen. So wie Simson. Und mit *einem* Bier – da kann man wohl noch Roller fahren?

Ruth war sauer. «Auf keinen Fall! Also … also nein!» Ihre Stimme klang ein wenig schrill. Wir saßen im Garten, und ich hatte Simson gefragt, ob er mitkommen würde, zum Oktoberfest, nach Taybeh. Ruth hatte unser Gespräch mitgehört. Jetzt stand sie in der Tür und erklärte mir, dass die Westbank in Zonen aufgeteilt sei und die, in der dieses Taybeh liege, für Israelis verboten ist. «Das ist nicht unser Land. Wir haben da nichts zu suchen.»

Simson: «Okay. Es ist nicht unser Land, richtig. Aber vielleicht hilft es, wenn die Arabs mal andere Juden sehen als die in den olivfarbenen Uniformen mit den Waffen in der Hand; oder die, die ihnen die Siedlungen um die Dörfer bauen, kein Wort Hebräisch sprechen und von deren Kindern sie mit Scheiße beworfen werden?»

«Du bringst dich und andere in Gefahr. Willst du der nächste Gilad Schalit werden?»

«Unsere Armee bringt jeden Tag in der Westbank sich selbst und andere in Gefahr. Außerdem: Was willst *du* eigentlich? *Du* kannst doch überallhin, mit *deinem* Pass. Von den 500 Siedlern in Hebron kommen 499 aus Brooklyn.»

«Darum soll ich mich verhalten wie diese Siedler? Weil alle Amis so sind? Also, was *er* macht …», Ruth zeigte auf mich, «… ist mir egal. Aber *ich* werde die Gebiete nicht betreten, und das erwarte ich auch von *dir*.»

«Du meinst, außer in Uniform?»

«Bier trinken kannst du auch in Tel Aviv.»

Wie unangenehm. Wenn ich meine Frage hätte rückgängig machen können – ich hätte es getan. Ruth ging. Sie war sauer. Simson grinste. Klar komme er mit, sagte er. Ehrensache.

«Wann ist dieses Septemberfest?»

Ich schlug ihm vor, seine Dänin Marit mitzunehmen, aber das wollte er nicht. Er sagte, es sei ihm nicht recht, dass sie wisse, was er da mache, und außerdem sei sie zu irgendeiner Sache mit der Dänischen Botschaft eingeladen. Und sie sei nicht seine Ehefrau. «We are not married, you know?»

Joel erzählte ich von unserem Plan beim Abendbrot. Er wollte auch nicht mitkommen. Er dachte einen Moment nach und sagte: «Es ist nicht ungefährlich. Aber bei Lichte besehen ist es auch eine Mizwa, dass ihr da hinfahrt. Es ist eine Mizwa, einen Israeli zum Biertrinken in die Westbank mitzunehmen.»

«Eine was?»

«Eine Mizwa, eine gute Tat. Die Erfüllung von Gottes Willen. In der Thora stehen 613 Mitzwot. Keine Angst, die gelten nur für Juden. Von der Westbank ist da auch nicht die Rede.»

«Musst du diese 613 Gebote alle jeden Tag einhalten?»

«Nein. Aber je mehr ich diese Woche schaffe, desto weniger bleiben für die nächste übrig.»

Unser Treffpunkt war das Damaskus-Tor an der Altstadt. Das sei doch im Osten, meinte Simson. Neun von zehn Israelis sagen: «Damaskus-Tor? Da fahre ich nicht hin. Das ist im Osten.» Für diese Israelis existiert Jerusalem östlich der Altstadt nicht. Schon die Altstadt gilt als Gefahrenzone, mit Ausnahme der Klagemauer und des jüdischen Viertels.

Für die Palästinenser gilt das Gleiche umgekehrt, zum einen, weil mitten durch den Osten eine Mauer verläuft, die einen Teil von ihnen daran hindert, überhaupt in den

Westen zu kommen. Oder sonst irgendwohin. Zum anderen weil die, die können, den Westen nicht so gerne betreten, da sie damit rechnen müssen, alsbald als Sicherheitsrisiko beäugt zu werden. Und dann gibt es noch den Teil der Palästinenser, die den Westen nicht betreten wollen, selbst wenn sie könnten, weil es da zu viele Juden gibt. Die kommen allenfalls mit einem Bombengürtel.

Simson dachte einen Moment nach, wir wollten ja in die Westbank, und dann wäre es ein wenig komisch gewesen, nicht nach Ostjerusalem zu fahren, denn nur von dort fuhr der Bus nach Ramallah. Von unserer Wohnung aus gab es zwei Möglichkeiten, zum Damaskus-Tor zu kommen:

1. Mit dem israelischen Linienbus. Ja, genau mit dem, der hin und wieder mal in die Luft fliegt – was aber schon länger nicht mehr passiert war. Dieser Bus hält kurz vor der Altstadt und braust dann durch die palästinensischen Stadtteile, ohne anzuhalten.

2. Mit dem palästinensischen Kleinbus, die Linie von Bethlehem zur Altstadt. Der hält im jüdischen Westen nur da, wo jemand winkt. Das passiert bis zur Altstadt eher selten. Und wenn doch, dann halten alle im Bus die Luft an und hoffen, dass es nicht die Polizei ist oder das Militär oder ein Kamerateam von CNN.

Simson und ich saßen ganz hinten. Aus dem Radio säuselte Arab-Pop, und Simson zählte, wie viele Arafat-Aufkleber an der Scheibe klebten. Da war einer, da, da und da.

«Da steht: ‹Unser Blut und unsere Seelen für Jerusalem›.»

«Du kannst Arabisch?»

«Ein wenig.»

Am Damaskus-Tor stiegen wir aus und trafen Friedrich.

75

Wir gingen zum Busbahnhof an der Nablus-Straße. Friedrich sah auf die Nummern an den Bussen. Er stieg in den zweiten auf der linken Seite, wir blieben draußen stehen. Ein Mann mit einer Gebetskette sah Simson an.

«Taxi?» Simson schüttelte den Kopf. «Welcome», sagte der Mann.

Friedrich winkte aus dem Bus. «Der hier ist es, kommt schon.»

Wir fuhren durch Jerusalems Norden. An einer Straßensperre hielten wir an. Ein israelischer Soldat stand in der Mitte der Fahrbahn. Simson setzte seine Sonnenbrille auf. Der Bus bog vor dem Soldaten rechts ab, fuhr den Hügel hinunter, da war zwar eine Straße, aber die war nicht dafür gebaut worden, dass dieser Bus auf ihr fuhr. Rechts stand eine Mauer, links Häuser. Die Mauer war höher als die Häuser und bemalt vom Boden bis oben. Sie war lang. Einen Kilometer, zwei. Immer noch kein Ende. Da waren Graffiti. Es stand geschrieben: «Free Palestine», «Ich bin ein Berliner», an einer Stelle einfach nur «Boss» und ein paar Meter weiter «Benetton».

Die Mauer öffnete sich zu einem Trichter, in der Mitte ein Kreisverkehr, aber das konnte man nur erkennen, wenn man auf den Boden sah, denn die Autos fuhren einfach drüber, genauer: Sie standen darauf. Es gab Stau. Ich sah einen großen Grenzschalter, ein flaches Gebäude mit Gängen aus Gittern davor und dahinter, auf der einen Seite standen Busse, wie der, in dem wir saßen. Auf der anderen wartete eine große Traube Menschen, die sich Kopf für Kopf in die Gittergänge drückte. Hinten kamen sie einzeln heraus und bestiegen die Busse. Ich hielt meinen Pass fest in der Hand und stellte mich auf eine Befragung durch einen

Grenzbeamten ein. War hier schon die verbotene Zone? Ich
stellte mir das so vor:

«*Woher?*»

«*Deutschland.*»

«*Der da?*»

«*Auch.*»

«*Und der?*»

«*Ach, das ist mein israelischer Kumpel Simson, der sich
hier mal umschauen wollte, ohne eine Uniform anzuhaben.*»

«*Und was wollt ihr hier (ihr Verrückten)?*»

«*Wir machen einen Ausflug nach Ramallah, da nehmen
wir ein Taxi, hat mein Freund Friedrich hier gesagt, um in einem christlichen Dorf in der Nähe zum Oktoberfest zu gehen
und uns mal so richtig zu besaufen.*»

Aber nix! Plötzlich waren wir in Ramallah. Friedrich
sagte: «Jetzt sind wir in Ramallah.» Kein Metalldetektor,
kein Gitter, keine Polizei, keine Soldaten, nichts. Die Kon-
trollen gab es anscheinend nur bei der Ausreise. Oder Ein-
reise. Jedenfalls in der anderen Richtung. Mir wäre es gar
nicht aufgefallen, aber das hier war Ramallah. Wir waren
einfach da und fuhren durch Ramallah.

Ramallah, das klang für mich nach Arafat, PLO, Fatah,
Hamas, nach dem wilden Arabistan, nach Sonne, Staub,
Olivenbäumen. Nach paramilitärischem Trainingslager.
Nach Reisewarnung, Rohrbombe, Sprengstoffgürtel, nach
Bürgerkrieg. Nach Besatzung, Sechstagekrieg, Entführun-
gen. Kurz: nach Ärger. Man hat so seine Vorurteile.

Die Straße hinter dem Checkpoint war breit, die Autos
fuhren in zwei, manchmal in drei Reihen nebeneinander –
und vor allem durcheinander. An einer Hauswand hinter
einem Gemüseladen sah ich ein großes Bild, auf dem ein

Mann mit Bart zu sehen war. Er hatte aber weniger Bart als Jassir Arafat und eine viel kleinere Nase. Seine Hände waren in Handschellen, er hielt sie hoch, hatte sie ineinandergelegt, also die Hände, wie Politiker das machen, wenn sie sich selbst gratulieren, weil ihnen der Parteitag zujubelt. Wie Gerhard Schröder das immer gemacht hat, nachdem er eine Wahlkampfrede gehalten hatte. Seht her, wie toll ich bin. Und nachdem er Holzmann gerettet hatte. Und wenn er die Oper betrat. Vielleicht auch morgens, nach dem Aufstehen, vor dem Spiegel. Sieh her, Doris, wie toll ich bin.

«Wer ist denn das?»

«Barghouti», sagte Simson. «Das ist Marwan Barghouti.»

«Und *wer* ist das?»

«Arafats geistiger Erbe. Anführer der zweiten Intifada.»

«Darum hat er Handschellen? Sitzt er im Gefängnis?»

«Ja. Er hat viele Israelis umgebracht, und wir haben ihn geschnappt. Auf dieser Seite der Mauer ist er so eine Art Freiheitsheld. Wie Che Guevara oder Jeanne d'Arc. Siehst du ja.»

«Freiheitsheld?»

«Die meisten Freiheitshelden haben ein paar Menschen auf dem Gewissen. Unsere auch: David Ben Gurion, Menachem Begin, Moses ... na ja, der vielleicht nicht. Obwohl, die Sache mit dem Roten Meer und den Ägyptern ...»

«Simson, im Ernst: Das eine war Krieg, das andere ist Terrorismus. Che Guevara hat eine Revolution angeführt und Jeanne d'Arc ...»

«Ist das so einfach? Begin? Ben Gurion? Wir bauen Denkmäler, benennen Straßen, Flugplätze, Museen, Parks, Schulen ... nach Soldaten. Nach Generälen. Nach Heerführern. Nach Revolutionären? Und hier ... hier ist halt ein Bild an der Wand.»

Auf diesem Bild sah dieser Marwan Barghouti weder aus wie Ernesto Che Guevara noch wie Moses am Roten Meer. Er sah auch nicht wirklich aus wie Gerhard Schröder, nur die Geste. Halb über seinen Arm hatte jemand eine große Werbung für Waschmittel plakatiert. Sie war schon leicht vergilbt.

Auf das Haus folgte eine Baulücke, und man konnte ins Tal sehen, in dem sich die Häuser, langsam absteigend, aneinanderreihten. Hier ein fertiges Gebäude, da ein Rohbau. Aus der Entfernung konnte ich die Mauer sehen. Jemand hatte von innen in großen schwarzen Lettern einen Computerbefehl als Graffiti dagegengesprüht: «CTRL+ALT+DELETE» = Alles löschen. Die Mauer löschen? Israel löschen?

Vor einer windschiefen Baracke, in der einmal ein Laden gewesen sein musste, lagen ein paar leere Apfelsinenkisten. Die grünen Metalltüren hatte jemand mit einem Vorhängeschloss gesichert, das kräftig rostete. Mit schwarzer Farbe waren zwei Buchstaben aufs Tor gemalt: «SS». Daneben ein großes Hakenkreuz.

Der Bus hielt, alle stiegen aus. Nicht, das hier eine Haltestelle oder irgendetwas zu sehen gewesen wäre. Friedrich strebte schon zur Tür, ich zögerte. Der Fahrer sah mich an und sagte noch einmal:

«Ramallah, Centre. Central Ramallah. Welcome.»

Ahsonadann – danke. Wir stiegen aus.

Orientierung in einer neuen Stadt geht ja normalerweise so: Du schaust dir den Stadtplan an, vielleicht das U-Bahn-Netz. Wo ist das Zentrum? Wo sind markante Punkte?

Große Straßen? Verkehrsknoten? Et cetera. Orientierung in Ramallah geht so: Du kennst jemanden, der ein bisschen was weiß, und läufst ihm hinterher. Oder ihr. In unserem Fall ihm. Der fragt dann hin und wieder. Und so richtig weiß es eh keiner. Erst einmal einen Tee trinken.

«Wherefrom? German? Teutschland? Good. Ja-Allah. Welcome.»

Zurück zur Orientierung. *Straßennamen* gab es hier … vielleicht, aber keine Schilder. *Verkehrsknotenpunkt* war einfach die ganze Stadt oder zumindest die vier bis fünf Straßen mit Geschäften. *U-Bahn?* Ha! *Markanter Punkt?* Alles. Alles sehr markant.

Wir gingen in eine Straße, in der viele gelbe Kleinbusse standen. «So einen müssen wir nehmen», sagte Friedrich fachmännisch. Simson und ich nippten am Tee.

«Welche Nummer fährt nach Taybeh?», fragte ich und sah im gleichen Moment ein, wie dumm diese Frage gewesen war. Friedrich strafte mich mit einem Axtmörder-Blick.

«Kannst ja mal fragen …», krächzte er schnippisch, «… welche Nummer. Wenn du eine findest.»

Ich beschloss, nun erst einmal den Mund zu halten. Friedrich machte das schon.

Er: «Taybeh?»

Mann neben Kleinbus: «Taybeh?»

Mann im Kleinbus: «Taybeh-Ramallah?»

Er: «Ramallah-Taybeh!»

Mann neben Kleinbus: «Ah-Ajwa! One, tu, srree?»

Er: «Tällätä» (das war wohl Arabisch).

Mann neben Kleinbus und Mann im Kleinbus: «Welcome.»

Die Tür des gelben VW-Transporters schnurrte zur Seite, und die acht leeren Plätze warteten nur darauf, von uns drei Westbank-Touristen besetzt zu werden. Ich dachte: Das dauert doch jetzt ewig, bis die anderen Plätze ... zum Glück hatte ich es nicht gesagt. Wie aus dem Nichts, und ich weiß bis heute nicht, woher sie kamen und wie das funktionierte, standen exakt so viele Palästinenser um uns rum, wie es Plätze im Bus gab. Zwei Minuten dauerte die Sache, und wir waren unterwegs. Friedrich saß vorne. Simson und ich neben einem Mann um die, sagen wir, 50. Er hatte einen kleinen Schnauzer und in der Hand eine Plastiktüte, aus der es gut roch. Er legte die Tüte auf seinen Schoß und streckte mir die Hand hin.

«Wherefrom?»

Ich: «Germany.»

Er: «Ah. German. Good. Good country. Good people.»

Er klopfte gegen den Sitz des Fahrers. «Car German. Good. Wolkswag.» Er fummelte an seiner Tüte und bot uns Brot an. Wir aßen und schwiegen. Vor den Fenstern zog Ramallah vorbei. Die Männer: Zigarette, mehrheitlich. Die Frauen: Kopftuch, mehrheitlich. Die Autos: hupten, alle. Hier ein Haus, da ein Haus. Da eine Schule mit einem großen Schild über dem Eingang, auf dem stand, dass sie mit Geld von der UNO, den USA und der EU gebaut wurde. Daneben eine moderne Villa, vier Stockwerke, protzig und hässlich, mit einem Jeep davor. Dann Häuser, die zusammenfallen konnten, wenn man sie nur scharf anguckte. Dann ein Wohnblock aus hellem Sandstein, wie er überall in Jerusalem zu finden ist.

Am Ortsausgang verengte sich die Straße, und unser Fahrer lenkte uns zielsicher ins erste Schlagloch. Die Hügel und Täler der Westbank breiteten sich vor uns aus, steinig, mit kleinen grünen Kränzen aus Büschen, bedeckt mit Olivenbäumen. Von einer Kuppe leuchtete ein kachelrotes Dächermeer. Unser Mann mit dem Brot zeigte in diese Richtung. Er sagte: «It is the Jews. The Israilis settlement. You know?»

Ich nickte. *Settlement. Israil.*

«They lie to us. They kill us. The Israili. The basterds.»

Ich sah zu Simson. Simson sah zu mir. Der Mann mit dem Brot war noch nicht fertig.

«You don't have in German Israil.»

Japp.

«Hitler.»

Genau.

«Why Hitler go to Russia? Why not Palestin?»

«Yes!», rief Simson. «Heil Hitler.»

Es wurde sehr still im Bus.

Der Mann mit dem Brot stieg an einer Kurve aus. Simson half ihm, denn er war nicht mehr so gut zu Fuß. Als wir wieder losfuhren, sah ich ihn im Rückspiegel rechts den Hang hochgehen, zu einem Haus, vor dem eine Frau stand und vermutlich auf ihn wartete und auf das Brot. Mehr konnte ich nicht sehen, denn unser Auto bog mit einem Ruck von der Fahrbahn ab, nach rechts, den Hang hoch, auf eine krasse Kieselpiste, mit Karacho, dass es nur so staubte. Das hier sollte der richtige Weg sein? Nach Taybeh? Niemals. Jetzt war es vorbei. Schade eigentlich. Gekidnappt in der Westbank auf dem Weg zum Oktoberfest. Kopfschuss statt Taybeh-Bier. Hamas-Terroristen in grün-schwarzen Ganzkörperkostümen. Lösegeldforderungen. Wie viel war ich meinem Land wert? Was würde passieren, wenn sie her-

ausfänden, dass Simson nicht aus Deutschland kam? Was
hatte Ruth gesagt?

Das ist nicht unser Land. Wir haben da nichts zu suchen.
Du bringst dich und andere in Gefahr.

Ich dachte an Marwan Barghouti und die Handschellen. Ich sah zu Simson. Er zuckte mit den Schultern. Ich sah
zu Friedrich. Er war eingeschlafen. Ich sah aus dem Fenster. Auf dem Feld neben der Piste lag ein ausgebranntes
Autowrack. An einer Stelle konnte man sehen, dass es mal
gelb gewesen war. Die hinten im Taxi taten, als sei nichts.
Ausgebranntes Auto, Hitler, zwei Deutsche, ein Jude – na
und? Gut, das mit dem Juden wussten sie nicht. Einer fing
an, über Fußball zu reden. Er zählte fast die halbe Bundes-
liga und das Nationalteam auf, das war gar nicht schlecht,
außer dass Dresden halt schon länger nicht mal mehr in
der Zweiten Liga spielt und Wien in Österreich liegt. «Ra-
pid? German? No?» No. Aber Ballack, Beckenbauer, Bayern
München – alles prima.

Wir waren zu sechst im Taxi. Die anderen drei stiegen
nach und nach aus. Weit und breit kaum noch Häuser zu
sehen. Nur karges, steiniges Bergland. Eine Piste, die so bu-
ckelig war, dass außer diesem Taxi kein Auto mehr an diesem Tag vorbeikommen würde. Die Sonne ging unter. Wir
fuhren durch einen Tunnel. Der Eingang war von Stacheldraht flankiert. Als wir wieder hinausfuhren, sah ich links
einen Turm. Er war verhangen mit Tarnnetzen und abgesperrt mit Stacheldraht. Obendrauf wehte der Davidstern.
Hinter uns verlief eine breite Straße mit Leitplanke, Sei-
tenstreifen, Schildern und allem, unter der wir gerade hin-
durchgefahren waren. «Israil», sagte der Fahrer und zeigte
auf die breite Straße und auf den Turm.

Wir kamen in ein Dorf. Die Sonne war verschwunden, der letzte Fahrgast stieg aus. Man konnte trotz Dämmerung noch einigermaßen weit gucken, ins graue Halbdunkel, über die Dörfer weg bis nach Ramallah, bis nach Jerusalem. An den Minaretten gingen grüne Neonröhren an, die grell waren und den Türmen ihre Würde nahmen. Auf ins nächste Dorf. Da – eine Kirche. Noch eine. Ein anderes gelbes Taxi. Da kamen Leute. Am Straßenrand parkten Autos und ein Reisebus. «Taybeh», sagte der Fahrer. «Welcome.» Das ganze Dorf war auf den Beinen. Aus der Entfernung hörte ich die Blaskapelle scheppern, aus, wo war das noch mal, Friedrich? Landshut? «Rosenheim. Die kommen aus Rosenheim.»

Ich komme aus dem Norden, und dieser Schuhplattler- und Ufta-Ufta-Kram war mir in etwa so fremd, wie er Simson war, glaube ich. Eine junge Frau mit blonden langen Haaren und einem Hosenanzug begrüßte uns. Sie hatte eine Ölfackel in der Hand, und neben ihr, in einer großen Tonvase, standen noch mehr davon. Ich dachte an die Nazis und ihre Fackelmärsche. Was man sich so für einen Quatsch zusammenphantasiert.

«Welkomm to seh Oktoberfest!»

«Ja, guten Abend», sagte Friedrich.

«Ach, seits auch Deutsche. Doas is ja schen.»

Ist das schön? Ich grinste. Ja, gell?

«Ich heiß Melanie und arbeite für die deutsche Vertretung in Ramallah. Also quasi fürs Außenministerium in Palästina, haha.»

Haha.

Die Rosenheimer Blechbläser saßen auf einer Bühne auf weißen Plastikstühlen, alle in Lederhose mit so einem Filzhut auf dem Kopf und einem Schnauzer im Gesicht. Sie brummten ihre Melodien, brumm-schepper-tschinderassading. Das halbe Dorf saß vor ihnen und starrte sie an. Sie kauerten in kleinen Gruppen da, die Westbank-Christen, die Menschen aus Taybeh. Die Schischa, also die Wasserpfeife, ging rum. Sie wussten nicht so recht, was sie mit der Blasmusik anfangen sollten. Das beruhigte mich. Ich ging Bier holen.

Die Taybeh-Brauerei hatte einige Zapfstationen aufgebaut, in einem Haus neben der Bühne, flankiert von Basar-Ständen, an denen man arabischen Schmuck, Tücher, Palästinenserschals, Kappen, T-Shirts, Honig aus der Region kaufen konnte. Es gab auch einen Falafel-Stand und einen mit Schwarma. Nur keinen mit Bratwurst. Draußen flimmerten die Fackeln, die Leute standen in Grüppchen beieinander, parlierten und tranken. Es war eine Mischung aus Kirchkaffee, Bierzelt und Pali-Soli-Abend in einem Kreuzberger Hinterhof. Die eine Hälfte der Leute waren Europäer, Personal aus den Botschaften, Menschen, die bei Hilfsorganisationen arbeiteten, Diplomaten, Journalisten, Friedensstifter, Zivis. Die andere Hälfte war das Dorf. Und dann gab es ja noch Simson, da draußen. Ich ging zu Bierstand Nummer eins auf der rechten Seite.

«Three beer.»

«Dark or light?»

Tja, hell oder dunkel, eigentlich nicht so schwer zu beantworten; aber ich war ziemlich abgelenkt. Hinter dem Hahn stand nicht der Braumeister, den ich mir schon auf einem Bild im Internet angesehen hatte. Der hatte einen Bart, eine tolle große Nase, ein super Grinsen und einen echten Braumeister-Bauch. Sein Lächeln sah ich auch jetzt vor mir. Und ansonsten war es des Braumeisters Tochter. Ich zuckte mit den Schultern und bekam drei Helle. Ich nahm sie, zahlte und trug die Gläser raus zu Simson und Friedrich. Simson lag auf einem Teppich und rauchte Schischa. Er wippte im Takt der Blasmusik. Friedrich schleppte noch zwei deutsche Zivis an. Lernst du einen in Jerusalem kennen, kennst du sie bald alle. Der hier hieß Jan und der andere Marcus, oder so. Wie die dann halt heißen.

«Ich hab nur drei Bier geholt», sagte ich. Ich drückte Friedrich sein Bier in die Hand. Marcus oder Jan meinte, er würde sehr gerne noch eins holen, und an seinem Grinsen sah ich, dass er wusste, warum. Simson hatte es auch verstanden. In dieser Hinsicht war Simson durchaus anstrengend. Er ging keiner Schäkerei aus dem Wege. Also holten Simson und Jan (oder Marcus), vielleicht hieß er auch Felix (oder Fabian), gemeinsam das Bier. Der andere, also Marcus (oder Jan), trug eine rote Baseballmütze, aber mit dem Schirm nach hinten. Sein Portemonnaie war mit einer silbernen Hundekette am Gürtel festgemacht. Die Kette hing ihm bis zu den Knien. Er hatte etwas geraucht.

Er: «Alteeer, die Party geht echt steil.»

Ich: «Hmjaganznetthier.»

«Nur Christen. Keine Palis, äh, ich meine Moslems. Da siehst du erst mal, wie gut die aussehen, die Frauen. Also ohne Schleier. Wenn ich mich umschaue, bei einigen von denen, da würde ich als Mann auch denken: ‹Du gehst mir aber nicht ohne Schleier aus dem Haus.›»

«Die Tochter vom Braumeister?»

«Jo. Die auch. Der hat aber zwei. Und ’ne Frau.»

«Ach?»

«Ja, aber Vorsicht. Christian vom Goethe-Institut hat mir

vorhin eine abgefahrene Geschichte über Taybeh erzählt, pfff…»

«Was denn?»

«Vor ein paar Jahren haben die Moslems aus dem Nachbardorf die Brauerei beinahe abgefackelt. Da gab's 'ne Liebelei. Mann von hier, Frau von da, auch mit Sex. Die Brüder haben es rausgefunden – und zack! hat es gebrannt. Drei, vier Häuser weg. Die Frau lebt nicht mehr, wurde vergiftet. Von ihren eigenen Brüdern! In der Nacht haben die damals auch bei der Brauerei am Tor gestanden und wollten alles anzünden.»

«Stimmt das?»

«Klar. Steht sogar auf Wikipedia.»

«Na dann.»

«Im Ernst. Frag mal den Braumeister, der sagt das auch. Er war ja dabei, hat sich in die Einfahrt gestellt und zu den Spinnern gesagt: ‹Wenn ihr die Brauerei anzündet, dann müsst ihr zuerst mich anzünden.› Das ist Einsatz! Übrigens: PROST! Auf den, äh, das Taybeh!»

Jan kam zurück, mit zwei Bier, aber ohne Simson. «Der verhandelt mit der Frau am Zapfhahn.» Wohl bekomm's. Eine andere Frau, die wie des Braumeisters zweite Tochter aussah, und das vielleicht auch war, trat auf die Bühne neben die Blechbläser. Sie erklärte auf Arabisch, dass die Kapelle nun ihr letztes Lied spiele. Sie spielten. Tosender Applaus und Gejohle. Die Lederhosen standen auf und verbeugten sich. Der Mann an der Trompete zwickte ihr in den Po. Sie quiekte und machte eine kurze Verrenkung, als habe sie ein Moskito gestochen. Das Mikro glitt ihr aus den Händen. Der Trompeter aus Rosenheim fasste ihr noch einmal an den Hintern – dieses Mal richtig. Sie schlug seine Hand weg. Drei Jungs aus der ersten Reihe kletterten aufs Podest, rissen ihm die Trompete weg und schmissen sie ins Publikum. Sie langten ihm eine. Der Mann mit der Tuba ging dazwischen. Man rangelte.

«Ja, schau mal da! Was geht denn da?», rief Marcus mit der Mütze.

Simson kam zurück vom Zapfhahn, aber nicht alleine. Des Braumeisters Tochter folgte ihm.

«Was passiert da?», fragte er. Des Braumeisters Tochter sprintete zur Bühne. Christian vom Goethe-Institut und Melanie von der Deutschen Vertretung standen auch schon da vorne, außerdem der Braumeister. Am Ende einigten sie sich. Der Grapsch-Bayer mit der Trompete musste sich entschuldigen und wurde schlafen geschickt. Es gab Bier für alle. Des Braumeisters Tochter kam zurück zu uns. «This is Nadine», sagte Simson. Nadine nickte.

Wir setzten uns auf den Teppich. Zwei Katzen spielten mit Simsons Schnürsenkeln, Nadine mit seinem Haarband. Die Ölfackeln fackelten romantisch, und alles war ganz wunderbar. So wunderbar. Ich fragte mich, was Simson Nadine wohl erzählte, wer er sei und woher er komme – aber vielleicht auch die ganze Wahrheit. Der Spion, der mich liebte. Der Feind in meinen Armen. Joel hatte recht gehabt: Eine echte Mizwa hatte ich vollbracht.

Marcus machte den guten Vorschlag, einen Joint bauen zu gehen. Wir trabten zur Hauptstraße, zu einer Straßenlaterne, ich glaube, der einzigen in ganz Taybeh. Wir setzten uns auf eine Mauer, und es ging los. Neben uns hielt ein gelbes Taxi. Zwei Frauen stiegen aus, die eine blond und die andere auch. Sie kamen zu uns.

«This is the Oktoberfest?» Sie sprachen Englisch, sie

hatten kaum Akzent. Die eine kam mir bekannt vor, aber das Licht war sehr schlecht und ich konnte sie nicht richtig erkennen. Sie wünschten uns einen schönen Abend. Ich brauchte ein wenig, aber dann dämmerte mir etwas. Ich stand auf und lief hinterher. Ich rief: «Marit! Hej, warte mal!» Sie blieb stehen. Sie war es. Ich hatte sie nur kurz gesehen, beim Indie Negev, aber sie war es. Ich manövrierte sie und ihre Freundin zum Bierstand, um ein wenig Zeit zu gewinnen. Da stand Melanie von der Vertretung und ein Däne von der Botschaft oder so, und sie unterhielten sich. Ein paar Sekunden hatte ich jetzt. Vielleicht eine Minute. Ich lief zu Simson, um ihn zu warnen.

Er hatte seinen Arm um Nadine gelegt. Sie, na ja, sie küssten sich noch nicht, aber es war kurz davor. Die Katzen spielten mit ihren Schnürbändern. Ich wollte gerade sagen: *Sorry, dass ich störe, aber Marit ist hier. Du erinnerst dich? Jetzt weiß sie gleich ganz sicher, was du heute machst. Es geht mich ja nichts an, aber.* Da stand Marit schon neben mir. Sie fand, es ginge sie etwas an: «You lied to me! You basterd!»

Marit langte Simson eine. Und noch eine. Zack! Nadine sprang auf. Marit ging. Simson hastete ihr hinterher. Er stolperte über eine Ölfackel, riss sie zu Boden und zog auch noch eine Schischa mit. Der Tank der Fackel zersprang, das Öl lief auf den Teppich, die Glut entzündete das Öl, und alles stand in Flammen. Drei Katzen jaulten und liefen mit brennendem Fell quer über das Oktoberfest. Simson riss den Teppich hoch, rollte ihn zusammen, drückte ihn auf den Steinboden und trat auf ihn ein. Leute brachten Eimer mit Wasser und leerten sie grob in Simsons Richtung.

Am Ende waren wir alle nass und der Schrecken vorbei. Es roch wie nach einem gelöschten Waldbrand: moderig und verkohlt. Die Dorfjugend hatte noch eine halbe Stunde Spaß daran, die Katzen zu jagen und ihnen Wasser über dem Kopf auszugießen. Alle überlebten.

In der Arakiah

Der Abend vor meinem Geburtstag. Ich hatte es niemandem erzählt, weil ich keine Party organisieren wollte. Ich wusste nicht, wen ich hätte einladen sollen. Die Vorstellung, Simson, Joel und Ruth über dem Kuchen beim Streiten zuzusehen, gefiel mir nicht. Sie stritten oft. Ich rief Friedrich an.

«Ausgehen?»

«Hab Schicht bis um neun. Kommst du zum Krankenhaus?

Pause

Soll ich Natalie anrufen?»

«Klar.»

Ich war zu früh da und wartete deshalb auf Friedrich im Garten vor dem St.-Pierre-Krankenhaus. Nach fünf Minuten kam Hedvig raus, die Nonne mit den Zigaretten, steckte sich eine an, rauchte sie, drückte sie aus und ging zurück ins Haus. Das dauerte etwa drei Minuten. Zehn Minuten später war sie wieder da. Ihr Tag teilte sich also in drei Teile: 1) Arbeiten. 2) Rauchen. 3) Beten.

Ich hatte zwei Dosen Goldstar-Bier gekauft und beide bereits getrunken, als Friedrich in den Garten kam. So eine kleine vorgezogene Feier, nur für mich.

«Was ist denn hier los?», fragte Friedrich. «Ich habe Natalie angerufen. Um zehn vor dem Sira. Sie bringt Noa mit.»

Noa.

Ich hatte Noa nicht mehr gesehen seit der Nacht auf der Straße. Den Arabisch-Kurs hatte ich geschwänzt, auch weil ich ein klein wenig Angst hatte, sie zu treffen. Vielleicht bereute sie etwas?

«Hast du gesagt, dass ich auch komme?»

«Ja. Wieso?»

Wir standen vor dem Sira, einem der vier Läden, in die man in Jerusalem gehen konnte. Aus dem Sira roch es kräftig nach Kiff. Ich war bei Bier Nummer fünf.

«Sag mal, Friedrich, das mit dem zweiten Grund, den jeder hat, um nach Israel zu fahren – was ist denn dein zweiter Grund?»

Keine Antwort.

Noa und Natalie bogen um die Ecke. Friedrich sagte etwas, aber ich hörte es nicht. Ich sah Noa, ein Lächeln spielte um ihre Lippen, aber es war kaum liebevoll, eher ironisch, vielleicht hämisch. Ich war unsicher.

«Sira?», sagte sie. «Schon wieder?» Keiner wollte ins Sira. Nicht schon wieder. Ich auch nicht. Im Prinzip. Aber war es so ein Nicht-Ort? Mussten wir alle Erinnerung daran auslöschen? Zugegeben: Es war um diese Uhrzeit noch leer im Sira, und nichts ist deprimierender als ein leeres Sira, denn so sieht man, wie mittelmäßig dieser Club ist.

Wir gingen trinken. Also: saufen. Gleich um die Ecke, in der Marakiah, das heißt wörtlich «Supperei», und es gibt da auch Suppe. Eigentlich müsste der Laden aber «Arakiah» heißen statt «Marakiah», erklärte Friedrich, was ganz lustig war, weil es in Israel einen durchsichtigen Anisschnaps gibt, der trüb wird, wenn man ihn mit Wasser mischt und der «Arak» heißt. Er kommt aus dem Libanon, und der Arak ist für den Nahen Osten das Gleiche wie der Ouzo für Griechenland oder der Raki für die Türkei. Er schmeckt gleich. Er riecht gleich. Aber in Israel heißt er eben Arak. In die Marakiah, die Arakiah, konnte man gehen, um eine Suppe zu löffeln, oder aber, um sich ein paar Araks zu genehmigen. Die Marakiah ist anders als das Sira. Sie ist geschmackvoll eingerichtet, viel Holz, alte hübsche Stühle, jeder Tisch ein Unikat. An der Seite steht ein Klavier, man kann etwas essen, das Licht ist hell und warm, an der Wand hängen lustige Bilder von Kunststudenten. Hinten ist ein Garten mit einem Sofa und Sesseln.

Ich saß neben Natalie. Noa neben Friedrich. Warum saß sie neben Friedrich?

Ich saß neben der falschen Frau und Noa neben dem falschen Mann. Ich dachte an ihren Kuss. Ich dachte an «mehr geht nicht». Vielleicht war es schon zu viel gewesen. Vielleicht stimmte etwas nicht. Ich wollte mit ihr reden; wissen, ob alles gut war; wissen, dass alles gut war. Natalie fragte nach dem Kratzer auf meiner Wange.

«Kratzer?»

«Der aus der Wüste. Lass mal sehen.»

Natalie drehte meinen Kopf zur Seite. Ich kam mir vor wie beim Zahnarzt. Ich sah rüber zu Noa. Eine Sekunde direkt in ihr Gesicht. Das Lächeln. Ihr Lächeln war vergiftet, und sie saß neben dem falschen Mann. Ich schloss schnell die Augen. Zu schnell.

Natalies Hand lag auf meiner Nase, halb auf der Wange. Friedrich holte Arak mit Orangensaft. Noa sprach mit Natalie, Natalie mit Noa. Hebräisch. Ich saß daneben und wusste nicht, wohin ich gucken sollte. Ein Typ mit einem schwarzen T-Shirt lehnte am Tresen, gleich neben Friedrich. Ich sah mir seinen Rücken an: «4.11.1995» stand da und noch etwas auf Hebräisch.

Vierter November. Morgen. Mein Geburtstag. Aber 1995?

Ich fragte Natalie: «Was war am vierten November 1995?»

«Vierter November ...? Keine Ahnung. Ist das eine Fangfrage?»

«Da drüben steht ein Typ, der hat ein T-Shirt an, auf dem steht dieses Datum.»

«Ach so. An dem Tag ist Jitzchak Rabin erschossen worden. Morgen ist der Jahrestag.»

Wir tranken den Arak. Noa schüttete die Hälfte über ihre Bluse und ließ das Glas auf den Boden fallen. Ich zuckte kurz, um es aufzuheben, aber Friedrich war schneller. Noa lachte. Ihn an. Sie nahm ihm sein Glas aus der Hand und holte zwei neue. Zwei. Friedrich sagte nichts. Er sah mich nicht mal an. Ich folgte seinen Augen und ich dachte: Du schaust ihr auf den Po. Neben mir sitzt die falsche Frau und du bist der falsche Mann und schaust der richtigen Frau hinterher.

Natalie trat mir auf den Fuß.

«Oh, *slicha*, Entschuldigung. Spielst du Klavier?»

«Äh ... Klavier?»

«Da hinten steht eins. Siehst du? Ich spiele ein wenig. Kommst du mit? Holst du uns etwas zu trinken? Zwei Arak?»

Ich ging zum Tresen, aber ich ging nicht wirklich. Ich sah mich von oben, wie im Film: die Marakiah, Natalie, Friedrich, Noa. Und ich. Ich sah Noa, wie sie noch mehr Arak holte und wie Friedrich ihr auf den Hintern glotzte. Ich sah,

wie Ron, der Barmann, hinter dem Tresen die Anlage run-
terdrehte. Natalie saß am Klavier. Ich sah nicht mehr zu
Noa. Nicht zu Friedrich. Ich sah nicht, dass sie ihre Hand
auf seinem Knie hatte. Ich sah Natalie am Klavier. Ich hörte
sie. Irgendwas von … ach, keine Ahnung. Wie ihre Hände
über die Tasten huschten. Wie ihr Oberkörper vor und zurück schwang, im Takt. Wie ich zwei Gläser Arak vom Tresen nahm. Wie sich Natalies Augen kurz öffneten und sie
zwinkerte. Ich achtete bestimmt nicht darauf, wie Friedrich
seine Hand auf Noas Knie legte. Ich schob stattdessen einen Stuhl neben das Klavier. Was da passierte, bei Noa und
Friedrich, das sah ich überhaupt nicht. Wie Noa schon wieder am Tresen hing, konnte ich nicht gesehen haben. Dass sie
stolperte, als sie die Gläser zurückbrachte und Friedrich sie
auffing, das auch nicht. Ich sah aber, wie Natalie den letzten Akkord spielte. Ich sah in ihr Gesicht, wie ihr Blick kurz
in die Ecke wanderte, zu Noa und Friedrich. Ich spürte Natalies Hand an meiner Schulter. Ich sah, wie sie mir zupros-
tete. Wie sie etwas sagte, was ich nicht hörte. Wie sie mich
wegzog, in den Garten, wo ein Sofa stand. Ich habe doch
dieses Bild vor Augen, wie Natalie vor mir die Stufen hin-
untergeht, in den Garten der Marakiah, wie ich ihre Haare
sehe, die über dem Kleid liegen und bei jedem Schritt ein
klein wenig in der Luft wehen. Ich konnte gar nicht gesehen haben, als ich in Natalies Armen versank, hinten auf
dem Sofa, im Garten der Arakiah, wie Friedrich Noa im
Arm hatte, wie ihre Zungen sich berührten. Die kann man
gar nicht sehen, nicht aus dieser Entfernung. Ich habe auf
keinen Fall gesehen, wie er sie küsste. Darum konnte ich
ihn auch gar nicht hassen. Nicht mal eine Sekunde lang.

An der Tür der falschen Frau klebte ein Bild von Jesus Christus mit einem blutenden Herz in der Brust. Über dem Kopf schwebte ihm ein Heiligenschein so groß wie ein Autoreifen, seine Augen waren blau, und ich dachte, ich müsste mich übergeben. Natalie zog mich in die Küche, setzte mich auf einen Stuhl und stellte mir ein Glas Wasser hin. Vor meinen Augen flog ein handgroßer Jesus über den Herd, nahm sich den Heiligenschein vom Kopf, legte ihn sich um die Hüfte und tanzte Hula-Hoop auf der Dunstabzugshaube.

Ich trank. Ein Glas Wasser, zwei. Bis ich nicht mehr konnte. Natalie zog mir den Pullover über den Kopf. Dann das T-Shirt. Ich hielt mich an ihren Schultern fest. Ich versuchte aufzustehen. Das Wasserglas kippte über die Kante des Tisches und fiel auf den Boden. Ich hörte gar nicht, wie es auf den Kacheln zersprang. Alles war nass. Natalie nahm mich in die Hand und stellte mich in den Flur wie eine leere Flasche Wein. Ich sank nieder auf die Fußmatte. Ich sah meinen Bauchnabel, aber zweimal.

Ich wollte sagen: Natalie, das geht nicht. Du bist die falsche Frau. Noa ist die richtige. Ich hatte diese Worte in meinem Kopf, da standen sie klar und ohne Schreibfehler. Aber alles, was herauskam, war falsch. Ich wollte nach Hause. Ich musste nach Hause. Die falsche Frau stand vor mir, in der Hand einen Besen. Ich hatte Angst vor ihrem Blick.

«Noa? Was hast du gesagt? NOA?»

Habe ich sie etwa Noa genannt?

«Raus. Du *Nudnik*, du Nichtsnutz. Raus.»

Sie stieß mich ins Treppenhaus und schlug die Tür zu.

Ich hörte noch: «Didn't the Jewish people suffer enough?»

Arabisch für Anfänger, Lektion 2

Als ich Friedrich wieder traf, fühlte ich mich wie bei der Polizei – nur leider war ich der Polizist. Er sah schlecht aus. Tiefe Ringe untermalten seine kleinen roten Augen. Die Geheimratsecken fraßen sich immerzu weiter in seine Haare hinein. Er hielt eine Hand vors Gesicht wie eine Gardine.

Er: «Das war Scheiße. Sorry. Macht man nicht. Das geht zu weit, ich meine, ist ja nicht so, dass wir uns nicht kennen. Ich will nicht so tun, als sei es der Alkohol gewesen. Es gibt auch nicht viel zu sagen. Aber Noa …»

«Noa?»

«Ja. Sie hat etwas gesagt. Zu mir. Über dich.»

«Zu dir? Über mich?»

«Es ist nicht so einfach. Wir kommen nicht von hier, haben ein anderes Temperament. Und wenn so etwas passiert, wie bei euch, wie bei uns …»

«Komm zum Punkt.»

«Sie hat Angst.»

«Angst? Wovor? Warum erzählt sie dir das? Und du mir?»

«Weil du mein Kumpel bist. Sie hat Angst davor, dass sie einen Fehler macht. Mit dir.»

«Vielleicht hat sie eher einen mit dir gemacht.»

Friedrich schluckte, und es tat mir leid, dass ich das tatsächlich gesagt hatte. Er seufzte, zuckte mit den Schultern. Er stand auf, nahm seine Jacke und legte 20 Schekel auf den Tisch.

«Keiner hat einen Fehler gemacht. Nicht sie, nicht ich, nicht du. Darum geht es nicht.»

«Worum denn? Hat sie einen Freund?»

«Nein.»

«Ist sie verheiratet? Hat sie eine Freundin?»

«Nein.»

«Hat sie ein Gelübde abgelegt? Böse Krankheiten? Arbeitet sie beim Mossad?»

«Nein. Nein. Du verstehst es wirklich nicht, oder?»

«Was denn?»

«Du bist kein Jude. Und dass du Deutscher bist, hilft nicht gerade.»

Die Tür war zu. Die verdammte Tür war zu. Ich hatte mich beeilt, damit ich 15 Minuten früher da sein konnte, den schnellen Bus genommen und ein Taxi. Am Kreisel hinter dem Polizeihaus hatte es einen Stau gegeben. Geschlagene 20 Minuten Stillstand. Vermutlich hätte ich zu Fuß gehen können. Jetzt war die Tür zu. Hinter dieser Tür saßen Omar, Noa und der Rest meines Arabisch-Kurses.

Ich hasse diesen Moment. Ich stehe vor einer Tür, und auf der anderen Seite hat die Party schon begonnen. Ich hasse die Sekunde, in der ich klopfe und hineingehe, sich alle zu mir drehen und sehen: Aha, da kommt dieser Typ. Er ist zu spät. Ich bekam eine Gänsehaut, aber eine unangenehme, bei der Vorstellung, dass Noa dadrin saß, ich gleich klopfen müsste und sie zur Tür blicken würde, ich sie und sie mich anschaute und ich nichts sagen konnte. Ich hätte früher da gewesen sein müssen, mich in die letzte Reihe setzen und *sie* beobachten sollen. Wie sie aussah, wie sie schaute, was sie anhatte, was sie sagte. Jetzt würde alles umgekehrt sein. Oder eben nicht.

Es gibt diesen Moment, ab dem ist es zu spät. Wenn du ihn verpasst, gehst du nicht mehr rein. Ich hatte die Hand an der Tür, aber ich klopfte nicht. Ich wartete. Worauf, weiß ich auch nicht. Mein Ohr lag auf der Tür. Mein Moment war vorbei. Ich hörte Omar sprechen.

«An Nakba? Wisst ihr nicht, was An Nakba ist? An Nakba ist der Tag, an dem wir den Krieg gegen die Israelis verloren haben, gegen die Juden. An Nakba ist der Tag, an dem wir unsere Dörfer und Städte verloren haben, unsere Häuser und Felder. An dem wir vertrieben und ermordet wurden. Es ist der Tag, an dem unsere arabischen, unsere muslimischen Brüder zu schwach waren, für uns zu kämpfen. Und zu feige. An Nakba ist ein Tag, an den wir uns immer erinnern werden. Aber wenn ihr mich fragt, ist An Nakba auch der Grund, warum es hier seit Jahrzehnten keinen Frieden gibt. Also, was heißt ‹An Nakba›? Ja?»

«Niederlage?»

«Nein.»

«Vernichtung?»

«Vertreibung?»

«Nein. Katastrophe. ‹An Nakba› ist die Katastrophe. Einen Tag, nachdem die Israelis die Unabhängigkeit feiern, erinnern wir an die Katastrophe. Am Nakba-Tag. Merkt euch diese Vokabel.»

Ich ging in den Hof und wartete bis zur Pause.

Noa kam, sah mich und ging wieder.

Heute war wohl mein Nakba-Tag.

«Ja?»

«Hier ist Noa.»

«Ja?»

«Ich ... ich glaube, wir müssen uns treffen.»

«Müssen wir?»

«Ich habe mit Natalie gesprochen. Und es ist, als ob, also, als ob du und ich, als ob wir und sie, als ob das alles falsch gelaufen ist.»

«Das glaube ich auch.»

«Ich möchte es dir erklären. Um sieben im Tmol Schilschom?»

«O. k., um sieben.»

Noa saß am Fenster, von dem aus man auf die Schamai-Straße schauen kann, und löffelte eine Karottensuppe mit Chili aus einem Pasta-Teller. Allein der Dampf der Suppe war so scharf, dass mir die Augen tränten. Sie trug ein geblümtes Kleid und die Haare zum Zopf gebunden, das Haarband hatte alle Mühe, ihn zusammenzuhalten. Als Noa mich sah, stand sie auf und setzte sich erst wieder, als ich sie darum bat. Ich bestellte einen Tee und einen Käsetoast, und wir hockten da und schwiegen uns an. Ich war schon fast fertig, als sie endlich zu reden begann. Sie erzählte von ihrer Familie. Von ihren Brüdern Jossi und Jaacov, die bei der Armee waren, Offiziere, und von ihrem Vater, aber in erster Linie von ihrer Mutter. Sie hieß Esra und sie hatte eine Werkstatt und schmiedete Schmuck, den sie in einem Laden an der King-David-Straße verkaufte. Obwohl sie längst nicht mehr musste, setzte sich Esra jeden Tag wieder ins Geschäft oder in die Werkstatt, um etwas zu schaffen. Manchmal half Noa ihr.

«Was macht dein Vater?»

«Er ... weißt du, ich liebe meine Familie. Als ich geboren wurde, sind wir von einem Kibbuz in den Süden von Tel Aviv gezogen, in eine kleine Wohnung in Florentin, das ist so eine Art Slum, der jetzt gerade dabei ist, hip zu werden. Schrott-Häuser und niedrige Mieten, das Meer ist nicht weit. Viele Garagen, kleine Betriebe, Werkstätten. Wenn es regnet, läuft der Gully über, und wenn die Sonne scheint, steht der Gestank in den Gassen. Mein Vater hat am Flughafen gearbeitet.»

«Am Flughafen?»

«Bei der Luftwaffe.»

«Er ist Soldat?»

«Wir sind alle Soldaten.»

Ihr Vater hatte immer Pilot werden wollen, sagte Noa, aber das habe er nie geschafft, es sei unmöglich gewesen. Dafür werde Jossi jetzt Pilot. Vor ein paar Jahren habe ihr Vater den Dienst quittiert, und nun baue er wieder Tische, Stühle und Schränke. Wie früher, Anfang der Sechziger, im Kibbuz. Ich sah aus dem Fenster auf die Schamai-Straße, die vor dem Tmol Schilschom den Berg hochführt und an der es ein McDonald's-Restaurant gibt, das mit koscherem Essen wirbt.

«Eigentlich dachte ich, dass ich dir sagen muss, dass wir uns nicht mehr sehen können.»

«Und?»

«Jetzt ist alles ganz anders.»

«Worum geht es?»

«Jossi hat uns gesehen. Beim Knutschen.»

Es sei wirklich ein blöder Zufall gewesen, sagte Noa, weil Jossi nur einmal im Monat von der Basis unten an der Küste hoch nach Jerusalem komme, und sie hätte gar nicht gewusst, dass er schon da gewesen sei, und hätte sie es gewusst, wäre sie «sicher» nicht mit mir ausgegangen – und schon gar nicht ins Sira. Jossi sei uns sogar hinterhergegangen und habe gewartet, bis wir uns verabschiedet hatten. Ich fühlte mich wie im falschen Film.

«Was?»

«Ja, klingt komisch. Meine Familie. Wir kleben zusammen wie Kaugummis.»

Jossi hatte den Eltern am nächsten Morgen gesagt, dass ihre Tochter sich mit einem Mann getroffen hatte, der nach einem Aschkenasi aussah. Und wenn die Eltern *ihn* fragen würden, also Jossi, hätte Jossi zu den Eltern gesagt, dann sah der Typ, mit dem die Tochter da gesprochen hatte, schwul aus. «Der Typ da», das war also ich.

«Was ist das – ein Aschkenasi?»

«Aschkenasi? Du bist ein Aschkenasi. Du bist es auf der einen Seite nicht, auf der anderen viel mehr als alle anderen. ‹Aschkenasi› nennen wir hier Juden aus Europa. Ich bin das Gegenteil: ‹Mizrachi›, eine Middle-Eastern-Jüdin. You understand? Wer helle Haut hat, wie du, und Essen isst, das nach nichts schmeckt, wie du, und wer in der Sonne rot wird, wie du, und wer wartet, bis die Frau ihn küsst, wie du, der ist ein Aschkenasi. Ich bin es nicht. Papa kommt aus dem Irak, Mama aus Persien.»

Die Mama aus Persien hatte die Sache nicht so lustig gefunden und Noa gefragt, ob es nicht genug Männer in Israel gebe, ob sie sich nicht einen von denen aussuchen könne, am liebsten selbstverständlich einen «von uns». Sie sei ja schon gewohnt, dass ihre Tochter immer nur Jüngelchen nach Hause bringe und keine Männer, Jüngelchen mit Kindergesichtern und ohne Bart. Aber auch noch einen Europäer? Noa hatte nicht einmal gesagt, dass der Typ, also ich, aus Deutschland kam. Europa reichte. Mama war dagegen. Keine Chance.

Noa: «Ich kann es verstehen. Sie finden, wir sollten beieinanderbleiben.»

«Wer? Wir?»

«Wir. Die Aschkenasim, das sind die anderen. Das sind nicht ‹wir›. Ich sage es mal so: Wir sind hier die Juden zweiter Klasse. Wir waren es zumindest. Wir hatten lange Zeit mehr mit den Palästinensern gemein als mit den Dauer-Bibellesern aus Paris oder New York in ihren orthodoxen Paralleluniversen. Das, was du dir vorstellst, wenn du ‹Juden› hörst – langer Bart, schwarzer Hut, Klezmer, Schtetl, Ojojojojoj – alles aschkenasi. Das hat mit uns nicht viel zu tun. Wenn du meine Familie nach Deutschland bringst, werden sie alle für Araber halten. Für Muslime, für Dattelkauer. Glaubst du, das war hier in Israel anders? Du stehst für das, worunter meine Eltern jahrzehntelang gelitten haben. Für die Europäer. Warum glaubst du, hat meine Mutter keinen Platz an der Bezalel-Hochschule bekommen, als sie so alt war wie ich? Weil ihre Sachen schlecht waren? Weil sie keinen Schmuck schmieden kann? Weil sie kein Gefühl für Formen und Farben hat? Warum ist mein Vater kein Pilot geworden?»

«Was hat das mit mir zu tun?»

«Nichts. Fast nichts. Aber irgendwie doch. Du bist Aschkenasi, du bist nicht mal ein Jude. Und dann auch noch Deutscher.»

«Was sollte das mit Friedrich?»

«Ich dachte, dann ist es leichter. Ich dachte, dann müsste ich dir nicht sagen, dass wir uns nicht mehr treffen können. Ich dachte, ich küsse ihn, und damit ist das mit uns ausgelöscht. Aber weißt du was? Irgendjemand hat es auch beim zweiten Mal gesehen, dieses Mal Friedrich und mich, in der Marakiah. Irgendwie ist auch das wieder zu meinen Eltern gedrungen. Ich habe zwei Brüder – und Jerusalem ist ein Dorf. Vermutlich sollte es so passieren. Darum ist nun schon wieder alles ganz anders.»

«Und zwar?»

«Jetzt redet meine Mutter überhaupt nicht mehr mit mir.»

«Warum wolltest du mich treffen?»

«Jetzt ist es auch egal. Ich mag dich.»

Noa hatte ein Zimmer in einer kleinen Wohnung hoch oben über der Jaffa-Straße. Dass sie hier wohnte, konnte man nicht sagen, es war eher ihr Schlafzimmer. Zum Essen ging sie immer zu den Eltern. Die Jaffa-Straße war einmal ein breiter schöner Einkaufsboulevard gewesen, bis die Stadtverwaltung beschloss, Jerusalem eine Straßenbahn zu schenken. Jetzt war sie nur noch eine kilometerlange Baustelle. Im Sommer, in dem ich nach Israel kam, waren zwei palästinensische Bauarbeiter mit ihren Radladern in Busse und Autos hineingefahren, sie hatten Jagd auf Passanten gemacht. Drei Menschen starben bei den Amokfahrten. Seitdem stockte der Bau, die Routen der Buslinien änderten sich täglich. Ruth hatte gesagt: «Die eine Hälfte von Jerusalem wartet auf die Straßenbahn, die andere auf den Messias. Beide werden niemals kommen.» Manchmal hatte Ruth Humor. Manchmal.

In Noas Zimmer stand ein großes Bett aus Metall. Vor die linke Wand hatte sie einen Schrank gebaut, in dem alle ihre Strumpfhosen, Stiefel, Röcke und Kleider Platz hatten. Die rechte Wand bestand aus einem Bücherregal. Hinter dem Bett führte eine Glastür auf den Balkon. Sonst hingen an den Wänden nur zwei Dinge: eine Hand aus Metall mit einem Auge in der Mitte und ein Bild von Jassir Arafat in einem Rahmen aus rosa Plüsch. Überall im Zimmer gab es Aschenbecher; ich habe sie gezählt, es waren 17. Vor dem Bett stand ein kleiner Tisch, über den Noa ein Tuch gelegt hatte, so ein buntes mit orientalischem Muster, wie man es auf dem Markt in der Altstadt kaufen kann. Auf dem Tisch stand, neben drei der 17 Aschenbecher, eine Flasche mit Arak.

Wir rauchten eine Zigarette. Das heißt: Ich rauchte eine Zigarette. Bei Noa war das der Normalzustand, aber nun taten wir es gemeinsam. Noa goss zwei Gläser voll mit Arak. Wir stürzten sie hinunter. Noa goss noch zwei Gläser voll. Runter damit. Bis die Flasche leer war.

Wir gingen in die Küche. Der Arak und der Nebel in Noas Zimmer hatten mich ganz gut benommen gemacht. Ich sah Noa zu, wie sie die nächste Flasche Arak öffnete und in vier Gläser leerte. Ich roch den Anis schon aus zwei Metern Entfernung. Wieder war die Flasche leer. So schnell kann's gehen. «Komm, wir holen eine neue Flasche», sagte Noa und zog mich zur Haustür. Ich dachte: eine Flasche? Dann dachte ich nicht mehr so viel.

Wir gingen zu einem Schnapsladen am anderen Ende der Jaffa-Straße. Es roch gut, die Luft war frisch, denn es hatte ein wenig geregnet, was nicht so oft passiert in Jerusalem, aber wenn, dann im Winter, zwischen November und Februar. Hinter dem langen Tresen und vor der Wand mit etwa 30 Sorten Whiskey stand ein Mann, dessen Gesichtszüge schon vor ein paar Jahren für immer eingeschlafen waren. Er sah mich und er sah durch mich hindurch. Er sah Noa, und sein Gesicht erstand auf von den Toten. Er wartete gar nicht ab, ob sie etwas sagen würde, sondern holte zwei Flaschen aus einem Kühlschrank unter der Theke. Es war Arak. Noch mehr Arak. Er steckte sie in eine Plastiktüte, Noa zahlte. «Die zweite hat er mir geschenkt.»

Noas Bett fühlte sich an wie eine der Wolken mit den roten Rändern, die ich jetzt nicht mehr am Himmel stehen sehen konnte, weil es dunkel geworden war. Wie eine Kumulus aus Anis und Alkohol. Noa verabreichte mir noch ein Glas Arak, und wir rauchten. Mir wurde schwindelig. Ich griff nach ihrem Arm. Noa hatte Musik angemacht. Die Ramones. Sie sangen: «I wanna be sedated.»

I wanna be seduced.

Ich spürte Noa an der Hüfte. Ich hielt sie fest. Ihre Hand wanderte langsam in meine Hose. Ich schob ihr die Träger von der Schulter. Ich war unter ihrem Pullover. Mir floss Blut in den Schritt, Blut in die Hände, Blut aus dem Hirn. Noas Finger führten mich, jetzt ruhten sie auf meinem Herzen, und sie waren klein, aber stark, und dort, wo sie lagen, lagen sie gut. Sie drückte mich sanft zurück, ich sackte der Länge nach auf ihr Bett. Ich fasste nach ihr, ich fasste sie an und zog sie zu mir, und als sie endlich da war, drückten wir unsere Körper aneinander, der Länge nach, mit allem, was es da gibt.

Sie schloss die Augen und küsste mich.

Gleich frisst sie mich auf.

Sie biss mir in die Lippe.

Jetzt rammt sie mir die Zähne in den Hals.

Ich zerrte an ihrem Kleid. Ich war nicht geschickt. Ich riss Stoff kaputt. Ihre Hand auf meinem Bauch. Ich wollte Noa. Ihre Haut. Ihren Schweiß.

Alles war rot.

Ich öffnete die Augen. Das Herz schlug wie ein Hammer.

Mein Magen drehte sich wie die Trommel einer Waschmaschine. Ich schnappte nach Luft. Ich verlor sie. Meine Hände waren leer. Wo war ich? Ich hörte Töne, aber ich verstand nichts mehr, bewegte mich in Zeitlupe, sprach wie ein Plattenspieler, der auf halber Geschwindigkeit läuft. Mein Körper war wie aus Gummi: wabbelig, kraftlos. Ihre Hand auf meiner Stirn. Ich hatte Arak in den Adern.

Alles war schwarz.

Als ich aufwachte, ruhte das Zimmer friedlich. Ich sah nicht Noa, sondern die Augen von Jassir Arafat, weil ich mit dem Gesicht zur Wand lag und der Mond auf das Bild schien. Keine Ramones mehr, der kalte Rauch lag in der Luft, dazu eine sanfte Anisnote. Mir wurde übel. Dieses Mal richtig. Ich stolperte zur Toilette und übergab mich. Erst im Bad sah ich, dass ich nackt war. Ich schlug ein Handtuch um die Hüften, trank eiskaltes Wasser aus dem Hahn. Ich kauerte neben dem Becken am Boden wie ein Häuflein Elend. Ich ging zurück in Noas Zimmer. Sie kniete aufrecht im Bett. Sie sah mich an, aber ich konnte ihre Augen nicht sehen, denn sie verschwanden im dunklen Berg von Locken um ihren Kopf. Das Mondlicht zeichnete eine feine weiße Spur auf ihren nackten Schultern.

Sie ging auf mich zu und zog mir das Handtuch weg.

Jesus war ein Kibbuznik
Erster Advent

Uni-Exkursion zur Klagemauer. Das klingt komisch, an einem Sonntag – aber in Israel ist der Sonntag ein Montag, weil samstags immer Sonntag ist. Es war früh, ich hatte nicht viel geschlafen und eine große lila Sonnenbrille auf der Nase, die nicht mir gehörte, sondern Noa. Wir saßen am Fuß des Tempelbergs. Dozent Schaul erzählte, wie König Herodes vor 2000 Jahren den jüdischen Tempel ausbauen ließ. An der Südmauer hatte er eine riesige Säulenhalle errichten lassen, die auch nichtjüdische Besucher betreten durften. Mit der Zeit entstand zwischen den Säulen ein Markt, auf dem die Besucher Opfertiere kaufen und Geld wechseln konnten. In der Bibel steht, dass Jesus von Nazareth genau hierhin kam, die Tische der Geldwechsler umschmiss und sie verjagte. Mein Dozent hatte seine eigene Lesart dieser Geschichte: «Jesus kam aus dem Norden, vom Land. Heute wäre er ein Bauer von einem Kibbuz, ein Kibbuznik. Er kam nach Jerusalem und hatte keine Ahnung von der großen Stadt. Er attackierte die Geldwechsler, obwohl sie eigentlich gar nicht im Tempel saßen. Dann gründete er eine neue Religion. Jesus war ein Kibbuznik. He didn't know.»

Mittags ging ich zum Gottesdienst in der deutschen Erlöserkirche. Sie ist schlicht und bescheiden, ein protestantischer Wartesaal mitten im durchgedrehten Theater der Altstadt. Als würde man Helmut Schmidt bei Tokio Hotel auf die Bühne setzen. Oben, im Chorraum gibt es einen rotgoldenen Farbtupfer: Jesus mit einem Heiligenschein, der aussieht wie das Eiserne Kreuz der Bundeswehr, nur in Rot.

An der Orgel saß Friedrich, der manchmal den Organisten vertrat. Friedrich konnte Orgel spielen und das gar nicht mal so schlecht. Ich hörte ihm zu, aber ich wollte ihn nicht sehen. Er saß da, auf der Empore, aber ich schaute nicht zu ihm hoch. Ich hatte keine Lust auf ihn. Er spielte, wir sangen «Macht hoch die Tür», und ich dachte an Noa. Das Lied klang schief.

Pastor Klaus Gutfink predigte über Jesus und wie er in Jerusalem einzog. «Hosianna!» haben seine Jünger gerufen. Was heißt: «Ach Herr, hilf doch.» Wir sangen «Hosianna», und ich dachte an Noa und ich wünschte mir: «Ach Herr, hilf doch.» Auch dieses Lied klang schief. Die Orgel brummte zum Ausgang, immer noch schief, aber mit dem vollen Register, sehr kraftvoll. Ich blieb sitzen, als die anderen aus der Kirche strömten, sah mir den Jesus mit dem goldenen Bundeswehrkreuz an und dachte an Noa und an meinen Dozenten. Ich beschloss, dass es Schlimmeres gab, als an einen Kibbuznik zu glauben.

Zweiter Advent

Simson und Marit kamen mit in den Gottesdienst. Marit sagte, dass in Dänemark der Pastor mit einem großen Kreuz in die Kirche einzieht, das jemand vor ihm herträgt. «So groß ist das Kreuz» – sie breitete beide Arme aus. Bei den Liedern lachten Marit und Simson über mich, weil ich die Töne nie traf und die Orgel genau wie vor einer Woche schief klang. Es spielte wieder Friedrich. Ich dachte an seinen Bart und an seine rote Zunge.

Bei der Predigt schrieb Marit SMS, und Simson schlief ein.

Beim Abendmahl fragte Simson: «Was passiert da? Wieso esst ihr Brot und wieso trinkt ihr Wein?»

Marit: «Das Brot ist der Körper Jesu und der Wein sein Blut.»

Simson: «Echt? Ihr esst Jesus auf? Ihr trinkt sein Blut? Ich dachte immer, nur Juden trinken Christenblut.»

Es gab Tee im Gemeindesaal. Pastor Gutfink verteilte kleine Handzettel, mit denen er zur Weihnachtswanderung nach Bethlehem einlud. An der Wand im Saal stand ein Kreuz aus Holz, das mir bis zum Kinn ging. «Das da», sagte Pastor Gutfink, «muss dann auch jemand tragen. Vorneweg, versteht sich. Bis nach Bethlehem. Interesse?»

Marit war zufrieden, denn sie hatte doch noch ihr großes Kreuz gefunden, das getragen wird. Ganz wie in Dänemark. Sie lächelte, und ihre Wangen wurden ein wenig rot. Friedrich stellte sich zu uns.

Ich: «Deine Orgel klingt schief.»

«Ja. Ist verstimmt. Irgendeine Pfeife. Oder ein ganzes Register. Werde es mal prüfen lassen.»

Ich sah ihn an, er hatte den Mund geschlossen, und davor wuchs dieser rote Bart, aber ich sah trotzdem seine Zunge. Und Noa. Wir mussten noch einmal darüber reden. So ging es nicht weiter. Die Sache mit Noa war nicht allein seine Schuld, und für meine komischen Ideen mit seiner Zunge konnte er wirklich nichts. Ich wollte gerade einen Versuch starten, da kam mir Pastor Gutfink in die Quere.

«Friedrich, danke für die tolle Begleitung. Super. Ach, und, magst du vielleicht an Heiligabend das Kreuz nach Bethlehem tragen?»

«Das da?»

«Ja, das große.»

«Ja … sagen sie mal, ist das nicht ein wenig provokant? So ein mannshohes Holzkreuz durch Jerusalem zu tragen?»

Marit mischte sich ein: «It's about the cross?»

Gutfink: «Ja, Friedrich wird es an Heiligabend von hier ganz bis nach Bethlehem tragen. Magst du auch mitkommen?»

«In Dänemark machen wir das jeden Sonntag. Aber nur bis zum Altar.»

Friedrich: «Ich hab noch gar nicht ‹Ja› gesagt. Ist eine lange Strecke.»

Gutfink: «Dann trägt dein Freund hier das Kreuz, wenn du nicht mehr kannst. Und dein anderer Freund ...»

«Das ist Simson. Der ist Israeli.»

«Oh. Schalom. Did you like the church?»

«Yes. Great show. Vor allem der Moment, in dem ihr Jesus verspeist habt.»

Dritter Advent

Wieder eine Exkursion. Wir standen am Fuße des Tempelbergs, an der Süd-West-Ecke. Ein Loch ist da im Stein, wie ein Ring, durch den man hindurchfassen kann. Dozent Schaul hatte ein paar Lehrtafeln dabei, die er uns gleich alle zeigen wollte, dann würde es wieder wissenschaftlich, hier ging es ja um Archäologie, Geschichte und Geographie. Aber jetzt ging es erst einmal um dieses Loch.

«Hier», Schaul steckte seinen Arm durch das Loch, «hat Mohammed, der Prophet, sein fliegendes Pferd angebunden, nachdem er auf ihm von Mekka nach Jerusalem geritten oder geflogen war. Dann hat er in der Moschee auf dem Tempelberg gebetet und ist mit dem Erzengel Gabriel in den Himmel gefahren, wo er mit Abraham, Jesus, Moses und Gott gesprochen hat. Was daran kann nicht stimmen, liebe Studenten?»

Allgemeines Gekicher.

Sonja aus Brüssel: «Man kommt nicht in einer Nacht von Mekka nach Jerusalem?»

Schaul: «Doch, doch. Mit einem fliegenden Pferd geht das. Also?»

Andrew aus Denver, Colorado: «Es gab hier gar keine Moschee. Ich meine, wenn Mohammed noch am Leben war, wäre das ganz schön schnell gegangen mit dem Bau.»

Schaul: «Möglich. Aber selbst wenn wir glauben, dass es eine Moschee gab, was kann daran trotzdem nicht stimmen?»

Jan aus Oslo: «Pferde können gar nicht fliegen?»

Schaul: «In Schweden vielleicht nicht. Aber in Israel.»

Jan: «Ich komme aus Norwegen.»

Schaul: «Wie auch immer. Das Pferd ist der Punkt: Wenn Mohammed ein fliegendes Pferd hatte, warum hat er es angebunden? Er hätte doch mit ihm weiter in den Himmel fliegen können, oder?»

Nach der Exkursion ging ich zu Schaul.

Ich: «Glaubst du an Gott?»

«Was? Ich? Nein. Da bin ich sehr israelisch. Es sieht zwar im Fernsehen immer anders aus, aber die meisten hier glauben nicht so ernsthaft an Gott. Und wenn, dann maximal an einen. Ben Gurion hat gesagt: ‹Der Gott, an den ich nicht glaube, ist ein jüdischer.› Das sehe ich ähnlich. Dieser Gott, an den ich genauso wenig glaube wie Ben Gurion, hat mit Jesus und Mohammed nichts zu tun.»

Vierter Advent

Überraschung in der Kirche: Die Lieder klangen gut. Ich ging sogar am Ende zum Abendmahl nach vorne, vor lauter guter Laune. Nach dem Gottesdienst traf ich Friedrich vor der Kirche.

«Deine Orgel klang gut, gar nicht mehr schief. Hast du sie stimmen lassen?»

«Ja. Es war das Zungenregister.»

«Zungenregister?»

«Das Zungenregister. Es war verstimmt.»

Heiligabend

Noa wollte mit, Noa kam mit. In den Kirchbänken war kein Platz mehr frei, die Leute standen sogar in den Gängen. Wir mussten uns an die Seite setzen, auf ein paar Holzstühle. Der Typ neben mir öffnete geräuschvoll eine Flasche Sprudel. Während der Bibellesung tippte er auf seinem Mobiltelefon herum. Die Hälfte der Besucher waren Israelis, die sich den Heiligen Abend bei den Christen anschauen wollten. Noa fragte mich die ganze Zeit, was denn jetzt passiere, warum plötzlich alle aufstehen würden, was der Pastor erzähle, ob Männer und Frauen immer in derselben Kirche durcheinandersäßen.

Mitten in der Predigt knarrten hinter uns die Stühle, so laut, dass ich den Pastor nicht mehr verstand. Was ja vielleicht schade war. Die Israelis verließen die Kirche und gingen rüber zur katholischen Dormitio-Abtei. Sie wollten pünktlich sein, denn katholischen Gottesdiensten eilt mit Recht der Ruf voraus, einfach mehr herzumachen als protestantische. Aus der Orgel bretterte «Oh du fröhliche», ich sah kurz zu Friedrich auf die Empore und zwang mich, nicht an seine Zunge zu denken, sondern an das Register. Ich schmetterte aus voller Brust: «Gnaaadenbriiingende Waiiiijnachtzzaiiit.»

In der Mitte der zweiten Strophe kniff Noa mir zuerst in die Hand, zog mich dann mit einem eisernen Griff zu sich rüber, sah mir tief in die weihnachtlichen Glasaugen und drückte mir einen langen Kuss auf die Lippen – und ich dachte doch wieder an das Register und an Friedrich, aber jetzt war es irgendwie ganz schön.

Später, vor der Kirche, im kalten Regen der Heiligen Nacht in der Heiligen Stadt im Heiligen Land fragte ich: «Was war denn das für ein Kuss?»

«Ach, ich mochte dich in diesem Moment so. Und …»

«Und?»

«Du hast so schrecklich falsch gesungen.»

Erster Weihnachtstag, 1:00 Uhr

Wir wanderten durch die Nacht nach Bethlehem. 30 junge Deutsche mit Pastor Gutfink. Und Noa. Von der Altstadt ging es nach Süden, durchs Hinnom-Tal, auf die Hebron-Straße. Wir gingen am Straßenrand, es regnete. Friedrich trug tatsächlich das Kreuz. Vorbeifahrende Autos hupten. Vor seinem Kiosk auf der Hebron-Straße stand ein runder kleiner Mann und schüttelte den Kopf. «Hey, wer ist denn gestorben?», rief er. Und: «Die Altstadt ist aber in der anderen Richtung.» Dann war der Kiosk-Mann aber doch ganz froh, dass er Chips und Cola an die Zivis verkaufen konnte.

Als wir in der Nähe meiner Wohnung vorbeigingen, betete ich, dass Simson nicht um die Ecke biegen würde. Am Rande von Talpiot bat mich Friedrich, das Kreuz zu übernehmen. Noa sagte, die Sache werde ihr jetzt zu heiß, und sie gab mir noch einen Kuss, und als ich das Kreuz schon auf der Schulter hatte, hat sie noch etwas gerufen, so aus 50 Metern Entfernung, und es hörte sich an wie: «Gute Nacht, Jesus!»

Am Checkpoint spielte eine blonde Soldatin in einer mindestens zwei Nummern zu großen Uniform mit ihrem Telefon, das in regelmäßigen Abständen piepte. Als sie das Kreuz sah, piepte ihr Telefon weiter, aber sie drückte nicht mehr auf die Tasten. Sie drückte einen Knopf, es surrte, neben dem Drehkreuz ging eine Tür auf, und wir konnten alle durchgehen, einfach so. Jeder Zentimeter ihres 19 Jahre alten Gesichts schien darüber nachzudenken, wie sie möglichst schnell die Nummer der Psychiatrie im Hadassah-Krankenhaus herausfinden könnte.

Als wir das Checkpoint-Gebäude wieder verließen, mussten wir uns an einer Reihe von etwa zehn Männern vorbeidrücken, die an der meterhohen grauen Mauer lehnten und anscheinend darauf warteten, auf die andere Seite gelassen zu werden. Von einem Wachturm leuchtete ein Schweinwerfer herab. Ihre Haare klebten den Männern im Gesicht, ihre Klamotten waren durchnässt, sie rauchten. Einige unterhielten sich leise auf Arabisch.

Pastor Gutfink sprach ganz gut Arabisch und fragte sie, was denn los sei.

«Alles in Ordnung», sagte einer.

«Worauf wartet ihr?»

«Darauf, dass der Checkpoint wieder aufmacht. Dann sind wir morgen früh die Ersten, wenn die Arbeit vergeben wird.»

«Wann macht er auf?»

«Um fünf.»

Es war halb drei.

Das Kreuz wurde mir schwer. Zur Geburtskirche ging es bergauf, durch die schmalen Gassen der Altstadt von Bethlehem. Schmale Gassen aus dem gleichen hellen Stein, aus dem auch Jerusalem gebaut ist. Wir gingen am Rand, denn ständig kamen Autos von hinten und von vorne. Auf dem Krippenplatz konnte ich nicht mehr. Ich stellte das Kreuz ab und stützte mich darauf. Friedrich machte mit seinem Mobiltelefon ein Bild. «Da schicke ich deinem Vater einen Abzug von. Und Noa. Und ihrer Mutter.»

Sehr witzig.

Als wir in der Kirchenbank in einem Seitenflügel der Geburtskirche saßen, döste ich sofort weg. Es roch nach Weihrauch, Myrrhe und solchem Zeug, und nach Kerzenwachs. Wenn ich aufblinzelte, sah ich hin und wieder einen Franziskanermönch durchs Kirchenschiff schlurfen. So richtig fit sahen die auch nicht mehr aus. Einer setzte sich neben mich.

«Woseidihrdennher?»

Er hatte wohl zu viel Schnaps im Tee gehabt.

«Jerusalem.»

«Ahh? Sosehdihrganichauss.»

Wir sangen ein, zwei Lieder, Pastor Gutfink sprach ein Gebet.

«Frohe Weihnachten!», sagte er am Ende.

Alle gingen nach Hause.

«Und was geschieht jetzt mit dem Kreuz?»

«Die Kirche ist schon zu. Nimm es doch mit nach Hause, ja?»

Hundert Tore

Neben meinem Bett stand dieses Kreuz. Genau genommen stand es bereits seit einem Tag da, neben der Tür; so, dass man es von draußen nicht sehen konnte. Ich hatte eine Jacke drübergehängt. Als Kleiderständer machte es sich ganz gut.

Ich glaube nicht, dass es im Judentum ein Gesetz dagegen gibt, ein Kreuz im Haus zu haben – es scheint ja auch keines gegen christliche Mitbewohner zu geben. Aber, wie soll ich sagen, es war eine Frage der Pietät. Gegenüber Ruth und Joel. Simson? Na ja. Es war auch eine Frage der Dimension, denn dieses Kreuz war so groß wie ich. Krampfhaft überlegte ich, wie ich es unauffällig in die Altstadt bringen konnte, zurück zur Erlöserkirche, wo es hingehörte. Ein Kurier war zu teuer. Das Kreuz war jedoch zu groß, um es in ein Taxi zu stopfen. Ich musste es entweder tragen oder in den Linienbus mitnehmen. Verpackt, versteht sich. Aber wie verpackt man ein mannshohes Holzkreuz?

Ich drehte das Kreuz um. Das reichte noch nicht. Ich ging in den Supermarkt, um Packpapier zu kaufen. Unten wickelte ich es mit Papier ein, so dick, dass es zum Beispiel eine Tanne hätte sein können. Eine Weihnachtstanne. Oder ein riesiges Dreieck aus Holz. Als ich fertig war, schaute ich mir mein Kunstwerk an. Es war noch monströser geworden und sah eigentlich immer noch wie ein riesiges Kreuz aus, das nur komisch verpackt war und auf dem Kopf stand. Ich schlug es mit drei, vier weiteren Lagen Packpapier ein. Fertig. Pastor Gutfink sagte ich am Telefon, dass ich das Kreuz später vorbeibringen würde. Pastor Gutfink sagte, ich solle vorsichtig sein, seine Frau habe ihm schon eine Standpauke gehalten wegen des Kreuzes, und ihm sei das alles auch sehr unangenehm, aber ein Kurier sei halt so teuer, und wenn er einen beauftragen würde, müsse er ja vor dem Kirchenvorstand zugeben, dass er mich an Heiligabend mit dem Kreuz nach Hause geschickt habe und er würde mich jedenfalls bitten, das Kreuz so diskret wie möglich wieder zur Gemeinde zu bringen. Er könne diese Angelegenheit dem Propst gegenüber nicht zugeben. Das würde ich doch sicher verstehen. Bis jetzt wisse niemand davon. Außer seiner Frau. Er würde mich dann zu einem Falafel einladen. Wie gnädig.

In der Tür begegnete mir Simson.

«Was ist das? Hast du jemanden umgebracht? Da gibt es andere Wege, weißt du …»

«Das ist nur Müll.»

«Es sieht aus wie ein Kreuz.»

«Wieso?»

«Es sieht eben aus wie ein Kreuz. Willst du das wirklich durch die Gegend tragen?»

«Ist das ein Problem?»

«Der Letzte, der das hier gemacht hat, wurde am Ende drangenagelt. Du erinnerst dich?»

Der erste Busfahrer ließ mich gar nicht erst einsteigen. Der zweite sprach über sein Funkgerät mit irgendeinem Vorgesetzten, öffnete mir dann aber die Tür. Ich war froh und versuchte, konzentriert auf den Boden zu starren. Nur nicht in die Gesichter der Menschen. Ich konnte nur ahnen, wie sie mich anschauten. Ich wollte es gar nicht genauer wissen. Leider wollte ich auch nicht so genau wissen, wohin der Bus fuhr.

Er fuhr nach Mea Schearim. Aber das merkte ich erst, als es schon zu spät war.

«Mea Schearim», das heißt wörtlich «Hundert Tore», und Friedrich hatte mir das Viertel gezeigt, gleich in der ersten Woche, weil er meinte, so was, das müsse ich gesehen haben. «Mea Schearim» hatte er gesagt, sei eigentlich ein Teekesselchen, denn in «Mea Schearim» könne man durch hundert Tore gehen und sich ebenso mit mindestens hundert Toren treffen und sich mit ihnen unterhalten. Mea Schearim ist ein alter Stadtteil, der zum großen jüdischen Freilichtheiligtum mutiert ist, zum gelobten Bezirk, zum Epizentrum der rabbinischen Weltrevolution, gleich nach Brooklyn.

Ein Mann ist dort nur ein Mann, wenn er seinen Kopf bedeckt, mit Kippa, Schtreimel oder schwarzem Borsalino, wenn er sich den Bart wachsen lässt, bis sich die Löckchen um die Brustwarzen wickeln, und wenn er den Tag damit verbringt, über der Thora zu brüten und seinen Rabbi mindestens einmal im Zwiegespräch zu widerlegen. Friedrich nannte diese orthodoxen Profis «die Schlomos», nach Salomo, dem König, der auf Hebräisch «Schlomo» heißt. Eine Frau ist in Mea Schearim nur eine Frau, wenn sie ihre Kleidung in Schattierungen zwischen Schwarz, Grau und Weiß wählt, ihren Kopf stets mit einem Tuch bedeckt, die Straßenseite wechselt, wenn ihr ein Mann begegnet, und jedes Jahr ein Kind auf die Welt bringt. Ja, ich übertreibe. Aber nur ein wenig. Einige Frauen setzen sich Toupets auf den Kopf, über die echten Haare, aber so identisch wie möglich mit ihrer Frisur, wie die muslimischen Studentinnen in der Türkei, die früher nicht in die Uni gelassen wurden, weil es ein Kopftuchverbot gab. Für die Frauen hatte Friedrich keinen Kosenamen.

Als ich das erste Mal in Mea Schearim gewesen war, damals, in meiner ersten Woche in Israel, hatte Friedrich mir eine Kippa auf den Kopf gesetzt, zur Tarnung. Ich trug zufällig ein weißes Hemd und eine schwarze Strickjacke. Friedrich sagte, jetzt sehe ich wirklich aus wie ein Jude, und ich wusste nicht, ob es ein Kompliment gewesen war.

Da, wo Mea Schearim beginnt, hängen Schilder an der Wand, auf denen steht, dass Frauen lange Kleidung tragen sollen, Touristen umkehren mögen und die Bewohner des Viertels «mit ihrem ganzen Herzen» darum bäten, dass man sie in Ruhe lasse – oder dass man werde wie sie. In den Gassen von Mea Schearim trifft man keinen Mann, der nicht in Eile ist, sie joggen die ganze Zeit, aber in voller Montur, weil sie andauernd damit beschäftigt sind, die 613 Gebote Gottes alle an einem Tag zu erfüllen.

Die Straßen des Viertels verschwinden unter Müll und Dreck, unter dem Putzwasser, das die Frauen in den Rinnstein schütten. Auf den Bürgersteigen stapeln sich leere Apfelsinenkisten und der Kot der Hunde und Katzen. Jedes zweite Geschäft ist eine Buchhandlung für Thora, Talmud und Gebetsbücher. Ein Fotogeschäft verkauft Bilder von Rabbis: Rabbi Hochbaum, Rabbi Goldstein, Rabbi Horowitz und 50 andere Männer mit Bart. Es sei immer gut, ein Bild des eigenen Rabbis im Wohnzimmer hängen zu haben, sagte Friedrich. Die Wände der hundert Jahre alten Barackenhäuser von Mea Schearim sind vollgekleistert mit Wandzeitungen: «Juden, achtet den Schabbat» stand da; an Sukkot sollte es eine Tour nach Hebron geben, stand dort. Eine Todesanzeige für Abraham Malzer hing am Laternenpfahl; seine Familie saß «Schiv-ah», die sieben Tage, die religiöse Juden trauern, wenn ein Mensch zurück zu Gott gegangen ist.

Mea Schearim ist vielleicht ein Teekesselchen und ein Ort voller Verrückter, es ist eine Zeitreise in das osteuropäische Schtetl des 19. Jahrhunderts. Es ist vielleicht auch ein Ding, so heilig wie der Vatikan, so fanatisch, gleichzeitig religiös und politisch, wie nur West-Belfast einmal war, so chaotisch wie Ramallah. Mea Schearim ist aber auch das Judentum, gegen das die Nazis gehetzt haben, das sie in ihrer Propaganda verleumdeten, das sie vernichten wollten. Sie haben es nicht geschafft. *Baruch HaSchem, gelobt sei der Name des Herrn.*

Bei meinem ersten Besuch mit Friedrich war ein junger Orthodoxer auf mich zugesprungen, hatte mich so umarmt, dass meine Kippa auf den Boden fiel: «Don't you feel *so* connected to all these people?»

Ich wusste nicht so genau, eigentlich nicht.

Er fragte, woher ich käme, und als er «Deutschland» hörte, sagte er, er komme aus England und er habe noch nie einen Juden aus Deutschland getroffen, der so jung sei wie ich, die deutschen Juden, die «Jeckes» seien doch alle Professoren mit weißem Bart und krummem Rücken. Ich sagte zu ihm: «Ich bin Deutscher, kein Jude und auch kein Professor.»

«Oh. You are not Jewish?»

«Bitte sag jetzt nichts über meine Nase.»

«Ah. No, honestly. Your face ... maybe your grandma was raped by a Jew.»

Friedrich fand das lustig. Ich nicht. Den ganzen Tag brachte er wieder und wieder diesen Spruch. Ich glaube mittlerweile, in Mea Schearim nehmen sie irgendwelche Drogen. Oder es ist was im Trinkwasser. Oder es ist der enge Kontakt zu Gott, der die Leute *high* macht. In Jerusalem kann man bei Gott zum Ortstarif anrufen, sagt man so. In Mea Schearim ruft er dich zurück.

Als ich nun im Bus schwitzte mit meinem Kreuz, das aussehen sollte wie ein Tannenbaum, und am Rand von Mea Schearim die ersten Orthodoxen einstiegen, war es eigentlich schon zu spät. Die Schlomos versuchen in Jerusalems Bussen eine sexistische Sitzordnung durchzusetzen: vorne die Männer, hinten die Frauen. Der Rest der Stadt denkt zwar nicht daran, sich an so eine Idiotie zu halten, aber auf einigen Linien haben die Schlomos schon die Oberhand. Ich stand mit meinem Kreuz etwa in der Mitte des Busses, und einer der Schlomos kam zu mir und bat mich, weiter nach vorne zu gehen. Wegen der Frauen. Sie würden schon gucken. Das war natürlich Quatsch, aber ich sah zu, dass ich an der nächsten Haltestelle aus dem Bus kam, obwohl ich gar nicht genau wusste, wo ich war. Die Tür öffnete sich. Ich schulterte mein Kreuz, ging raus – und stand mitten in Mea Schearim. Hier hatte ich nun wirklich nicht hingewollt. Ich sah mich um, leicht panisch, ging zügig in die Richtung, in der ich die Altstadt vermutete.

Ich ging schnell, na ja, so schnell es eben ging, mit diesem Ding. Drei Typen kamen mir entgegen, die alle aussahen wie Woody Allen, nur orthodox. Dann einer, der schielte. Mich anschielte. Dann einer, der schimpfte. Mich anschimpfte. Aus Versehen knuffte ich ihn mit dem Kreuz. Er stolperte, ging aber weiter. Er war wohl erst bei Gebot 500 für heute. Ich wollte hier weg.

Leider trug ich das Kreuz in der Eile wie ein Kreuz. Leider sahen mich die vier orthodoxen Jungs, die ihre Gebote für heute schon erfüllt und außerdem Langeweile hatten.

Sie sahen mich und das Kreuz. Leider hatten sie nichts anderes zu tun, als mir hinterherzugehen. Leider gibt es aus der Straße «Heleni HaMalka» zwischen «Schivtei Israel» und «HaNeviim» keine Fluchtwege. Die Gasse ist lang, gerade und eng. Leider kann man mit so einem blöden Holzkreuz nicht schnell laufen. Genauer gesagt: gar nicht laufen.

Leider hatten die Jungs gerade Falafel gegessen. Die Spucke, die in meinem Gesicht landete, roch stark nach Zwiebeln und Knoblauch. Leider stolperte ich, fiel hin, und das Papier bekam einen Riss. Leider hatte ich überhaupt keine Lust, mich mit den vier Jungs anzulegen, wie sie dastanden und ihnen die weißen Fäden um die Hüften baumelten und ihre Kippot hin und her rutschten, weil sie so aufgeregt waren, dass ich ein mannshohes Christen-Kreuz durch ihr Viertel getragen hatte. Leider fehlte mir die Kraft, dieses verdammte Ding zu verteidigen. Zum Glück konnte ich schnell laufen, als ich das Kreuz einmal stehen gelassen hatte.

Pastor Gutfink meinte später: «Das kann man ja niemandem erzählen. Das *darf* man ja niemandem erzählen.» Recht hatte er.

Nackt im Geisterdorf

Kurz nach Weihnachten redeten alle nur noch über Gaza. Friedrich hatte Angst vor Selbstmordanschlägen. Simson wartete auf einen Auftrag der Redaktion, für die er arbeitete. Joel fürchtete sich vor dem Einrückbefehl seines Kommandanten. Noas Familie sorgte sich um die Oma.

Was ist mit Oma? Mit Oma im Kibbuz im Süden, am Gaza-Streifen.

In den Nachrichten zählten sie die Raketen, die aus dem Gaza-Streifen in Israel einschlugen. Im Advent hatte es ein Crescendo gegeben: erst drei die Woche, dann drei am Tag, dann 30 am Tag. Am ersten Weihnachtstag waren es 60 gewesen. Wir gingen ins Kino, essen, spazieren. Solche Sachen. Andauernd klingelte Noas Telefon. Offensichtlich redete ihre Mutter wieder mit ihr. Außerdem ihr Vater und ihre Brüder.

Wir liehen uns Simsons Roller. Natürlich ließ ich Noa fahren und setzte mich hintendrauf.

Es war Freitag, und am Freitag beginnt mit dem Sonnenuntergang der Schabbat, was heißt, dass der Staat Israel in den Leerlauf geschaltet wird. Am Schabbat gehen gläubige Juden mehrmals in die Synagoge, in Jerusalem laufen viele von ihnen zu Fuß zur Klagemauer. Vorher waschen sie sich, zumindest die Frauen, um so rein zu werden, dass sie Gott unter die Augen treten können. Männer sind von Natur aus rein.

In Stadtteilen wie Mea Schearim gibt es für die Waschung spezielle Bäder, die *Mikwe* heißen. In öffentliche Schwimmhallen gehen die Orthodoxen nicht – dort dürfen Frauen und Männer ja gleichzeitig ins Wasser und haben im Allgemeinen nicht viel an. Nacktheit ist etwas, was der jüdischen Orthodoxie sehr fremd ist. Simson hatte mir einmal einen bösen Witz über ein orthodoxes Pärchen erzählt, das in der Hochzeitsnacht im Bett liegt:

Er: Wir wollen jetzt miteinander schlafen.

Sie: Gut. Ich habe mich ausgezogen.

Er: Müssen wir uns wirklich dafür ausziehen?

Einen Ort gibt es aber in Jerusalem, an dem das alles ein wenig anders ist. Im Nordwesten, wo die Road Nr. 1 Richtung Tel Aviv die Stadt verlässt, stehen am Hang in einem Tal, das wie ein Trichter vom Stadtrand her abfällt, ein paar alte Häuser aus grauem Stein. Leer sind sie, ihre Dächer eingeschlagen, Büsche und Gras wuchern auf den Böden, durch die Fenster strecken Bäume ihre Zweige. Obwohl diese Häuser Ruinen sind, bauen sie sich auf wie stolze alte Ritter, sie zeigen ihre stabilen Ecksteine her, die wuchtigen Türstürze und die großzügigen Fensterrahmen, als wollten sie etwas sagen.

Wehe, du reißt uns weg. Möge Gottes Zorn über dich kommen, wenn du es wagst, unsere Steine abzutragen.

Noa hatte mir von diesen Häusern erzählt, von dem kleinen Dorf am Rande der Stadt und vom Geist, der in diesem Tal wohnt. Sie hatte es «das Geisterdorf» genannt.

Komm, wir fahren zum Geisterdorf.

Früher hieß das Dorf «Lifta», und bis 1948 war es arabisch. Bis der Krieg begonnen hatte, den die Israelis den «Unabhängigkeitskrieg» nennen und die Palästinenser «An Nakba», die Katastrophe. In der Mitte des Dorfes gibt es ein großes Becken mit Wasser, das aus einer eigenen Quelle gespeist wird. Man kann das Becken und die Häuser finden, wenn man vor der Tankstelle an der Road Nr. 1 einen kleinen Pfad ins Tal hinabläuft. Es dauert nur ein paar Minuten, aber der Weg ist recht steil.

Wir stellten den Roller ab. Noa drückte mir ihren Helm in die Hand, und ich sah ihr zu, wie sie ihr Kleid zurechtzupfte. Auf dem Pfad, der nicht viel mehr war als eine Geröllhalde, kamen uns drei orthodoxe Jungs entgegen, deren

Hosenbeine hochgekrempelt waren, außerdem hatten sie nasse Haare, und ihre Hemden hingen unordentlich herunter. Wir stiegen die Halde abwärts und hielten uns an den Händen, und ich tat so, als würde ich Noa stützen, aber eigentlich war sie es, die mich stützte.

Nach ein paar Minuten stellte Noa sich auf einen Felsbrocken, zog mich hinterher und sagte: «Schau mal, *Bubik*. Welches der Häuser möchtest du haben? Wo wollen wir wohnen?»

Ich zeigte auf eines, das im ersten Stock einen Balkon hatte. Es lag auf der anderen Seite des Tals. Wir gingen quer durch das Dorf zu unserem Haus mit dem Balkon, denn da wollten wir ja einziehen. Der Balkon hatte keine Brüstung, bot aber genug Platz für Noa und mich.

Man konnte das Becken sehen, in dem ein paar Männer schwammen, die eine Kippa trugen. Ein paar von ihnen standen am Rand des Beckens, splitternackt, aus der Entfernung sahen ihre Körperhaare aus wie Schwimmanzüge mit komischen Trägern.

Noa sagte zu ihnen nie «die Orthodoxen» oder «die Religiösen» oder «die Schlomos», wie Friedrich und ich – sie redete stets von den *«Dossim»*, was ein Schimpfwort ist.

Nimm das Tuch ab, Tali, du siehst aus wie eine von den Dossim.

Heute demonstrieren die Dossim wieder, gegen Parken am Schabbat.

«Die Dossim wollen uns die Stadt wegnehmen», sagte Noa und zeigte zum Becken.

«Friedrich und ich nennen sie immer ‹die Schlomos›», sagte ich.

«Schlomo? Wie König Salomo? Was an denen ist denn königlich?»

Nach Noas Einschätzung war Jerusalem dabei, sich in die Kommandozentrale des orthodoxen Judentums zu verwandeln. Und würde man nicht aufpassen, seien in ein paar Wochen alle Bars geschlossen, alle Discos dem Erdboden gleichgemacht, in den Buchläden würden nur noch Gebetsbücher stehen, und am Schabbat würde sicher bald die komplette Straßenbeleuchtung ausgeschaltet. Frauen, die sich scheiden lassen wollten, würden wieder im Meer ertränkt werden. Wie früher. Manchmal war Noa etwas drastisch. Und das mit dem Meer stimmte auch gar nicht.

«Ich räche mich an den Dossim, weißt du, indem ich nackten Dossim-Männern beim Baden zuschaue. Die glauben, sie könnten hierherkommen, ihre Kaftane auszuziehen und die Hemden und Hosen und ihren Dossim-Hintern einfach ins Becken halten. Aber nicht mit mir. Das Geisterdorf hat vor ein paar Monaten noch Hippies gehört, Landstreichern, Punks, die aus der Innenstadt weggejagt wurden. Oder solchen wie uns.»

«Wie uns?»

«Ach, *Bubik*.»

Sie kniff mir in die Nase.

«Ich meine es ernst: Die Dossim erobern Jerusalem. Es reicht ihnen nicht, dass sie in ihren eigenen Vierteln Absurdistan spielen, jetzt soll sich auch noch der Rest der Stadt an ihre Regeln halten: getrennte Busse, keine Disco am Schabbat, demnächst sagen sie den Frauen, die auf der Jaffa-Straße einkaufen, sie sollen keine Jeans mehr tragen. Schau dir diese Typen an: Wenn sie nackt baden, sehen sie aus wie du, *Bubik*, also so in etwa. Aber schon ihr bloßer Körper ist so von der Last ihrer Gebote gepeinigt, dass sie hierher gehen müssen, um Luft an ihn zu lassen. Siehst du den da?» Noa zeigte auf einen Schlomo, der gerade ins Wasser stakste. «Was meinst du, wie alt der ist? 30. Würde ich sagen. 30, aber er hatte erst dreimal in seinem Leben Sex. Einmal beim ersten Kind. Einmal beim zweiten. Einmal beim dritten. Manchmal bekomme ich Lust, einem dieser Dossim hier die Kleider vom Beckenrand zu klauen und danach zu ihm ins Becken zu hüpfen. Nur um zu schauen, was passiert. Vielleicht sendet Gott ja einen Blitz.»

«Tu dir keinen Zwang an.»

«Wenn du meinst …», sagte Noa und sah sich den Schlomo an, wie er ein-, zwei-, dreimal auf Tauchstation ging, die Kippa immer auf den Kopf gedrückt.

«Stell dir vor, der taucht da unter, kommt wieder hoch, und plötzlich schwimmt neben ihm eine nackte Frau, die er nicht kennt. Ich meine, nicht dass dieser Typ seine eigene Frau schon einmal nackt gesehen hätte. Die machen beim Sex nicht nur das Licht aus, sondern lassen auch die Kleider an. Um den größten Spaß bringen sie sich selbst.»

Noas Telefon klingelte. Ihr Bruder. Er sagte, im Fernsehen hätten sie erzählt, es seien in der Nacht über 60 Raketen aus dem Gaza-Streifen geschossen worden – und sie seien in Sderot runtergekommen und auch in dem Kibbuz, in dem die Oma wohnte. Noa sagte, er solle sich nicht so viele Gedanken machen.

«Jetzt wird auch noch mein Bruder nervös. Ich meine, unsere Oma wohnt seit 60 Jahren im Kibbuz, und seit zehn Jahren kommen da Raketen von der Hamas runter, und jetzt plötzlich ist alles ganz schlimm und gefährlich.»

Ich nickte.

«Gleich ruft mit Sicherheit mein Vater an, und wenn ich richtig Pech habe, muss ich auch noch mit meiner Mutter reden.»

Der orthodoxe Taucher zog sich unter Aufbietung all seiner Kräfte langsam aus dem Becken. Dabei zeigte sein blanker Po genau in unsere Richtung. Noa legte wieder los.

«Ist das nicht merkwürdig? Wir kennen den Typen überhaupt nicht, aber wir haben jetzt schon mehr von ihm gesehen als seine eigene Frau. Zumindest seinen Po. Vielleicht sollten wir ihm seine Kleider noch schnell klauen, nur damit seine Frau ihn mal bei Helligkeit ohne Hose sieht.»

Noas Telefon klingelte. Ihr Vater. Kurzes Gespräch.

«Ja. Ja. Ja. Nein. Ja. Bin zum Essen wieder da. Ja.»

Aufgelegt.

«Habe ich es dir gesagt? Gleich ruft meine Mutter an. Da kommen Kassams runter, hat Papa gesagt. Oma könne nicht mehr gut gehen. Vater macht sich Sorgen. Ich habe ihm schon ein paarmal gesagt, dass Oma so eine Kassam auf die Füße fallen muss, damit ihr etwas passiert. Im Kibbuz gibt's Bunker, Oma hat Nachbarn, und außerdem kann sie zu uns nach Jerusalem kommen. Hier gibt es keinen Gaza-Streifen. Aber sie kommt nicht. Papa macht sich trotzdem Sorgen. Seit zwei Tagen ist Oma nicht ans Telefon gegangen, sagt er. O. k. Aber das muss ja nichts bedeuten, oder? Vielleicht ist ihr Telefon kaputt. Jedenfalls ist das alles kein Grund, die ganze Familie unruhig zu machen. Ich meine, es ist ja so, dass du zum Beispiel meine Mutter sehr schnell unruhig machen kannst. Du musst nur sagen: Dein Mann hat sich in den kleinen Finger geschnitten – und sie ruft gleich den Chefarzt vom Hadassah-Krankenhaus an. Oder du sagst: Deine Tochter geht mit einem Mann aus, er ist nicht persisch und auch kein Iraker. Und sie sieht Armageddon am Horizont heraufziehen. Sie sagen in den Nachrichten, dass in dem Kibbuz eine Rakete runtergekommen ist, und Oma, ihre Mutter, geht nicht ans Telefon. Dabei haben sie auch gesagt, es gebe keine Verletzten. Also auch keine verletzte Oma. Weißt du was? Ich rufe sie jetzt an. Nur um sie zu beruhigen. Und damit es nicht sie ist, die mich anruft.»

«Wen?»

«Meine Mutter selbstverständlich.»

Noa ging einen Schritt nach rechts, und ich hatte Angst, dass sie vom Balkon fallen würde.

«*Ima? Mah koreh?* Was ist los?»

Noa sprach nicht, sie schrie ins Telefon.

«*KOL BESEDER?* Alles in Ordnung?»

Natürlich war nicht alles in Ordnung. Natürlich machte Noas Mutter sich Sorgen. Die Oma hatte immer noch nicht angerufen. Und jetzt würden sie in den Nachrichten schon sagen, dass die Luftwaffe Angriffe auf den Gaza-Streifen fliege und Bomben abwerfe und die Hamas mit noch mehr Raketen zurückschieße.

Die Oma würde mit dem Telefon immer noch so umgehen wie zu den Zeiten, sagte Noa, als man einmal die Woche aus Sderot von der Apotheke aus nach Jerusalem telefonieren konnte, aber auch nur, wenn man es vorher angemeldet hatte und der Gesprächspartner am anderen Ende in Jerusalem seinerseits zum Postamt in der Jaffa-Straße ging und darauf wartete, dass der Telefonist die Verbindung durchstellte. Das war 40 Jahre her. Noas Mutter, ihr Vater und ihr Bruder waren trotzdem nervös.

«Bist du nicht nervös?», fragte ich Noa.

Sie starrte auf das Becken, in dem niemand mehr badete, ihr lautes Telefonat hatte die nackten Schlomos vertrieben. Ein paar Sekunden lang antwortete Noa nicht, und es war, als würde meine Frage einmal durchs ganze Tal fliegen.

«Noa? Hallo?»

«Was? Ich? Nervös? Nein. In den Nachrichten haben sie gesagt, es gebe keine Verletzten. Wozu schauen wir Nachrichten, wenn wir ihnen nicht glauben? Channel 10 ist nicht der Mossad oder der Schin Bet. *Die* wollen vielleicht etwas geheim halten. Aber Channel 10 möchte es hinausposaunen, bis es jeder zwischen hier und Jericho gehört hat. In den Nachrichten haben sie gesagt, dass es keine Verletzten gibt. Also bin ich nicht nervös. Logisch, oder?» Logisch.

Ein neuer Orthodoxer kam den Hang heruntergetrampelt, zog seine Schuhe aus, sein Hemd, als er bei der Hose war, klingelte Noas Telefon.

«Es ist Mama.»

Noa nahm an.

«Mama? *Mah koreh?* Es geht ihr gut? Sie ist im Kibbuz? Was? Zwei Tage am Meer? Ach so. Sie ist zurück in den Kibbuz gefahren, obwohl immer noch Raketen fliegen. Habe ich ja gesagt. Habe ich Papa gesagt und Jossi auch. Ich scheine ja die Einzige zu sein, die Nachrichten schaut.»

Noas Stimme wurde leiser.

«Was? Ja. Ja. Mich beruhigt das auch. Aber? Hierher? Ja. Ich fahre hin. Ich hole sie.»

Sie wurde noch leiser.

«Ich finde auch nicht gut, was sie in den Nachrichten sagen. Wir fahren zu Oma. Wir holen sie.»

Dann hauchte Noa fast.

«Küsse, *Neschikot*.»

Als Noa aufgelegt hatte, war es für einen Moment so still, dass wir hören konnten, wie der Schlomo einen Fuß nach dem anderen ins Becken setzte. Das Wasser platschte leise und gluckerte. Ich konnte die Blätter an den Bäumen hören, durch die ein leichter Wind ging. Von der Straße her drang das Brummen der Autos ins Geisterdorf. Ein paar Steine kullerten die Halde hinunter.

Noa bohrte mit den Augen ein Loch in den Boden.

Sie hielt die Hände vor den Mund.

Wie einen Trichter.

Sie wollte weinen, aber es kamen keine Tränen.

Ein Krampf grub sich in ihr Gesicht.

Dann schrie sie.

Bis sie nicht mehr konnte.

Fünfzehn Sekunden

Als der Krieg begann, ging Joel beten, denn es war Schabbat. Simson, Ruth und ich saßen im Wohnzimmer, der Fernseher lief. Ruth sah sich ihre «Seinfeld»-DVD zum dritten Mal an, aß dabei aus einem großen lila Becher Schokoladeneis. Da wir keine Antenne hatten, konnten wir ohnehin keine Nachrichten schauen, selbst wenn wir Ruth, Seinfeld und das Schokoladeneis voneinander getrennt hätten. Draußen war es dunkel und kalt. Der 27. Dezember ist auch in Jerusalem dunkel und kalt. Wir wussten, dass der Krieg begonnen hatte, weil die Redaktion bei Simson anrief und ihn bat, nach Gaza zu fahren.

«Gaza? Luftangriffe? Panzer? Was? Ja, ich habe mal bei der Armee fotografiert. Ob … Weiß ich nicht. Ich … Ja.

Sperrgebiet? Ab heute Abend. Ach so. Jetzt gleich? Sofort? Die BMW? Einen Moment.»

Simson legte seine Hand über den Hörer, ging in den Garten, zog die Glastür halb hinter sich zu, steckte sich eine Zigarette an und telefonierte weiter. Der Rauch zog ins Wohnzimmer. Ruth stellte den Eisbecher auf den Couchtisch und rümpfte die Nase. Simson kam zurück und mit ihm jede Menge Rauch.

Ruth: «Sie wollen, dass du nach Gaza fährst? Das wirst du schön bleibenlassen. Ich meine, weißt du, worauf du dich da einlässt? Nein, kannst du ja gar nicht. Oder warst du etwa schon mal da?»

«Was geht dich das an?»

«Ich meine ja nur. Du bist Amateur. Für so etwas gibt es Profis, oder? Diesen Kriegsreporter. Zvi Cohen, oder wie der heißt.»

«Ziv Koren.»

«Genau. Den sollen die mal anrufen.»

«Hast du eine Vorstellung, was der kostet?»

«Nein. Aber dass du billiger bist, kann ich mir denken.»

Simson stand auf, ging in sein Zimmer und packte seine Sachen. Ruth sah mich kurz an, zuckte mit den Schultern, und zurück ging es zu Eis und Seinfeld.

Simson trug einen rot-schwarzen Motorradanzug aus Leder, als er unsere Wohnung verließ, unter dem Arm klemmte der Helm. Er hatte mehrere Taschen dabei, mit seinen Kameras, Objektiven und einem Stativ. Ruth stellte sich in die Tür und wollte ihn aufhalten. Sie hielt ihn fest. Er musste lachen. Er lachte sie aus.

«Fährst du jetzt mit dem Roller?», fragte ich. Nun lachte er mich aus.

«Ich bekomme ein großes Motorrad geliehen, eine BMW. Mit dem Roller wäre ich erst da, wenn es Gaza schon nicht mehr gibt.»

«Ruf an, wenn etwas ist», sagte Ruth.

Simson fuhr in den Krieg, aber er sollte anrufen, wenn was war. Und dann?

Als ich ihr die Wohnungstür öffnete, hatte Noa so viele Plastikdosen dabei, dass sie kaum durch die Tür passte. Sie ging wortlos in die Küche und stellte die Dosen ab, dann suchte sie nach Geschirr.

«Mich macht dieser koschere Blödsinn wahnsinnig. Warum musst gerade *du* mit einem Verrückten zusammen-wohnen?» Noa hatte Essen mitgebracht, das sie vom Schab-battisch ihrer Familie geklaut hatte: Huhn mit Rosinen, Reis mit Safran, Karotten-Zitronen-Salat mit infernalischer Schärfe. Noa drapierte die Sachen hübsch auf drei Tellern, stellte eine Flasche Wein auf den Tisch, drei Gläser und eine Schale mit Challa, dem Schabbatbrot, dazu Honig.

Sie schenkte Wein ein, zündete die Kerze an und bat Ruth, mit uns zu essen. Ruth sagte, dass sie eine besondere Diät mache, bei der Huhn nicht erlaubt sei. Sie verschwand mit dem Eisbecher in ihrem Zimmer.

«Sei vorsichtig, es ist richtiges Essen. Kein Essen mit der Farbe Beige. No Aschkenasi-food. Persisch. You'll gonna burn your nose.»

Sie hatte recht. Aber ich mochte es.

«Es ist Krieg», sagte ich.

«Ich weiß. Morgen fahre ich hin und hole Oma ab.»

«Simson ist schon da, er macht Bilder.»

«Ist das der Verrückte oder der andere?»

«Der andere.»

«Ich kann wirklich nicht fassen, dass du mit einem Religiösen die Wohnung teilst. Dieser ganze Krampf in der Küche. Lasst ihr auch schön alle Lichter brennen, weil er sonst das Klo nicht findet und die Treppe herunterfällt?»

Joel durfte am Schabbat den Lichtschalter nicht drücken – und wenn wir die Lichter nicht vor dem Sonnenuntergang am Freitag anließen, hätte er im Dunkeln dagestanden. Auch so ein Gebot. Von meinem Zimmer aus gab es nun ein Fenster zum Flur. Es war ein Fenster aus Milchglas, sodass man nicht hindurchsehen konnte, aber am Schabbat sorgte es dafür, dass es im Zimmer niemals dunkel wurde, denn am Schabbat blieb das Licht im Flur ja immer an.

Seit Sonnenuntergang war der Schabbat zwar eigentlich vorbei, aber das Licht brannte munter weiter. Wir lagen in meinem Bett, ich ordnete Noas Locken, eine nach der anderen, der Länge nach auf dem Kopfkissen, aber sie fielen immer wieder durcheinander, sie hüpften wie kleine Sprungfedern. Vor dem milchigen Fenster sah ich im Flur den Schatten von Joel, er kam nach Hause, ging in sein Zimmer, dann kam er wieder heraus, stellte sich in den Flur, und sein Körper wippte langsam, rhythmisch vor und zurück, und er sang dabei, leise, aber so, dass ich es hören konnte.

Noa hatte zwar die Augen geschlossen, aber sie sagte: «Jetzt betet er für mich. Weil ich mit dir und nicht mit ihm im Bett liege. Er betet auch für dich. Weil du mit mir im Bett liegst und wir nicht vorher geheiratet haben. Spürst du, wie das Gebet durch die Tür kommt? Nein? Möglicherweise sind wir schon immun. Vielleicht sind wir schon so weit weg von Adonai, Eloheinu, von Gott, dass wir ihn selbst dann nicht mehr hören, wenn er Joel vor unsere Tür stellt und ihn beten lässt. Vielleicht sind wir schon zu weit weg vom Glauben.»

Noa fuhr anders Auto als ich, ruppiger und schneller. Sie sagte, die Israelis könnten eigentlich nicht richtig Auto fahren, das sei aber nicht so schlimm, die Araber würden es schließlich auch nicht können. Es gäbe hier so etwas wie Fahrschulen, ja, das seien die Autos mit diesem leuchtenden Schild auf dem Dach, in dem der Buchstabe «Lamed» zu sehen sei. Aber in einer Fahrschule werde man auf die Straße so gut vorbereitet wie in einer Turnhalle aufs Fallschirmspringen.

Die Landschaft zischte am Fenster vorbei.

Wir überholten einen Radlader, der einen Panzer transportierte.

Wir überholten drei, vier, fünf Militärjeeps mit riesigen Antennen auf dem Dach, die aussahen wie die Fühler einer Heuschrecke. Als auf dem Schild das erste Mal «Sderot» zu lesen war, wurde mir mulmig. Auf dem nächsten Schild stand «Gaza». Im Radio liefen Nachrichten. Ich verstand nicht viel, aber es reichte mir. Die Sprecherin sagte die ganze Zeit «Asa», was auf Hebräisch «Gaza» heißt und «Tzahal», den Namen der israelischen Armee. Sie nannte die Orte Khan Yunis, Rafah, Jabalia, Beit Hanoun, Beit Lahia. Außerdem Sderot, Netivot, Kibbuz Nachal Oz, Kibbuz Nir Am.

«Wo wohnt deine Oma?»

«Nir Am.»

«Was ist da passiert?»

«Raketen.»

Gestern hatten israelische Kampfflieger den Gaza-Streifen angegriffen, 260 Menschen starben. Die Hamas versuchte mit Raketen zurückzuschießen. Es war der blutigste Tag in Israels Geschichte seit dem Krieg von 1967. Um den Gaza-Streifen zog die Armee eine Sperrzone. In dieser Zone wohnte Noas Oma, und wir holten sie ab, um sie nach Jerusalem zu bringen. Man weiß ja nie, wie lange so ein Krieg dauert. Sie wartete auf uns, auch wenn sie sich am Telefon standhaft dagegen gewehrt hatte, mit uns zurück nach Jerusalem zu fahren. Ich versuchte Simson anzurufen, dreimal, ohne Erfolg. Schließlich meldete er sich. Er sagte, es sei alles gut, er sei mit einer Kollegin vom Fernsehen unterwegs, bei der er im Bus mitfahren könne.

Es war Mittag. Die Straßen von Sderot leer, auf einem Platz in der Mitte der Stadt standen Soldaten in einem Kreis. Daneben ein paar Jeeps und Polizisten. Am Straßenrand sah ich alle 500 Meter komische eckige Bauten aus Beton, wie Bushäuschen, nur zugemauert. Noa lenkte den Wagen auf einen Parkplatz. Wir gingen in ein Café. Sie bestellte Toast und Kaffee für mich, und für sich das Gleiche, aber «charif», also scharf.

Ich sagte: «Ich möchte auch scharf.»

Sie sagte: «Nein, das möchtest du nicht. Du möchtest Essen in der Farbe Beige.»

Wenn eine Stimme aus einem Lautsprecher komme, sagte Noa, müssten wir schnell aufstehen und dahin gehen, wo alle hingingen. 15 Sekunden hätten wir Zeit. Die Durchsage sei «*Tzewa adom, tzewa adom*», was «Farbe Rot» bedeute, aber das müsse ich mir nicht merken, es komme ja doch nichts anderes aus diesen Lautsprechern. Ein Warnsignal, so ein lautes Piepen ertöne dazu, und wenn ich es hören würde, hätte ich nur noch zehn Sekunden und ich solle auf jeden Fall in einen Schutzraum gehen – so wie alle anderen es tun würden.

«Hast du das verstanden, *Bubik*, 15 Sekunden? Das ist so viel, wie ich brauche, um dir einen Kuss zu geben.»

Noa gab mir einen Kuss, aber ich glaube, er war höchstens 10 Sekunden lang.

Im Café hing ein Fernseher an der Wand, so ein Flachbildschirm. Eine Moderatorin im roten Kostüm erklärte den Zuschauern die Lage. Es gab Bilder zu sehen von Kampfflugzeugen, Panzern, den Resten einer Kassam-Rakete irgendwo auf dem Feld. Keine Bilder aus Gaza, keine Toten, kein Blut, kein Rauch, keine zerstörten Häuser. Der Regierungschef und der Verteidigungsminister verlasen vor der Presse eine Erklärung.

Am Himmel donnerte ein Kampfjet vorbei; ich hörte ihn, konnte ihn aber nicht sehen. Plötzlich knallte es. Wie Silvester, nur viel, viel lauter. In Gaza hatte man vermutlich keine 15 Sekunden Zeit, um sich zu verstecken. Und auch keine Noa, die einem sagte, wie das geht.

Als der erste Alarm kam, wollten Noa und ich gerade bezahlen.

Tzewa adom.

Ich griff nach ihrer Hand. Sie zog mich nach links, da stand eine Tür offen, alle Leute aus dem Café liefen dorthin. Einer riss die Tür zu. Eigentlich war das hier ein Büro, doch jetzt gerade war es ein Luftschutzbunker. Eine Frau zog eine große Platte vor das Fenster, sie war aus Metall. Dann kniete sie sich auf den Boden, hielt die Ohren zu und fing an zu weinen. Draußen zischte etwas, erst leise, dann immer lauter, wie ein kleines, sehr schnelles Flugzeug, so ein Ton, den ich nicht verstand, der nicht gut klang. Die Kellnerin aus dem Café wimmerte leise. Noa drückte meine Hand zu Brei. Aber es war gut, dass sie das tat. Ich merkte, dass mein Herz schneller schlug. Dass sich meine Adern anspannten, vor allem die an den Unterarmen. Mein Herz pumpte wild Blut durch den Körper, in die Spitzen, in die Finger, in die Arme, damit ich zuschlagen konnte. Um die Rakete festzuhalten und ins Meer zu schmeißen. Mein Körper machte Dinge mit mir, die ich nicht kannte. Es war, als dauere jede Sekunde doppelt so lange wie sonst.

Es knallte. Es war nicht lauter oder schriller als Silvesterböller, das Feuerwerk beim Hafengeburtstag oder das Schlagzeug bei einem Heavy-Metal-Konzert. Es war nicht die Lautstärke. Diese Geräusche klangen böse. Es war kein Film, es war nicht abgemixt, ich saß nicht in einem Kino mit Dolby Surround. Das hier war echt. Und das war es, was es so grässlich machte.

Eben, beim Kaffee, hatte ich wahrscheinlich gehört, wie ein Luftangriff Menschen das Leben gekostet hatte. Ich war gar nicht weit weg gewesen. Und jetzt? Nach dem Knall holten alle ihre Telefone heraus und riefen ihre Liebsten an: «Alles gut? Wo ist sie heruntergekommen?»

Als der zweite Kassam-Alarm kam, saßen wir im Auto. Die Sirene. Ich hatte das Steuer in der Hand, ich war überfordert. Wegfahren? Bremsen?
Tzewa adom.
15 Sekunden. Die Rakete war quasi schon hier. 14 Sekunden. Meine Hände klebten immer noch am Steuer, der Gang war drin, mitten auf der Straße. Wir fuhren 55 km/h.

Noa schrie: «RAUS!» 13 Sekunden. Meine rechte Hand machte sich selbständig, riss die Handbremse hoch. 12 Sekunden. Mein linker Arm drückte die Tür auf. Wie ich mich abgeschnallt habe, weiß ich nicht mehr. 11 Sekunden. Meine Füße rannten zu einem der zugemauerten Bushäuschen. Noa war neben mir. 10 Sekunden. Das furchtbare Zischen. Es war, als fliege die Rakete auf das Häuschen zu. Auf genau dieses eine Schutzhäuschen. Sie kam näher. 9 Sekunden. Neben uns standen zwei Jungs um die 20, mit Kippa und Jogginganzug. Im Schutzhäuschen roch es nach Urin. 8 Sekunden. Ich wusste, wenn die Rakete uns trifft, also genau dieses Häuschen, dann hält der Beton nicht. 7 Sekunden. Noa fuhr mit ihrem Finger über meine Stirn. «Du hast da eine Ader, da, direkt über der Nase», sagte sie. 6 Sekunden. Wir duckten uns alle auf den Boden, obwohl das überhaupt nichts brachte. Einer der Kippa-Jungs betete.

Tzewa adom.

Tzewa adom.

5, 4, 3, 2, 1.

BAMM.

Das war nah. Sehr nah. Wie ferngesteuert gingen wir raus. Die Straße da hinten war es, da, bei dem weißen Haus. Es rauchte. Ich hörte Menschen schreien. Das Martinshorn eines Krankenwagens. Die Polizei. Das Auto. Unser Auto stand im Weg. Noa fuhr es schon zur Seite. Wir liefen zu der Straße mit dem weißen Haus. Überall lag Glas auf dem Boden. Kaputtes Porzellan, Stühle, die Reste eines Sonnendachs. Ein Auto am Straßenrand brannte. Daneben stieg Rauch auf, im Boden war ein Krater. Die Häuserwände übersät mit kleinen Löchern. Die Rakete war mit Schrapnellen gefüllt gewesen, die in alle Richtungen geflogen waren. Metallsplitter, Nägel und Schrauben. Menschen liefen verwirrt umher und schrien. Der Krankenwagen kam um die Ecke. Dann die Polizei. Ein Mann stolperte von der Seite heran, stützte sich auf mir ab und winselte etwas. Sein Gesicht war voller Blut. Noa packte ihn am Arm und brachte ihn zum Krankenwagen. Ich wollte weg. Nur weg.

Bei Noas Oma warteten gerade zwei Soldaten in der Küche. Sie setzte einen Tee auf, nahm die Tassen aus dem Schrank, suchte nach dem Pott mit dem Zucker. Der eine Soldat hielt ein kleines Ding in der Hand, das ein wenig aussah wie ein Funkgerät, aber so eins, das man Kindern schenkt, damit sie damit spielen und so tun, als seien sie bei der Polizei oder bei einer Spezialeinheit. Die Soldaten versuchten der Oma etwas zu erklären, aber die Oma sah sie nicht einmal an.

«Hier. Diesen Knopf musst du drücken. Und bitte hänge das Gerät im Wohnzimmer auf. So, dass du es von überall gut sehen und hören kannst. Hast du das verstanden?»

«Möchtet ihr Minze im Tee? Ein Blatt? Zwei? Ich habe auch Kekse. Wollt ihr lieber etwas Richtiges essen? Vielleicht ein Omelett?»

«Dieses Gerät kann dir das Leben retten. Vielleicht schaust du es mal an?»

«Setzt ihr euch ins Wohnzimmer? Hier in der Küche ist so wenig Platz.»

Die beiden Soldaten setzten sich ins Wohnzimmer, das der einzige Raum der Wohnung war. Sie hockten da wie Schuljungen, die auf den Direktor warteten. Sie konnten nicht älter als 20 sein. Sie trugen eine zu große Uniform und einen dürren Bart im Gesicht, der sagen sollte: Ich bin erwachsen. Sie schoben den kleinen Kasten, der Omas Leben retten sollte, zwischen sich hin und her. Ich nickte ihnen zu. Sie nickten zurück.

Ich sah aus dem Fenster. Die kleinen Häuser des Kibbuz wirkten wie ein Feriendorf, eine Wochenendsiedlung. Mit Rasen zwischen den Hauseingängen, Tischen und Bänken, großen Bäumen, Blumenbeeten. Einem selbstgebauten Kinderspielplatz.

Vorne, am Eingang, parkten Autos von Leihfirmen aus Jerusalem und Tel Aviv. Ein Fernseh-Übertragungswagen war da, nein zwei, die Armee hatte Jeeps geparkt. Eine Traube von Journalisten lief zwischen den Autos umher, wie ein Schwarm wuselten sie um die Bienenkönigin, vermutlich stand da ein Politiker oder ein General von der Armee. Ich versuchte auszumachen, ob Simson vielleicht dabei war, doch es war nichts zu erkennen. Einige Meter vor der Traube in unserer Richtung moderierte eine Frau in blauem Blazer und Turnschuhen vor einer Kamera. Auf der Kamera waren arabische Schriftzeichen.

Noa half ihrer Oma in der Küche. Als sie den Tee auf den Tisch stellten, standen die beiden Soldaten auf. «Wir müssen weiter.»

«Und wer trinkt den Tee? Dieses Ding da könnt ihr gleich wieder mitnehmen. Glaubt ihr wirklich, das hilft mir, wenn hier eine Rakete einschlägt? Wo komme ich innerhalb von 15 Sekunden hin? Bis in die Küche. Bis ins Bett. Und dann? Außerdem: 15 Sekunden? Hier knallt es nach 8 Sekunden. Ich wohne hier seit 60 Jahren. Wisst ihr, wie viele Kriege seitdem über meinem Dach gekämpft wurden? Wenn es zu Ende geht, dann soll es so sein.»

Als die Soldaten weg waren, tranken wir ihren Tee, und Noa versuchte, ihre Oma dazu zu bewegen, mit uns nach Jerusalem zu fahren. Sie wollte nicht. Wir würden bleiben, bis sie mitkäme, sagte Noa zu ihrer Oma. Ich hätte dazu gerne etwas gesagt, wenn ich es verstanden hätte. Aber Noa übersetzte es mir erst, als wir einen Spaziergang machten und sie mir zeigte, dass man den Gaza-Streifen sehen konnte, wenn man zum Zaun ging, der den Kibbuz umgab. Über Gaza-Stadt stieg Rauch auf.

Wir wollen bleiben, bis die Oma sich entschieden hat.

Die israelische Luftwaffe flog pausenlos Angriffe. Bei jedem Donnern dachte ich, es könnte auch ein Gegenangriff sein, aber das war natürlich Blödsinn, denn mit welchen Flugzeugen hätten die Palästinenser denn zurückschlagen sollen. Mir war nicht gut, ich war noch neu in der Gruppe der Menschen, die es normal finden sollen, in einer Gegend zu leben, in der Raketen vom Himmel fallen und Kampfflugzeuge ihre Bomben abwerfen.

Im Haupthaus gab es einen gemeinsamen Speisesaal, in dem an einer Wand Bilder und Zeitungsartikel über Raketen hingen, die den Kibbuz getroffen hatten. Auf einem Bild sah ich Noas Oma, wie sie die Spitze einer Kassam-Rakete hochhielt. Die Rakete sah aus wie eine aufgeschälte Banane, nur viel größer und nicht gelb.

Auf dem Parkplatz entdeckte ich ein Motorrad, eine BMW, an der ein Helm hing, der wie der von Simson aussah. Langsam wurde es dunkel. Wir aßen bei Noas Oma zu Abend, einen Blätterteigfladen mit Ei, Tomate und Humus und einer höllisch scharfen grünen Paste. Noas Oma und ich teilten leider keine Sprache miteinander, und darum sagte ich die fünf Wörter Hebräisch, die ich konnte, in verschiedener Reihenfolge und Häufigkeit, worauf sie immer grinste und zu Noa sagte, ich sei ein gutes Kind.

Noa beschloss, dass wir auch über Nacht bleiben würden, vielleicht noch länger. Mir wollte das nicht in den Kopf. Dass wir hier waren, um vor Raketen wegzulaufen, das hatte ich jetzt gefressen. Aber wie bitte sollte das gehen, da zu schlafen, wo die Dinger runterkamen? 500 Meter von der Abschussrampe entfernt? Wie das dümmste Moorhuhn von allen. Es könnte ja auch sein, dass einer der Israelis versehentlich eine Fliegerbombe auf den Kibbuz warf. Und dann? Ich sah auf die roten Dächer der Häuser und versuchte zu taxieren, ob sie den Einschlag einer Rakete aushalten würden. Die Seitenwände? Und wenn Schrapnell durchs Fenster käme? Noa buchte bei der Kibbuzleitung ein Zimmer im Gästehaus. Als sie wiederkam, lachte sie.

«Was ist so lustig?»

«Wir haben einen Zimmernachbarn, den du kennst. Es ist wie bei dir zu Hause. Dieser Simson ist hier. Ich habe seinen Namen auf der Gästeliste gesehen.»

Vor unserem Zimmer gab es eine Veranda. Man konnte den Zaun sehen und die Straße, die um den Kibbuz herum Richtung Gaza führte. Die Fernsehjournalistin mit Blazer und Turnschuhen saß in einem der Sessel auf der Veranda. Auf dem Tisch lag ihr Mikrophon. Sie kam von einem arabischen Sender, der auf Englisch sendet – das Symbol der Station war deutlich zu erkennen. Ich dachte, diese Frau mit dem Blazer war wohl nicht aus dem Nahen Osten, jedenfalls sah sie nicht so aus. Eher wie eine Europäerin.

Später saß die Fernsehfrau mit Blazer und Turnschuhen immer noch in ihrem Korbsessel und Simson in dem daneben. «Achlan», sagte Simson, umarmte mich und fragte, wie wir in den Kibbuz gekommen seien und was wir hier machen würden, und ich erzählte von der Oma und den Raketen. Auf dem Tisch zwischen ihm und der Frau stand eine Flasche Wodka.

In unserem Zimmer gab es einen Fernseher, Noa hatte CNN eingeschaltet, damit ich auch etwas verstand. Es waren noch mehr Menschen gestorben, hinter dem Zaun, 500 Meter von hier. 200, 300, 400 Menschen waren tot. Ich fragte mich, ob ich aus dem Kopf die Namen von 400 Menschen aufzählen konnte, die ich kannte. Auf Facebook hatte ich 277 Freunde. Wir versuchten zu schlafen, und Noa gelang das auch, doch ich lag wach, und ob der Fernseher nun an war oder nicht, hörte ich die Flugzeuge, die über uns wegdonnerten. So gegen drei Uhr schlief ich ein.

Ich bin Pfadfinder und wandere mit meiner Sippe durch den Wald. Es zischt. Eine Rakete kommt aus den Bäumen vor uns geschossen. Sie schlägt ein paar Meter hinter uns ein. Plötzlich brennt alles.

Ich wachte auf. Ich dämmerte weg. Wach. Weg. Bei jedem neuen Einschlag im Gaza-Streifen wiederholte sich mein Traum. Vom Wald stand am Ende nicht mehr viel. Ich ging ins Bad und trank aus dem laufenden Hahn. Durch die Wand hörte ich Simson und die Frau mit dem Blazer und den Turnschuhen. Beides hatte sie wahrscheinlich nicht mehr an. Er stöhnte, sie schrie.

Ich legte mich aufs Bett und sah an die Decke. Ich stellte mir vor, wie es aussähe, wenn eine Rakete durch die Decke schlagen würde. Ich suchte mit den Augen das Zimmer ab, nach einem Ort, an dem man sicher wäre. Vielleicht im Bad zwischen den Kacheln. Dann rumpelte es, in Simsons

Zimmer fiel etwas auf den Boden. Ein dumpfes, schweres Geräusch. Simson fluchte. Stille.

Um sechs, mit dem ersten Sonnenstrahl, stand ich auf. Ich trank einen Instant-Kaffee mit lauwarmem Wasser aus dem Hahn und fühlte mich elend. Die Armee karrte auf der Straße vor dem Kibbuz Panzer an die Front. Die Flugzeuge hörte ich nicht mehr. Vielleicht war alles platt gebombt. Der Kibbuz schlief noch. Ich sah durch den Zaun Richtung Gaza. 500 Meter bis zur Grenze. Das ist etwas länger als eine Runde im Leichtathletikstadion. Sie dauert anderthalb Minuten, wenn man läuft.

Die Tür nebenan öffnete sich. Simson. Er hatte seinen Motorradanzug an, die Kamera über der Schulter und den Helm in der Hand. Ich hielt ihm meinen Kaffee hin. Er trank.

«Sag mal, Simson – was tun wir eigentlich, wenn eine Rakete hier im Kibbuz einschlägt?»

«Wenn … wieso? Wir laufen hin und machen Fotos.»

Moses und die Kinder

Israel läuft beinahe über vor Menschen, die komische Theorien haben. Vermutlich muss man jemand sein, in dessen Kopf sich komische Theorien prinzipiell wohl fühlen, vermehren und ausbreiten, um überhaupt in Israel leben zu können. An die Theorie über Moses und die Kinder erinnere ich mich deshalb so gut, weil sie so krude und abwegig war, dass ich am Ende nur darüber lachen konnte. Erzählt hat sie mir Robin Hancook, von der ich schon einiges gehört hatte, bevor ich sie überhaupt kennenlernte.

Noa und ich saßen beim Abendessen im Kibbuz-Speise-saal, als Simson, diese Robin und ein blasser junger Mann mit Anzug und Föhnfrisur auftauchten. Noas Oma hatte ihre Meinung bisher nicht geändert. Wir blieben. In den Nachrichten sprachen sie von Plänen für eine Bodenoffen-sive. Simson war den ganzen Tag unterwegs gewesen. Da kam er nun. Bei ihm Robin, die Frau mit dem Blazer und den Turnschuhen, die ich zwar noch nicht sprechen, aber immerhin heute Nacht schreien gehört hatte.

«Hallo, guten Abend. Das hier ist Robin und das ist Ralf. Wir waren heute zusammen unterwegs.»

Noa und ich nickten. Sie nickte. Er nickte.

«Ralf kommt auch aus Deutschland», sagte Simson.

«Sehr angenehm, Ralf von Rostenberg, freier Journalist», sagte Ralf von Rostenberg und streckte uns seine Hand entgegen. Noa sah mich an, als stünde gerade der deutsche Kanzler neben ihr und würde sie zum Walzer auffordern. Ich hatte ein hartgekochtes Ei in der Hand und pellte die Schale ab.

«Hallo.»

Ralf von Rust, äh, Rost-und-so, ließ die Hand wieder sinken. Robin sagte, sie heiße Robin Hancook. Sie rückte sich den Stuhl neben Noa zurecht, ließ ihren Blazer über die Lehne gleiten. Simson ging zum Tresen und organi-sierte Essen.

«Yes …», sagte Ralf von Rost, «Ich darf wohl annehmen, dass wir alle nicht aus einem erfreulichen Grund hier sind, sondern wegen des Krieges, der so … unerfreulich ist.»

«Gibt es auch Kriege, die erfreulich sind?», fragte Robin. Ihr Ton war hart.

«Maybe the next one against the Germans», sagte Noa.

Robin meinte, sie müsse uns nun mitteilen, dass sie nicht aus Deutschland käme, was wir ja schon längst wussten. Im Übrigen fände sie, man könne in so einer Situation keine Scherze machen. Dabei sah sie zu Noa.

«It's absolutely not funny.»

Noa prustete in ihren Tee.

«Ach so? Und das entscheidest du?»

«So lange ich hier am Tisch sitze, ja.»

«Dann steh doch auf und geh.»

Das könne ihr so passen, sagte Robin, das sei wieder typisch für Israel. Sie könne hier noch nicht einmal in Ruhe an einem Tisch sitzen und zu Abend essen, ohne dass ihr eine Zionistin sagen würde, sie solle verschwinden. Als seien wir in der Westbank oder in Gaza.

«Aber, aber. Wir wollen uns doch in einem anderen Ton unterhalten», sagte Ralf von Rost.

Simson kam mit dem Essen. Es gab Brot, Gemüse und ein weichgekochtes Ei.

«Oh, sehr schmackhaft», sagte Ralf von Rost. «Sehr interessant, was man hier so zu sich nimmt. Das ist also typisch israelisch?»

Robin war in Fahrt.

«Schau doch aus dem Fenster», sagte sie. «Da fliegen die Jagdflugzeuge der Armee und werfen Bomben ab, auf wehrlose Kinder und Frauen. Und du sitzt hier und machst Witze über den Krieg. Weißt du was? Ich habe volles Verständnis für das, was die Hamas macht. Immer dieses Gelaber, sie sei keine Partei, sondern eine Terror-Organisation. Das sind Widerstandskämpfer, gegen ein Besatzungsregime! Sie wehren sich bloß und sie sind hoffnungslos unterlegen. Kennst du nicht die Geschichte von David und

Goliath aus der Bibel? Hier hat sich das Blatt gewendet. Die Juden sind der Goliath.»

«Die Juden?», fragte Noa.

«Israel.»

«Nein, das ist ja sehr interessant, solche Hintergründe mal zu erfahren», sagte Ralf von Rost.

«Ich erzähle dir noch etwas aus der Bibel, Mister Ristenborg.»

«Rostenberg. Von Rostenberg.»

«Wie auch immer. Du erinnerst dich an Moses und den Auszug der Juden aus Ägypten? Als Moses geboren wurde, gab es einen Befehl des Pharaos, dass alle jüdischen Kinder, die männlich waren, getötet werden sollten. Die Mutter von Moses versteckte ihren Sohn, setzte ihn in einem Körbchen aus, und so überlebte er. Heute ist es umgekehrt: Die Israelis kennen ihre Thora und haben Angst davor, dass den Palästinensern ein Kind geboren wird, ein Junge, der ihr Führer werden könnte. Ein Held, der ihnen den Weg aus dem Elend zeigt. *Darum* bombardieren die Israelis Palästina, und die Kinder sterben. Sie haben ein Moses-Trauma. Schon Herodes, König der Juden, hatte ein Moses-Trauma. Er ließ alle Erstgeborenen in Bethlehem umbringen, nachdem er gehört hatte, dass angeblich den Juden ein neuer König geboren worden war: Jesus Christus. Dieses Trauma ist eng mit dem jüdischen Volk verbunden, du kannst es auch das Kinder-Trauma nennen. Alles, was das jüdische Volk seinen Feinden angetan hat, kommt irgendwann zu ihnen zurück. Seit Jahrzehnten gibt es einen israelischen Plan, die Palästinenser langsam, aber stetig aus Israel, Gaza und der Westbank rauszubekommen. Tot oder lebendig. Und jetzt sterben die Kinder in Gaza. Am Ende hat das alles mit den Kindern und dem Trauma zu tun.»

«Ach, ist das tatsächlich so?», fragte Ralf von Rost. «Das ist ja interessant. Aber sagen Sie, Frau Hinguck, gibt es da nicht eine Möglichkeit, den Frieden voranzubringen? Vielleicht so wie in Jugoslawien? Sollte die NATO eingreifen?»

«Erzählst du deinen Zuschauern auch von Moses und dem Pharao?», fragte ich Robin.

«Nein. Ich bin Reporterin, ich mache keine Analysen. Die Leute, die bei meinem Sender Analysen machen, sagen noch ganz andere Sachen. Ich glaube, es wird hier so lange keinen Frieden geben, wie die Israelis ihr Kinder-Trauma mit sich herumschleppen. Sie bekommen es nicht hin, genug Nachwuchs zu produzieren, und dann denken sie sich irgendwelche perfiden Dinge aus, um trotzdem in der Mehrheit zu bleiben. Sie schleppen dieses Trauma mit sich rum: Moses, Ägypten, Holocaust. Die einzigen Juden, die genug Kinder bekommen, sind die Orthodoxen in Mea Schearim. Doch die schicken ihre Kinder nicht zur Armee, und einige von ihnen akzeptieren noch nicht einmal diesen Staat. Sie warten darauf, mal wieder, dass ein Kind geboren wird: der Messias. Was sage ich? Noch ein Kinder-Trauma. Die Palästinenser müssen diese ganzen Traumata ausbaden. Irgendwann kommt der Tag, an dem alle Muslime in Israel per Gesetz ausgebürgert werden, weil sie per definitionem keine treuen Staatsbürger sein können. Oder es gibt eine Geburtenkontrolle wie in China. Und warum? Weil die Palästinenser nicht jüdisch sind. Jüdisch und demokratisch soll dieses Land sein. Wie soll es demokratisch sein, wenn es jüdisch bleiben will und es nicht genug jü-

dischen Nachschub gibt? Weil die Welt Israel im Auge behält und die Juden sich nicht wie Herodes aufführen können oder damals der Pharao, haben sie ein Problem. Hast
du da schon einmal drüber nachgedacht? Nein? Siehst du.
Was bitte an diesem Land ist denn demokratisch? Es gibt
ein Parlament, in dem fast nur Juden sitzen. Es gibt Gesetze,
aber die gelten eigentlich nur für Juden. Es gibt Geld, Wirt-
schaft, Jobs. Aber nicht für die Araber. Die holen sich ihr
Recht jedoch zurück. Und zwar durch den Kreissaal.»

«Die armen Kinder», sagte Simson. «Ist bestimmt nicht
lustig, schon vor der Geburt ein politisches Projekt ...»

«Halt du bloß den Mund!», fiel Robin ihm ins Wort.

«Nein, welches Temperament!», sagte Ralf von Rost.

«Was weißt du schon?», sagte Robin. «Du fährst hier rum
und machst Bilder und knipst Tote, Soldaten, Trümmer
und Blut, und dabei verstehst du doch gar nichts. Weißt
du, was der Unterschied zwischen uns ist? Meine Meinung
basiert auf Fakten, deine auf Ignoranz. Wer hier ein paar
Jahre lebt, wer hier sogar geboren ist und das nicht ein-
sieht, der will es nicht verstehen. Der will es nicht sehen.
Der hält zwar den ganzen Tag die Linse drauf, wie du, aber
der erkennt das Problem nicht. Dieses Volk schleppt durch
die Jahrtausende ein Trauma nach dem anderen mit sich
herum. Seit Moses von seiner Mutter in einen Schilfkorb
gelegt wurde und den Nil hoch trieb. Nur darum greift ihr
Gaza an. Es ging eigentlich nie um etwas anderes. Aber es
wird nicht klappen. Ich kenne keine arabische Frau in Israel, die nicht mindestens drei, vier oder fünf Kinder hat.
In Akka habe ich eine Freundin, durch deren Wohnung sie
sogar zu zwölft springen und schreien.»

«Mensch, klasse! Zwölf Kinder!», sagte Ralf von Rost.

«Dass es so etwas noch gibt! Das finden sie in Deutschland nicht mehr. Da ist immer nach dem ersten Schluss und das zweite schon nicht mehr gewollt. Wirklich bemerkenswert.»

Robin saß stumm da, den Mund noch offen, alle Worte hatten ihn verlassen, und jetzt waren keine mehr übrig. Noa stand auf und schob ihren Stuhl an den Tisch. Ich tat das Gleiche.

«Aber? Es war doch gerade so lebhaft. Wollen wir unseren Disput nicht fortsetzen? Wo gehen Sie denn hin?», fragte Ralf von Rost.

«Kinder machen», sagte Noa.

Als es dunkel wurde, saßen Simson und ich auf der Veranda in den Korbsesseln und rauchten Zigaretten. Nach ein paar langen, stillen Minuten fragte ich Simson:

«Sag mal, diese Robin – ist die immer so?»

«Nein. Gestern war sie anders. Vielleicht mag sie keine Kinder mehr.»

«Wieso?»

«Uns ist heute Nacht das Kondom geplatzt.»

Gelobt sei Gott, der Herr, der uns Zehenspitzen gab

Ich gehe selten auf Zehenspitzen, und wenn doch, fühle ich mich meistens albern. Als sei ich wieder 13. Als wolle ich ungehört in mein Kinderzimmer kommen, weil die Eltern schon schlafen und es spät in der Nacht ist. Nun, in etwa so war es auch. Auf Zehenspitzen schlichen Noa und ich am Schlafzimmer ihrer Eltern vorbei ins Kinderzimmer und fielen auf ihr Kinderbett. Das Licht brannte in der großen runden roten Kinderlampe unter der Decke, wir behielten Schuhe und Pullover an, und ich hatte nicht einmal die Zähne geputzt. Da waren wir nun, in Jerusalem, in der Wohnung ihrer Eltern. Dort, wo wir nicht sein sollten. Eigentlich. Beide älter als 20, aber von Gott zu Christ und Jüdin gemacht und darum zum Laufen auf den Zehenspitzen verdonnert.

Baruch HaSchem, gelobt sei Gott, der Herr, der uns Zehenspitzen gab.

Noas Oma lag im Wohnzimmer auf der Couch und schnarchte. Der Krieg dauerte gerade eine Woche, ich hatte mich irgendwie eingerichtet gehabt, da draußen, im Kibbuz an der Front; aber auf einmal, gestern Abend, hatte Noas Oma diese Idee gehabt, dass wir nun doch nach Jerusalem fahren sollten. Es war die Nacht gewesen, in der sie in den Nachrichten Bilder von Soldaten gezeigt hatten, die mit Nachtsichtgeräten und Gewehren zu Fuß in der Dunkelheit in den Gaza-Streifen marschierten. Es war die Nacht gewesen, in der die Bodenoffensive begonnen hatte. Noas Oma hatte mit einer gepackten Tasche vor unserer Tür im Kibbuz gestanden und angeklopft. Sie hatte gesagt, es sei vielleicht doch ganz schön, ein paar Tage in Jerusalem bei der Familie zu wohnen und wir seien ja sowieso mit dem Auto da.

Zehn Minuten später saß ich hinter dem Steuer und lenkte den Wagen auf die Landstraße Richtung Nordosten. Noa war zu müde gewesen, und ihre Oma hatte, glaube ich, noch nie hinter einem Steuer gesessen. Ich fuhr das Auto sicher bis vor die Tür, bremste, stellte den Motor aus und fiel in einen tiefen Schlaf. Noa zog mich die Treppe hinauf, baute der Oma auf der Couch ein Bett, packte mich am Ohr, und dann kam die Sache mit den Zehenspitzen.

Als ich zum zweiten Mal aufwachte, war es Morgen und ich allein im Zimmer. Es sah so aus, wie Kinderzimmer eben aussehen, wenn die Kinder dort nicht mehr wohnen. Wenn die Eltern aber trotzdem nichts anderes aus dem Zimmer machen, sondern es wie einen Altar erhalten und nur immer noch etwas Neues hineinstellen, einen weiteren Beweis, dass dies ihr Kind ist und dass es hier einmal gelebt hat und was es nun für tolle Dinge macht. Es gab Bilder von Noa und ihrer Familie, an der Seite einen großen Kleiderschrank, aus dem die Sachen quollen, an der anderen ein riesiger Tisch.

Der Tisch war eine Werkstatt: Zangen lagen da, fünf, zehn. Hämmer, eine Art Blasebalg, Spachtel, Schlüssel und Schraubenzieher. Pinzetten und Nadeln. Kleine Plastikschalen mit Metallschrott, Schnipseln, Farben, ein Gasbrenner. An der Wand über der Arbeitsfläche klebten Postkarten, aus London, Berlin, Paris, New York, Istanbul, Rom. Ein paar Fotos. Eine Seite aus einer hebräischen Zeitung. Auf der Seite waren nur Bilder zu sehen, kaum Text. Als ich genauer hinsah, entdeckte ich, dass es eine Seite aus der Zeitung war, für die Simson arbeitete. Ich nahm sie von der Wand. Es war die Fotoseite zum Indie Negev, für die Simson dort geknipst hatte. Ein Bild fiel mir sofort auf. Es war recht groß und stand in der Mitte der Seite. Es hatte eine Bildunterschrift, aber sie war hebräisch, und ich konnte sie nicht lesen. *Ich* war auf dem Bild zu sehen. Mit Lior. Im Profil. So, dass man sah, was für einen komischen Bogen meine Nase macht. Außerdem küsste Lior mich gerade.

You are sure you are not gay?

Irgendwo in der Wohnung hörte ich Noa laut mit einer Frau sprechen. Es war nicht die Oma, also war es die Mutter. Sie stritten. Es klirrte. Besteck? Oder doch Glas? Ich setzte mich aufs Bett und wartete. Die Haustür schlug zu. Dann war es ruhig. Noa kam zu mir.

«*Bubik*. Es ist traurig, was ich dir jetzt sage. Hier können wir nie wieder herkommen. Und – vielleicht machen wir überhaupt eine Pause.»

Sie nahm die Zeitungsseite von der Arbeitsplatte. Sie zeigte auf das Bild von Lior und mir. «Es ist wirklich schade, dass du kein Jude bist. I mean: Look at your nose.»

Einen Monat später hatte ich wieder dieses Bild in der Hand, ohne dass ich es gesucht hatte. Ich hatte Simson schon vorher darauf ansprechen wollen, aber es dauerte und dauerte, bis er vom Gaza-Streifen zurückkam. Am 18. Januar hatte die israelische Regierung erklärt, nicht mehr angreifen zu wollen. Sie rief eine einseitige Waffenruhe aus. Der Krieg war vorbei. Erst einmal. Als Simson wieder da war, schlief er zwei Tage lang durch und flog dann mit Marit nach Zypern. Die beiden waren wohl so etwas wie ein Paar, aber ich weiß, dass Simson ihr nie erzählt hat, mit wie vielen Frauen er neben ihr noch schlief. Hätte sie es gewusst, hätte sie Simson vermutlich alle Haare ausgerissen. Zu Recht.

Mit Noa hatte ich seit der Nacht bei ihren Eltern nicht mehr gesprochen. Ich dachte oft an den Moment, in dem ich in ihrem Zimmer gesessen hatte, am Goldschmiedetisch, und sie sich in der Küche mit ihrer Mutter gestritten hatte. Ich glaube, in diesem Moment war ein Urteil gesprochen worden, von ihrer Mutter, über Noa und über mich. Die Sache mit dem Bild hatte ich schon fast wieder vergessen, bis genau dieses Bild vom Indie Negev zum zweiten Mal vor mir auftauchte, bis ich es wieder in der Hand hielt.

Wir tranken Bier im Wohnzimmer und wollten Fotos anschauen, Simson hatte eingeladen. Lior war da, ich hatte Friedrich Bescheid gesagt, der eine Freundin dabeihatte, die Pia hieß und in Jad Vaschem ein Praktikum machte. Jad Vaschem ist die zentrale Holocaust-Gedenkstätte Israels, zu der jeder Israeli ein- bis zweimal fährt, bis er oder sie 20 ist – einmal in der Schulzeit und einmal mit der Armee. Simson fragte Pia, ob es für sie nicht deprimierend sei, jeden Tag nach Jad Vaschem zu fahren, und wie sie das aushalte, und ob die Leute in der Gedenkstätte sie nicht zu viele Überstunden machen lassen würden und ob die ihr auch genug zu essen gäben und ob sie gut schlafen könne. Pia lächelte mitleidig und sagte, sie sei ja nicht die erste und nicht die einzige Deutsche in der Gedenkstätte, und sie sei guter Hoffnung, die Sache zu überleben. Sie würde auch gut schlafen.

Neben ihr saß noch ein anderer Freund von Simson, der Reuven hieß und mir irgendwie nicht geheuer war. Er wollte von Pia und mir wissen, wer wir waren, wie wir hießen und was wir genau in Israel zu suchen hatten. Ansonsten sprach er nicht viel, und wenn er etwas sagte, war es komisches Zeug. Als Pia von Jad Vaschem erzählte, klopfte er ihr auf den Oberschenkel wie ein Opa, der seiner Enkelin zuhört.

Erzähl mal, mein Kind, was du schon über den Holocaust weißt.

Simson sagte, *er* könne überhaupt nicht gut schlafen im Moment, ihm sei immer noch schlecht von seinem Einsatz in Gaza. Er habe diese Albträume, in denen er ein Messer in der Hand halte statt seines Fotoapparats und diese Typen auf ihn zustürmen würden, mit Masken oder Helmen oder Sonnenbrillen, man könne nicht sehen, wer sie seien und was sie wollten. Am Ende würde er mit dem Messer um sich fuchteln, und danach habe er dann all diese Bilder auf seinem Tisch, von sich selbst, wie er dastehe und fuchtelte, Abzüge in Schwarz-Weiß und in Farbe, und man sage ihm, er habe sechs Männer getötet und auch eine Frau mit ihrem Kind. Jedenfalls habe er seit Gaza nicht ein Bild gemacht, die Kamera stehe da in seinem Zimmer, und eine Spinne habe schon angefangen, in der Linse ein Netz zu bauen.

Die erste Runde Bierdosen war leer. Reuven und ich liefen zum Kiosk an der Ecke und kauften mehr. Als wir zurückkamen, hatte Simson einen Kasten mit Abzügen seiner Bilder geholt und zeigte sie Pia und Reuven. Friedrich und ich griffen auch in die Kiste und sahen uns Bilder an, und es wurde ganz lustig, weil wir uns Geschichten dazu ausdachten: Politiker waren zu sehen, die Klagemauer, der Strand von Tel Aviv. Es waren auch Bilder vom Indie Negev dabei, auch von Lior und mir, wie wir knutschten – das Bild aus der Zeitung. Ich legte es zur Seite und nahm mir vor, Simson später zu fragen, warum er nichts gesagt hatte.

Als Ruth nach Hause kam, hatten wir auf dem Fernsehtisch eine Pyramide aus Dosen gebaut, die hin und wieder umfiel, aber das machte die Sache noch besser, weil es im Wohnzimmer einen Steinboden gab, auf dem die Dosen mit einem lauten Krachen aufschlugen. Ruth fragte, ob wir nicht schon genug getrunken hätten, was alle ehrlich und offen verneinten; aber sie sagte, das sähe für sie anders aus. Die Situation hätte blöd werden können, aber Simson kam mit einer guten Theorie: der Theorie über das Trinken mit den Deutschen. Er meinte, es käme nicht so darauf an, wie viel man trinke, sondern mit wem. Er selbst würde zum Beispiel viel weniger vertragen, wenn er mit Menschen trinken würde, die Alkohol für irgendetwas zwischen Droge und Todsünde hielten. Oder mit Leuten, die nach *einem* Bier schon nicht mehr das zweite bestellen können, weil sie den Weg zum Tresen vergessen haben.

«But with the Germans you know … ist das alles ganz anders. Mit den Deutschen kannst du einen ganzen Abend trinken und bist immer noch nicht blau. Probier es aus! Wir haben noch ein paar Dosen. Da sitzen drei Deutsche. Solange die nicht besoffen sind, bist du es auch nicht.»

«Ist das wahr?» fragte Lior – «So let's go to Jad Vaschem and get out all these volunteers!»

Da war Ruth schon gegangen.

Als Joel nach Hause kam, guckte er entgeistert in unsere Runde. Also eigentlich wie immer. Er ging die Treppe hinauf, wortlos, und verschwand in seinem Zimmer.

Reuven sagte: «Dieser Joel – wie alt ist der? Und wo geboren? Was macht er hier? Woher kennst du ihn?»

Friedrich: «Sag mal, bist du eigentlich beim Mossad, oder warum fragst du immer so?»

Simson: «Reuven? Beim Mossad? Beim Auslandsgeheimdienst? Reuven würde doch niemals beim Mossad arbeiten. Mossad, tsts. Reuven arbeitet *nur* für den Schin Bet.»

Ich: «Was ist das?»

«Der Inlandsgeheimdienst.»

Ich: «Was?»

«War nur ein Scherz.»

Prost.

Ich nahm das Bild vom Indie Negev an mich, und spä-

ter saß ich noch im Wohnzimmer, als alle anderen schon
weg waren, und sah es mir an. Ich dachte an Noas Goldschmiedetisch, an die Zehenspitzen und an den Streit mit
der Mutter.

Es ist wirklich schade, dass du kein Jude bist.
Look at your nose.

HaGermanim

Ein Tag in Jad Vaschem ist voller Bekenntnisse. Friedrich hatte mich gefragt, ob ich mitkommen würde, denn
dann könnten wir miteinander reden, wenn wir es nicht
mehr aushielten in Jad Vaschem. Also fuhren wir. Die Gedenkstätte liegt am Stadtrand von Jerusalem, auf dem
Herzl-Berg, man kann mit dem Linienbus hinfahren. Neben uns saß ein Typ, der arabisch aussah und telefonierte,
auf Arabisch. In meinem Kopf ging ein Film los. Hamas-
Ministerpräsident Ismail Hanija, der Junta-Boss im Gaza-
Streifen, hatte während des Krieges gesagt, dass er jetzt
seine Attentäter losschicken würde. Es war nichts passiert,
bisher. Aber was hieß das schon. Der Film in meinem
Kopf lief schneller. Ich musterte den Jungen, ich sah nervös auf die Ausbeulung seiner Jacke. Am liebsten hätte ich
mit Friedrich darüber geredet, aber es war mir zu peinlich.
Ich dachte, er würde mich auslachen oder mir sagen, ich
sei dumm und im Übrigen ein Rassist. Das war ich vielleicht auch.

Ich überlegte, den Jungen mit dem Telefon anzusprechen, nur damit die Angst wegging. Bevor ich mich traute,
stieg er aus, lief den Bürgersteig hinunter. Er hatte eine
Sporttasche über der Schulter, und auf der anderen Stra-

ßenseite lag ein Fußballplatz. Falls ich kein Rassist geworden sein sollte, hatte ich mindestens eine ausgewachsene Paranoia.

Am Parkplatz von Jad Vaschem ging es los mit den Bekenntnissen. Ein Sicherheitsmann wollte den Ausweis sehen. «German.» Am Tresen in der Eingangshalle verteilte eine Frau Faltblätter mit einem Plan, Bildern, Erklärungen. Es gab die Blätter in verschiedenen Sprachen. «Hebrew», sagte ich und merkte noch im gleichen Moment, wie dumm das gewesen war, denn «Hebräisch» heißt auf Hebräisch «Iwrith». Der Ton, in dem ich «Hibru» gesagt hatte, legte außerdem nahe, dass das passende Faltblatt für mich das auf Deutsch war. «Zweimal Deutsch», sagte Friedrich.

Wir gingen in die Ausstellung, die in einen langen Stollen in den Berg hineingebaut war. Der Stollen hatte die Form einer großen dreieckigen Halle, viel Glas, viel Metall. Wir wurden von Kompanien und noch mehr Kompanien der israelischen Armee vorwärtsgeschoben. Teenager in Uniform, die auf ihren Mobiltelefonen herumtippten, Kaugummis aufpusteten und platzen ließen, nur still waren, wenn ihr Kommandant stehenblieb und die Stimme erhob.

Friedrich wollte sich die ganze Zeit unterhalten, er erzählte von seiner Familie, von den Großeltern aus Mannheim und Frankfurt, die ein Geschäft für Schreibwaren gehabt hatten. Er sprach über seine Opas, die beide in der Wehrmacht gewesen waren, der eine mit mehr Enthusiasmus und der andere mit weniger, und ich nuschelte die ganze Zeit Sachen wie: «Meine auch. Ja. Ach so.» Ich wollte nicht laut sprechen. Ich wollte nicht deutsch sprechen. Ich wollte nicht laut deutsch sprechen, nicht an diesem Ort.

159

Ich hatte regelgerecht Angst davor. Es gab so viel Deutsch in dieser Ausstellung, so viele Bilder, so viele Filme, Aufnahmen, Schriftstücke. Ich dachte an meine Großväter, als Friedrich über seine sprach, und hatte plötzlich Angst, sie auf einem der Bilder zu entdecken, an denen wir vorbeiliefen.

Ein älteres Pärchen traf ich immer wieder, während ich durch die Ausstellung ging. Sie las ihm vor, was auf den Tafeln stand, erst auf Hebräisch, dann auf Spanisch, weil ihr Mann wohl nicht mehr richtig sehen konnte. Er ging auch leicht gebückt, hielt sich an ihr fest, er wankte bei jedem Schritt bedenklich. Wenn seine Frau ihm vorlas, nickte er und bedankte sich nach jeder Tafel bei ihr, indem er ihr einen Kuss auf den Handrücken gab. Die beiden waren in etwa so alt wie meine Großeltern.

Die Soldaten, die mit den Kopfhörern, Kaugummis und schlecht sitzenden Uniformen, die schauten sich nur die Sachen genauer an, auf die ihr Kommandant sie hinwies. Sie sahen die gleichen Bilder wie ich, 70 Jahre alt, aber sie konnten nicht entschlüsseln, was da auf Deutsch überall zu lesen war: die Namen der Geschäfte, was auf den Schildern stand, was in den Dokumenten, den Akten aus dem Reichssicherheitshauptamt. Es war nicht ihr Land, das da zu sehen war. Es war Hamburg, Berlin, Frankfurt, Bielefeld, Hannover, München, Leipzig. Es war mein Land. Mein Zuhause.

Nie ist mir klarer geworden, wer die Nazis waren, wer den Holocaust verbrochen hatte, wer die Juden aus aller Welt umbringen wollte, als an diesem Tag, als ich in Jad Vaschem zwischen den Soldaten mit ihren Kaugummis stand und ich mich schämte, meine eigene Sprache zu sprechen, und ich Friedrich am liebsten auf Englisch geantwortet hätte.

Die Nazis, das waren wir, «HaGermanim», die Deutschen. Die Großeltern.

Friedrich lief nicht zum ersten Mal durch Jad Vaschem, und nachdem er mich ein wenig rumgeführt hatte, ging er zu der Stelle, wo sie die Namen der Menschen sammelten, die in der Schoah ermordet wurden. Friedrich suchte etwas, aber was, das sagte er mir nicht. In einer großen runden Halle türmten sich die Papiere mit den Namen; wie eine Kathedrale sah diese Halle aus, gefüllt mit schwarzen Ordnern in schwarzen Regalen, vom Boden bis zur Decke. Sie endete in einer Kuppel, die über und über gefüllt war mit Fotos von Menschen, alten Männern, jungen Mädchen, jungen Kerlen, alten Damen. Sie alle waren tot. Auf den Regalbrettern in der Halle war noch viel Platz; drei Millionen Namen hat Jad Vaschem schon gesammelt. Das ist viel, unglaublich viel, und doch so wenig im Vergleich zu den über sechs Millionen, die Nazi-Deutschland nicht überlebt haben.

In der Mitte der Ausstellung gab es ein Bild von einer Hochzeit oder einem anderen jüdischen Fest in den 1930er Jahren, ich glaube, irgendwo in Polen. Eine große jüdische Familie war zu sehen, fast 40 Leute oder mehr. Daneben hing ein zweites Bild, auf dem die gleiche Gesellschaft zu sehen war, aber die Menschen, die den Holocaust nicht überlebt haben, waren blasser gezeichnet. Fast die ganze Gruppe war blass.

Ich setzte mich auf einen Stuhl und schloss die Augen. Die Bilder, die ich gesehen hatte, schwirrten in meinem Kopf umher, ich konnte sie kaum ordnen, kaum verstehen. Ich schlug die Augen auf. Mir fiel es leichter, die Wand gegenüber anzusehen, grau und leer, als das, was in meinem Kopf passierte. Ich legte meine Hände in den Schoß.

Eine Frau ließ sich auf dem Stuhl neben mir nieder. Ich sah sie an, aber als sie zurückblickte, fühlte ich mich ertappt. Ich begann zu schwitzen, sah wieder zu der Frau. Sie wieder zu mir. Sie fragte auf Englisch, mit einem amerikanischen Akzent, ob alles in Ordnung sei. Ich nickte.

Sie fragte, woher ich komme, und ich sagte, ich sei aus Deutschland.

«Oh.»

Sie musterte mich.

«Da hat meine Mutter auch einmal gewohnt.»

Ein Sicherheitsmann ging geradewegs auf uns zu und blieb direkt vor den Stühlen stehen.

«Ich muss euch bitten aufzustehen. Wenn ihr euch ausruhen wollt, gibt es im nächsten Gebäude dafür eine Möglichkeit.»

«Ihm ist nicht gut, er braucht ein Glas Wasser. Holst du eins?», sagte die Frau aus den USA. Er ging und kam wieder mit zwei Gläsern. Ich trank. Sie trank.

Endlich kam Friedrich. Wir gingen an die frische Luft.

Eine halbe Stunde schwiegen wir. Vielleicht auch länger.

Dann sagte ich: «Friedrich, du hattest recht. Wenn ich Jude wäre, hätte ich wirklich genug von diesen Deutschen.»

Im Stehen

«Ja?»

«Ich bin es.»

«Hallo.»

«Noa, ich … ich glaube, wir müssen uns treffen.»

«Müssen wir?»

«Ich will dich sehen. Die Pause war lang genug.»

«Das geht nicht. Das weißt du.»

«Nichts weiß ich. Es muss gehen. Morgen um sieben im Tmol Schilschom?»

Pause

«Um sieben.»

«Tmol Schilschom» ist der Titel einer Novelle des israelischen Literatur-Nobelpreisträgers Samuel Agnon. In diesem Café nahe der Jaffa-Straße stehen lauter Bücher, und es sieht eher nach einer Bibliothek aus als nach einem Café. «Tmol Schilschom» bedeutet wörtlich «gestern, vorgestern». Würde man es übersetzen, könnte es auch «damals» heißen.

Das passt, denn Noa und ich sprachen dort immer über Dinge, die bereits passiert waren, und selten darüber, was morgen werden sollte. Dieses Mal war ich zuerst da und bestellte mir eine Suppe. Ich sagte, sie sollten sie möglichst scharf machen. Als ich den ersten Löffel gegessen hatte, ließ ich mir einen Korb mit Brot und einen großen Krug mit Wasser bringen. Meine Augen tränten, und meine Lippen brannten. Es wurde nicht besser, obwohl ich die Suppe stehenließ und nur noch vom Brot aß.

Als Noa kam, war das Erste, was sie tat, der Kellnerin zu sagen, sie möge einen Toast mit Käse bringen, und dann löffelte sie den Teller aus, schüttelte den Kopf, und ich glaube, sie hat dabei ein wenig gelächelt.

«Ich war in Jad Vaschem.»

«Hast du deinen Großvater gefunden?»

«Was meinst du? Im Namensregister?»

«Nein. Auf den Nazi-Bildern.»

Solche Sprüche war ich von Noa nicht gewöhnt, höchstens von Simson. Ich versuchte, mich zu beherrschen, aber ich war sauer.

«Was ist los?»

«Was willst du? Du hast gesagt, wir müssten uns treffen. Außerdem hast du mir nie erzählt, was dein Großvater getan hat.»

«Du hast auch nicht danach gefragt. Was soll er schon getan haben? Was willst du wissen? Willst du es wirklich wissen?»

«Will ich es wissen? Ich weiß es nicht. War er ein Nazi? Das waren sie wohl alle. Bist du deswegen hier? Willst du alle um Vergebung bitten? Ich vergebe dir nichts. Gar nichts. Vielleicht ist es besser, dass etwas geheim zwischen uns bleibt. Alles, was jetzt noch kommen könnte, soll geheim bleiben. Wir sollten es bei dem belassen, was wir hatten. Manchmal ist es gut, einer Sache nachzugehen. Manchmal eben auch nicht.»

«Mein Opa war kein Nazi.»

«Hörst du mir nicht zu? Ich will es nicht wissen. Erinnerst du dich an den Morgen bei meinen Eltern? Ich habe meiner Mutter erzählt, wer du wirklich bist und dass du auf meinem Bett sitzt und dass du Oma und mich in der Nacht von Sderot bis nach Jerusalem gefahren hast. Und weißt du, was sie gesagt hat? Sie hat gesagt: ‹Wenn ich wiederkomme, ist er nicht mehr hier.› Das war's. Ich glaube, wir sind an einem Punkt, an dem es gut ist, dass wir aufhören, uns besser kennenzulernen. Und soll ich dir noch etwas sagen? Ich war noch nie in Jad Vaschem. Als wir mit der Schule hingefahren sind, war ich krank. Als meine Kompanie dort war, hatte ich außerplanmäßigen Urlaub. Natürlich habe ich ein Bewusstsein für diese Dinge, ich habe Freunde, deren Großeltern nicht mehr leben, weil sie von euch Deutschen nach Auschwitz gebracht wurden. Wir haben jedes Jahr den ‹Jom HaSchoah›, den Tag der Schoah. Ich kenne den Kibbuz der Ghetto-Kämpfer im Norden, und als ich jung war, konnte ich stundenlang Filme über den Holocaust anschauen. Aber es ist für mich nichts Persönliches. Ich will auch nicht, dass es das wird. Auch nicht wegen dir. Wenn ich Witze mache über die Deutschen und deine Nase und diese Sachen, dann spiele ich damit, das weiß ich wohl. Aber deine Nase ist nicht größer, als die von anderen Menschen. Sie ist nur größer als die von anderen Deutschen.»

«Wie viele Deutsche kennst du denn?»

«Deutsche? Na ja: Goebbels, Hitler, Eichmann, Mengele …»

«Das ist nicht witzig.»

«Das bestimmst du? Dass ich nicht lache. Ich mache so viele Nazi-Witze, wie ich will.»

«Ich verstehe nicht, warum wir uns nicht mehr sehen.»

«Ich glaube, dass ich das nicht gut erklären kann.»

«Versuch es schlecht.»

«O. k. Ich habe seit ein paar Wochen das Gefühl, dass da etwas ist in meiner Familie, was dort nicht hingehört. Wir streiten uns andauernd, es wird laut, meine Mutter ist sauer, dann ist mein Vater sauer, dann werden meine Brü-

165

der sauer. Eine Zeitlang dachte ich, es ist, weil ich immer noch nicht mit dem Studium fertig bin und Jossi und Jaacov gerade auch nicht so viel Geld nach Hause bringen – aber das ist Unsinn, denn die Zeiten, in denen meine Eltern aufs Geld achten mussten, sind vorbei. Dann dachte ich, es liege an Oma und an den beiden Jungs und an diesem verdammten Krieg und an Mamas Angst um alle. Auch das ist es nicht. Nach dem Streit mit meiner Mutter an jenem Morgen habe ich verstanden, was es ist. Was da nicht hingehört. Es ist etwas, was ich selbst in die Familie gebracht hatte. Dieses Etwas …»

«… bin ich.»

«Ja. Versteh mich nicht falsch, es geht nicht um dich als Person, du bist schon in Ordnung. Aber alles, was du bist, ist auch eine Aussage, ein Symbol. Ich habe dir davon erzählt, warum meine Eltern es nie gut fanden, dass meine Freunde alle Aschkenasim waren, Europäer. Da haben sie leise gemurrt, aber es akzeptiert. O.k., sie waren Aschkenasim, aber sie waren auch Juden. Minus auf der einen Seite, Plus auf der anderen. Aber du bist ein Aschkenasi, Minus, und dazu noch kein Jude, Minus, und dann auch noch Deutscher, Doppel-Minus. Das ist ein vierfaches Minus. Ich muss mich auf einmal mit Dingen beschäftigen, die mein Leben lang kein Problem für mich waren. Natalie hat mich gefragt, ob du und ich, ob wir nun ein Paar sind oder nicht, und das war noch vor Gaza. Ich habe nachgedacht, und ich wusste nicht, was ich sagen sollte, und sie meinte nur, das sei sicher nicht leicht und sie wüsste nicht, was ihre Eltern sagen würden, wenn sie auf einmal mit einem Deutschen nach Hause käme. Verstehst du, was ich meine? Es geht nicht um dich als Person, es geht mehr um die Fragen der anderen: ‹Was sagt deine Mutter dazu?›, ‹Wie stellst du dir das vor?› Es ist das eine zu sagen: Die Schoah ist 70 Jahre her, das ist fast ein Menschenleben, und du und ich waren da noch lange nicht geboren, noch nicht einmal unsere Eltern. Aber es ist das andere, tatsächlich so zu leben. Meine Familie kommt nicht aus Europa – wäre es so, säßen wir heute sicher nicht hier. Ich habe noch nie so viel über die Nazis nachgedacht wie seit dem Tag, an dem wir uns getroffen haben. Es ist nicht so, dass ich bei jedem Kuss davor Angst gehabt hätte, dass du auch in einem kleinen Millimeter deines Kopfes einen Nazi sitzen hast. Ich habe auch nicht an den Holocaust gedacht, wenn wir uns trafen. Aber natürlich ist es immer da. Es braucht nur eine dritte Person dazuzukommen, und – zack! – ist das Thema auf dem Tisch. Wie sollte es nicht so sein? In jedem Menschen, der geboren wird, ist die Geschichte seiner Familie, seiner Verwandten, irgendwie auch der ganzen Menschheit aufgehoben. Ich bin heute sicher, dass da kein Mini-Nazi in deinem Kopf sitzt und darauf wartet, hervorzuspringen. Doch ich will nicht eines Tages herausfinden, dass es Dinge an dir gibt, die ich nicht ertragen kann. Ich will das bewahren, was wir waren.»

Wir schwiegen. Ein langes, gemeinsames, trauriges Schweigen.

Vermutlich hatte ich irgendwo immer gewusst, dass alles mit Noa und mir unter Vorbehalt passierte. Dass es jeden Moment zu Ende sein konnte. Dass das sogar wahrscheinlich war. Ich spürte, wie mir das Wasser in die Augen trat und eine Träne über die Wange rollte. Ich wischte sie schnell weg, damit Noa sie nicht sehen konnte. Wir schwiegen uns an, und ich baute aus den Zetteln der Tageskarte kleine Schiffe und Flugzeuge.

Noa schüttelte den Kopf. Sie lachte leise.

«Eine Sache verstehe ich bis heute nicht», sagte sie.

«Nur eine?»

«Ich meine das nicht als Beleidigung. Aber was machst du da schon wieder? Du machst Sachen, die Jungs einfach nicht machen. Ich meine – ich sage dir, dass Schluss ist, und du sagst nichts, sondern baust eine Origami-Armee. So was macht doch kein Kerl! Bist du dir sicher, dass du nicht vielleicht doch auch auf Männer stehst? Du solltest mich anschreien und ohrfeigen und hinausrennen und heute Nacht in einer Bar irgendeine Tussi abschleppen.»

«Das würdest du vielleicht machen.»

«Und du solltest es mal probieren. Noch was. Pardon, aber – du pisst nicht mal im Stehen. Du sitzt. Das macht kein Kerl, den ich kenne.»

Mitten in der Nacht am gleichen Tag stürmte Simson in mein Zimmer und setze sich auf die Bettkante und begann einfach zu reden. Er redete wirr, aber es ging die ganze Zeit um Marit. Ich hätte ihm auch gerne von meinen Sorgen mit Noa erzählt, aber wenn Simson ein Problem hatte, dann hatte Simson ein Problem und der Rest der Welt eben erst mal nicht.

Simson versuchte also immer noch mit Marit, der Dänin, zusammen zu sein. Ach was. Sie verhielten sich langsam wie ein echtes Paar – sie fuhren zusammen ans Meer, kochten, gingen ins Theater, stritten sich darüber, welchen Film sie in der Videothek ausleihen sollten. Wenn Marit bei uns zu Besuch war, riss Simson keine zotigen Witze mehr, auch keine über den Holocaust.

Ich wusste, dass er sich von Zeit zu Zeit mal von dieser

oder jener Touristin ins Hotelzimmer einladen ließ und dass er gelegentlich in irgendeinem Bett aufwachte, das er zum ersten Mal in seinem Leben gesehen hatte. Treu war er wirklich nicht. Hin und wieder fragte er mich dann Dinge, immer über Marit, die er nicht verstand. Er dachte, ich würde so denken wie sie. Jedenfalls sah er in mir weniger einen Mann als mehr jemanden, der näher an Kopenhagen geboren worden war als er. Vielleicht sah er in mir auch eine Art Schwester.

Dieses Mal war es wirklich ernst: Warum Marit ihm immer widersprechen würde, das verstand er nicht. Warum sie ihn manchmal im Kino frage, ob er den Schauspieler hübsch fände. Ob das ein Test sei. Warum sie ihm ein rosa Hemd geschenkt habe. Was sie gegen seine Sandalen habe. Und gegen die langen Haare. Sie sei ja wirklich wunderbar, sagte Simson, aber das mit den Männern und den Frauen und dem kleinen Unterschied, das habe sie noch nicht verstanden.

«Simson, was ist los?», sagte ich.

Ich sah auf die Uhr. Es war halb vier.

Er: «Ich verstehe euch Dänen nicht.»

«Ich bin kein Däne.»

«Deutsch, Dänisch – egal. Jedenfalls verstehe ich euch nicht. Ich meine: Ich bin hier der Mann, oder?»

«Der Mann?»

«Wie soll ich der Mann sein, wenn Marit mich nicht der Mann sein lässt? Ich verstehe es nicht. Entweder sie will selber der Mann sein, was ich komisch fände, oder sie ist lesbisch. Sie hält mich davon ab, der Kerl zu sein. Weißt du? Ich bin doch der Typ, der Mensch mit dem Schwanz und den Eiern. Wenn es Krieg gibt, gehe ich hin und kämpfe

und verteidige unser Land. Und wenn es noch einen Scheiß-
krieg gibt, dann gehe ich nochmal hin. Ich fahre das Auto in
die Werkstatt und schreie die Nachbarn an, wenn sie zu laut
sind. Und dann komme ich nach Hause, und meine Frau
sagt mir, ich solle nicht der Mann sein? Was soll das?»
Pause.
«Simson, hat Marit dir gesagt, dass du im Sitzen pinkeln
sollst?»
Lange Pause.
«Woher weißt du das?»
«Nur so eine Ahnung. Und? Wirst du es tun?»
«Natürlich nicht. Ich weiß gar nicht, wie das geht.»
«Probier es aus. Es tut nicht weh. Darf ich weiterschla-
fen?»
«Scheiße, Mann. So geht das nicht.»

Die lahmen Löwen von Beitar

Mit der Fahne hat alles angefangen. Hapoel spielte gegen
Beitar. Ich war gegen Beitar. Simson, Friedrich, Ron, Lior –
alle sahen das so. Wir waren Linke, wir waren Studenten,
da kann man nicht für Beitar sein, das waren wir unserer
eigenen Folklore schuldig. Bei Beitar beschimpften sie die
Araber und Ausländer im Allgemeinen, sie waren Fans von
dem Typen, der Jitzchak Rabin erschossen hatte. Simson
sagte immer, die bei Beitar, die Löwen, würden alle den Li-
kud wählen oder noch schlimmere Sachen. Trotzdem war
Beitar der große Fußballklub in Jerusalem. Einer der besten in Israel, mit den meisten Fans, sogar mit Ultras, also
einer eigenen Kampftruppe. Simson und so hielten treu
zu Hapoel Katamon Jerusalem – zu «Hapoel», dem Arbei-

ter, dem kleinen, linken Verein, der allerdings in der dritten Liga spielte und eigentlich keine Konkurrenz war für Beitar. Trotzdem hasste man sich aus tiefstem Herzen. Es gab Kloppereien, ein Graffiti hier, eine geklaute Fahne da. Vor dem Match im Februar eskalierte die Situation. Es war das Viertelfinale im israelischen Pokal, in das Hapoel Katamon auf unerklärliche Weise gelangt war.

Wir kletterten damals nachts auf der Altstadtmauer herum: Simson, Friedrich und ich. Gegenüber vom St.-Pierre-Krankenhaus stand eine Leiter an der Mauer. Man musste sich ein wenig strecken, aber dann war man auch schon oben. Friedrich hatte die Stelle gefunden und sie Simson und mir gezeigt. An den Aufgängen standen meistens Soldaten und Polizisten, wir mussten sehr vorsichtig sein, damit sie uns nicht sahen. So etwas konnte schnell schiefgehen. Wenn sie uns bemerkt und für Terroristen gehalten hätten, die einen Anschlag planen, hätten sie wahrscheinlich geschossen. Vermutlich war es lebensmüde, da oben, auf der Mauer, herumzuturnen. Aber an diese Dinge denkt man ja erst, wenn es zu spät ist.

Wir stolperten auf den Zinnen bis zum Damaskus-Tor. Da hatte man einen prima Blick, weil die Altstadt zum Tempelberg hin abfällt und man wie von einem Gipfel herunterschaut ins Tal. Die Dächer der Altstadt luden uns ein. Wie ein großer Klettergarten, nur für uns allein.

Es war gut drei Wochen vor dem wichtigen Spiel. Wir hockten da oben, auf dem Tor, und diskutierten die Chancen von Hapoel. «Unsere Hoffnung ist Dudu Parra», sagte Simson. Dudu war der einzige Spieler im Team, der mal Profi gewesen war und der wusste, wie man mit einem Ball

umgeht. Er schoss fast alle Tore für Hapoel Katamon Jerusalem, und wenn er nicht schon ein wenig zu alt und ein
wenig zu dick für einen Profi gewesen wäre, hätte er vielleicht bei Maccabi Haifa gespielt oder sogar bei einem Klub
in Europa. Dudu hätte ein großer Stürmer werden können.
Jetzt war er bei Hapoel, und alle liebten ihn, weil er regel-
mäßig Tore schoss. Eine Freundin hatte er auch schon gefunden, unter den Fans.

Bei Beitar hatten sie viele solcher Spieler, auch noch bessere, das musste man zugeben. Solche, die schneller waren
und auch schlauer am Ball als Dudu. Aber wer bei Beitar
spielte, dem Klub der Rechten, der konnte nicht ganz richtig sein im Kopf. Amit Gal zum Beispiel, das war so einer,
defensives Mittelfeld, schnell, athletisch, torgefährlich, jung
noch dazu. Bald würde der sicher in Europa spielen, und
wenn er ehrlich sein müsse, sagte Simson, glaube er, dass
Dudu Parra gegen Amit Gal nicht gut aussehen würde, in
drei Wochen, beim Spiel.

Wir zählten die Satellitenschüsseln auf den Dächern
des muslimischen Viertels und teilten sie durch die An-
zahl der Minarette, die auch hier mit grünen Neonröhren
geschmückt waren. Mitten im Viertel wehten zwei blau-
weiße israelische Fahnen. Und – Simson konnte es kaum
fassen – dazwischen eine gelb-schwarze. Gelb-schwarz wie
Beitar. Simson sagte: «Das gibt es nicht. Jetzt flaggen die
Siedler schon mit dem Lappen von Beitar.»

«Die Siedler?»

«Da steht mitten im muslimischen Viertel ein Haus, das
beflaggt ist wie die Knesset. Das nenne ich eine Siedlung.»

Simson war nicht mehr zu bremsen. Er suchte nervös
nach einer Stelle, an der die Mauer nah genug zum nächs-

ten Haus stand. Als er sie gefunden hatte, nahm er Anlauf, sprang und landete auf dem Dach gegenüber. Friedrich machte es ihm nach, ich schließlich auch, obwohl ich echt kein gutes Gefühl dabei hatte. Wir kraxelten und kletterten in die Altstadt hinein, es war unglaublich, wie gut das hier oben ging, von Dach zu Dach, in Richtung der gelb-schwarzen Flagge von Beitar. Ganz am Ende war sie nur noch ein Haus weit entfernt, aber wir trauten uns nicht, dorthin zu klettern, weil unten auf der Gasse, vor dem Haus mit den Fahnen, vor der Siedlung, zwei Soldaten standen und aufpassten. Es war eine Jeschivah, eine jüdische Religionsschule, mitten im muslimischen Viertel. Wir drehten um. Für Simson war klar: Die Fahne von Beitar musste da weg, und alle sollten es sehen.

Ich gebe zu: Mir war die Sache zu heiß. Aber sie klappte. Friedrich und Simson beflaggten ein paar Nächte später die Jeschivah mit der roten Flagge von Hapoel. Simson machte früh morgens mit dem Sonnenaufgang ein paar schöne Fotos, eins davon druckte die Zeitung, für die er arbeitete, auf der Seite für Vermischtes, mit der hämischen Bildunterschrift: «Die Siedler zeigen Flagge.» Die ganze Stadt lachte über den Streich. Nur die Beitar-Ultras kochten vor Wut und schworen in ihren Internet-Foren fürchterliche Rache. Der Polizei war es sehr peinlich, dass so etwas hatte passieren können, trotz der strengen Bewachung.

Am folgenden Schabbat, nach dem Ligaspiel, das Hapoel 1:2 verlor, gegen irgendein Team aus dem Süden, feierten wir trotzdem wie wild im Stardust, der Kneipe, die einem Hapoel-Fan gehörte. Ein paar Spieler waren auch da und vor allem Dudu Parra, der sehr viel trank, weil er sich so über sein Tor freute und den Streich mit der Fahne. «Denen haben wir es gezeigt!», sagte Dudu und hob einen halben Liter Goldstar-Bier in die Luft und küsste seine Freundin, die ich auch schon mal gesehen hatte, es war nämlich Natalie, Noas Freundin.

Natürlich hatte Dudu wieder das einzige Tor für Hapoel gemacht, und er war außerdem der beste Mann auf dem Platz gewesen. Dudu, die einzige Hoffnung für das Spiel gegen Beitar. So gegen ein Uhr gingen Dudu und Natalie, leicht schwankend, vom Stardust nach Hause. Sie hatten es nicht weit, sie gingen zu Dudu, nach Nachlaot, einem hübschen kleinen alten Stadtteil südwestlich der Innenstadt, in dem viele religiöse Hippies wohnten, Studenten und junge Familien. Und Dudu Parra.

Wir feierten weiter, tanzten auf der Gasse vor dem Stardust. Ich hatte ein Mädchen, sie hieß Ronit, sie hatte blonde Haare und sah nicht besonders israelisch aus, aber bei «Can't help falling in love» von Elvis umarmten wir uns sogar, und ich war echt sauer, als der DJ das Lied einfach abbrach.

Ein paar Minuten ohne Noa im Kopf. Vorbei.

Jemand telefonierte sehr aufgeregt.

«DUDU! DUDU! Sie haben DUDU die Beine gebrochen! Er liegt schon im Hadassah.»

Sie hatten die beiden hinterhältig überfallen. Vier junge Männer, sie kamen auf Motorrollern, passten Dudu und Natalie ab, in einer Gasse neben der Hillel-Straße. Drei gingen auf ihn los, und einer hielt Natalie fest, niemand sonst hatte es gesehen. Es war Schabbat, und die Einzigen, die sich zu dieser Zeit in der Innenstadt von Jerusalem aufhielten, waren wir, vor dem Stardust. Ansonsten schnarchte sich der jüdische Teil der Stadt in den Feiertagsschlaf.

Am Sonntag stand es in der Zeitung. Dudu Parras linkes Schienbein war durch, unter den Tritten der Typen zerbrochen. Im Zeitungsartikel sagten sie es zwar nicht, aber es war klar, wer es gewesen war, so klar, es konnte niemand anderes gewesen sein als die Ultras von Beitar. Simson hatte Dudu im Krankenhaus besucht und das Bild gemacht. Simson hatte gesagt, am liebsten würde er sich rächen, doch man könne sich nicht so verhalten wie die von Beitar. Aber irgendetwas, irgendetwas mussten sie einfach unternehmen.

Die Woche ging ins Land, nichts passierte.

Das große Spiel stieg am Samstagabend nach dem Schabbat. Am Freitag rief ich Ronit an und fragte, ob sie ausgehen wolle. Sie wollte nicht, aber sie sagte, wir könnten einen Drink nehmen, und dann müsse sie ins Bett. Sie habe morgen viel zu tun. Wir trafen uns in der Marakiah, was ich aus reiner Gewohnheit vorgeschlagen hatte. Gelangweilt nuckelten wir an unseren Gin Tonics, draußen regnete es Bindfäden. Es war kalt. Sobald es in Israel länger als eine halbe Stunde regnet, laufen überall die Gullys über und die Hydranten, das Wasser quillt aus allen Ritzen und verwandelt Straßen in Flüsse und Plätze in kleine Seen. Die israelische Kanalisation ist Ereignissen dieser Art nicht gewachsen, auch wenn diese Ereignisse jedes Jahr im Winter einmal eintreten. Allerdings nur ein paar Tage, höchstens eine Woche lang. Dann ist es wieder trocken und heiß, und jeder Politiker, der auch nur einen Schekel mehr für den Ausbau der Kanalisation fordert, macht sich lächerlich. Das Überbrodeln der Gullys löst bei den meisten Israelis übrigens Feiertagsstimmung aus. Das Land hat so wenig Wasser, dass die Oberrabbiner zu Beginn des Winters zur Klagemauer gehen und abwechselnd so lange beten, bis Gott den ersten Tropfen schickt.

Ronit fand den Regen auch sehr faszinierend. Jedenfalls spannender als mich. Irgendwann ging ich zum Tresen und sah durch die Tür in den Garten und traute meinen Augen nicht, denn da saß Noa, meine Noa, die mich nicht mehr treffen wollte, mit einem anderen Typen, und sie flirtete ihn kräftig an. Ich bezahlte, Ronit verabschiedete sich, ich spazierte einmal um den Block und wartete gegenüber der Marakiah auf einer Bank. Ich weiß, dass man so etwas nicht macht, aber ich konnte nicht anders.

Noa und der Mann kamen heraus, Arm in Arm. Er war groß, breit gebaut, tolles Kreuz, Muskeln, dunkler Typ mit starkem Bartwuchs und kurzen schwarzen Locken. Kein Aschkenasi. Sah auch im Regen noch gut aus.

Sie gingen die Jaffa-Straße hinauf, am Spirituosenhandel vorbei, wo Noa eine Flasche Arak kaufte und der Typ auch eine, dann hakte sie sich bei ihm ein, sie schlenderten weiter – und ich im sicheren Abstand hinterher. Sie gingen zu ihr. Sie schloss die Haustür auf, ein paar Minuten später ging das Licht in ihrem Zimmer an. Ich stand draußen im Regen, und die Eifersucht fraß mich fast auf. Es vergingen ein paar Minuten, in denen ich nur still dastand, unfähig, mich zu bewegen, unfähig, den Regen noch eklig zu finden. Er hatte nichts an mir trocken gelassen. Ich sah zu Noas Haustür hinüber. Der Typ kam nicht wieder heraus, er war da, bei ihr, und er blieb.

Auf dem Bürgersteig huschte eine Person vorbei, in einem Regenmantel, mit einem Schirm über dem Kopf. Sie öffnete die Haustür. Das Licht in Noas Zimmer war nicht mehr so hell, vielleicht war nur noch die Nachttischlampe an, dachte ich, da öffnete sich die Balkontür, und Noa trat hinaus. Sie hatte etwas in der Hand, eine Art Bündel. Kleider vielleicht oder eine Decke. Sie hielt das Bündel über die Brüstung und ließ es fallen – eine Hose, ein Hemd, ein Pullover?

Die Sachen klatschten auf die nasse Straße. Mitten in eine große Pfütze, direkt über einem Abfluss.

Kurz danach hörte ich Geschrei aus Noas Wohnung. Einen Mann, eine Frau, nein zwei, das waren zwei Frauen, es knallte. Jemand hämmerte gegen eine Tür, unglaublich laut, und da es schon recht spät war, konnte man alles genau hören. Es passierte sonst nicht mehr viel auf dieser Straße, um diese Zeit. Ich dachte, ich sollte rüber, zur Tür, klingeln und fragen, ob alles in Ordnung sei. Aber die Schmach wäre zu groß gewesen. Die Schmach zuzugeben, dass ich ihnen gefolgt war, wie ein mieser, eifersüchtiger Spion.

Aus der Haustür stolperte dieser Mann, der wirklich einen makellosen Athletenkörper hatte, er zitterte und bibberte und trug nur eine Unterhose. Er sammelte seine Sachen ein. Er zögerte, ob er sie nun anziehen sollte oder nicht, denn sie mussten bereits völlig durchnässt gewesen sein. Er fluchte laut und böse. Ich wollte hingehen und ihm helfen, vielleicht ein Taxi rufen. Als ich mich ihm näherte, hielt er eine Hand vor sein Gesicht und lief weg – ich muss sagen, trotz seiner misslichen Lage, recht schnell. Ich erinnere mich, dass ich Noa und eine andere Frau, vermutlich war es Natalie, noch lange lachen hörte, durch den Regen hindurch, durch die Balkontür.

Als der Sprecher im Teddy-Stadion die Aufstellung von Hapoel Katamon verlas, waren wir alle ganz aufgeregt. Eine halbe Stunde hatte es schon wechselnde Hassgesänge gegeben zwischen den Leuten von Beitar und denen von Hapoel. Wir schrien die Namen unserer Spieler laut heraus, aber eigentlich waren es nicht die richtigen Namen, wir schrien immer nur einen:

«Nummer eins – DUDU!»

«Nummer zwei – DUDU!»

«Nummer zehn – DUDU!»

Auf der Anzeigetafel zeigten sie die Bilder unserer Spieler, und wir klatschten eifrig, bis das Team von Beitar dran war, dann pfiffen wir. Der Stadionsprecher war gerade fertig, da machte sich ein Murmeln im Block breit, ein überraschtes, aber kein negatives Murmeln.

«Was ist los?», fragte ich.

Simson: «Amit Gal, der Star von Beitar. Er ist nicht dabei.»

«Da! Da ist er!», schrie einer neben uns.

Ich sah rüber zur Trainerbank. Da saß Amit Gal. Groß, breit gebaut, tolles Kreuz, Muskeln, dunkler Typ mit starkem Bartwuchs und kurzen schwarzen Locken. Kein Aschkenasi. Sah auch mit einem fetten Schal und einem fetten Schnupfen noch gut aus. Ich erkannte ihn wieder, obwohl er sich gestern die Hand vors Gesicht gehalten hatte.

Er fehlte seiner Mannschaft sehr. Hapoel stand mit elf Mann auf der Torlinie, verteidigte bloß und kloppte die Bälle nach vorne oder ins Aus. Sie retteten sich über die 90 Minuten, dann durch die Verlängerung. Am Ende gewann Hapoel völlig überraschend das Spiel, knapp, im Elfmeterschießen.

Am Montag gab es in der Zeitung einen großen Text und auch ein Bild von dem Spiel. Auf dem Bild sah man Noa im Fanblock, Simson hatte sie geknipst. Noa trug ein rotes T-Shirt, auf dem in schwarzer Schrift stand: «*LaBriut!*», «Gesundheit». Spätestens als ich das Bild sah und las, dass Amit Gal, der Star von Beitar, wegen einer schweren Grippe nicht hatte spielen können, wusste ich, dass wir es ihnen heimgezahlt hatten. Dass Noa es ihnen heimgezahlt hatte. Den lahmen Löwen von Beitar.

Der weinende Rabbi

«Ja?»

«Hier ist Noa. Wir müssen uns treffen.»

«Müssen wir?»

«Ich will dich sehen.»

«Kannst du dich mal entscheiden? Oder willst du mich ausziehen und meine Sachen auf die Straße werfen?»

«Woher …? Egal. Komm erst um eins, dann sieht dich keiner.»

Beim Minimarkt, relativ früh am nächsten Morgen, mitten in Jerusalem, stand vor mir ein Rabbi in der Schlange und weinte, laut und bitter. Immer wieder kroch ein neues Jammern aus seinem Hals, hinter dem dichten Bart hervor, den er sicher ein paar Jahrzehnte schon hatte wachsen lassen. Er schob die Tomaten, das Brot, die Eier, den Humus, den Fisch und ein paar Zitronen vorsichtig zur Kassiererin und murmelte dabei jammernd etwas in sich hinein; ich glaube, es war Jiddisch. Bei jeder Zahl, die die Frau hinter dem Tresen in ihre Kasse tippte, stieß er einen kleinen Schmerzensschrei aus, er sagte so etwas wie «Fort ist's» oder «Oj». Er schaufelte die Sachen ungeschickt in einen Beutel. Eine Tomate fiel auf den Boden. Ich hob sie auf und reichte sie ihm. Er griff nach der Tomate, riss sie mir beinahe aus der Hand und drückte sie in seinen Beutel. Wie etwas, das er schnell verstecken wollte, wie ein Pornoheft oder einen Wettschein oder ein Schweineschnitzel. Er drehte sich um, ging durch die Tür, schnell, um die Ecke. Ein ersticktes Jammern von ihm blieb für eine Sekunde im Laden stehen. Als ich bezahlte, fragte ich die Kassiererin, ob sie glaube, dass man sich um den Rabbi Sorgen machen müsse. Sie zuckte mit den Schultern: «Wenn es Gott gibt, dann kümmert er sich um einen wie den. Wenn es Gott nicht gibt, sind wir eh alle verloren.»

Zu Hause machte ich Frühstück und kroch noch einmal ins Bett, zu Noa.

Ich: «Im Supermarkt gab es einen Rabbi, der hat geweint.»

«Vielleicht hat seine Frau ihn geschlagen?»

«Ich glaube, es war eher innerlich. Er hat im Supermarkt eingekauft – und dabei geweint. Vielleicht glaubt er nicht mehr an Gott?»

«Hast du ihn gefragt?»

«Nein. Ich glaube, er wollte nicht mit mir reden. Würdest du weinen, wenn dir klarwerden würde, dass du nicht mehr an Gott glaubst?»

«Woher weißt du denn, dass ich an Gott glaube?»

«Etwa nicht?»

«Ist es nicht ein wenig zu früh für solche Fragen? Gib mir lieber einen Kuss.»

«Nein, Noa, das hier ist wichtig für mich.»

«O. k. Ich werde dir eine Antwort geben. Aber erst musst du mich küssen.»

Wir küssten uns. Ich bekam keine Antwort. Ich dachte auch eigentlich nicht mehr daran.

Als wir später so nebeneinanderlagen, mit einem zarten Film aus Schweiß auf der Haut, sagte Noa zu mir: «Weißt du was? Das war ein Geschenk. Ein Geschenk Gottes.»

Einige Zeit später, es mögen zwei Wochen gewesen sein, kaufte ich wieder in dem Laden ein. Ich zog gerade einen Schein aus meinem Portemonnaie, da hörte ich den gleichen Jammerton, das gleiche «Fort ist's» und dann auch ein «Oj!». Nein, dieses Mal war es ein «Oj, Oj!». Ich drehte mich um und sah in die kleinen roten Äuglein, die ich schon kannte.

Vor dem Markt wartete ich. Ich überlegte, ob ich ihn dieses Mal ansprechen sollte. Als der Rabbi den Markt verließ, ging ich ihm nach. Warum, weiß ich nicht. Eigentlich war es Blödsinn. Wir überquerten die HaNeviim-Straße, den Berg hoch, vorbei an der kleinen Bäckerei mit den tollen Mohnhörnchen, vorbei am Antiquariat Karl Richter, Richtung Mea Schearim. Ich folgte dem Rabbi immer in sicherem Abstand. Ich blieb an den Schaufenstern stehen und sah mir die Auslagen an – erst die Mohnhörnchen, dann die Bücher. Karl Richter war ein deutscher Jude, ein Jecke, der sich auf besonders seltene Thora-Ausgaben und jüdische Gebetbücher spezialisiert hatte, aber auch andere Sachen verkaufte. Am schönsten waren diese großen Bände mit goldenen Lettern in hebräischer Sprache auf der Vorderseite, jeder laut Preisschild ein kleines Vermögen wert. Es waren wohl Talmud-Bände, sehr alt, sehr kunstvoll. Eigentlich sollten es zehn sein, aber dort im Schaufenster sah ich nur Band eins bis vier.

Kurz vor der Kreuzung Malchei Israel bog der Rabbi rechts in eine Gasse ein, dann eine Treppe hoch. Ich blieb an der Hausecke stehen. Eine Tür öffnete sich, ihm sprangen Kinder entgegen, vier, fünf, sechs. Es waren noch mehr, aber irgendwann kam ich mit dem Zählen nicht mehr nach und verwechselte sie auch, denn sie sahen so gleich aus. Die Kinder der streng religiösen Juden sehen sich allgemein sehr ähnlich, das muss ich dazu sagen. Die Mädchen haben meistens einen Rock und lange Haare, die Jungs eine schwarze Hose, eine Weste, ein weißes Hemd und eine Kippa. Alle ihre Kleider sind koscher, auch die Säume und Knöpfe und der Stoff und die Fäden. Die Kinder rissen dem weinenden Rabbi die Tüten aus der Hand und zogen ihn die Treppe hoch. Die Tür fiel zu.

Etwa einmal die Woche trafen wir uns nun, Noa und ich. Immer am Abend, nachdem es dunkel geworden war, und immer bei ihr. Ich schlich mich hin, am nächsten Morgen gab es Frühstück und fertig. Ich fand es irgendwie falsch. Ich sagte aber nichts, ich fragte auch nicht mehr. Nicht nach ihrer Mutter, nicht nach ihren Brüdern. Ich war froh, dass wir uns hatten, dass wir uns überhaupt sehen konnten.

Das dritte Mal sah ich den Rabbi auf der Strauss-Straße. Er kam gerade den Berg hoch, aus Richtung Mea Schearim, da, wo seine Wohnung war. Er trug eine Plastiktüte in der rechten Hand. Sein Kopf hing wie eine welke Blüte vom Hals herab. Ein paar Meter vor dem Antiquariat Karl Richter blieb er stehen, setzte die Tüte auf dem Bürgersteig ab, hob die Hände vor sich hoch, als würde er das Abendmahl empfangen, und begann zu beten.

Baruch HaSchem, Adonai, Eloheinu, dank sei dem Herrn, auch wenn ich nicht verstehe, warum er mich so prüfen muss.

Der Rabbi ging ins Antiquariat. Ich stellte mich vor das Schaufenster, da lagen immer noch die gleichen Bücher. Ich sah den Rabbi und einen Mann, der wohl Karl Richter war, weiter hinten im Laden stehen, sie hatten Bücher zwischen sich liegen und schienen zu verhandeln. Sie wurden sich nicht einig, der Rabbi nahm die Bücher an sich und ging, rannte fast Richtung Tür, nur um kurz vor der Schwelle stehenzubleiben, umzudrehen, zurück zum Tisch zu gehen. Er schmiss Karl Richter die Bücher wieder hin und hielt seine Hand auf. Karl Richter öffnete die Kasse und legte dem Rabbi Geld in die Hand. Der Rabbi steckte es regungslos in eine Tasche seines langen Mantels. Er schlich zur Tür wie ein geprügelter Hund. Dieses Mal war es Karl Richter, der ihn aufhielt, an der Schulter festhielt und ihm noch zwei Scheine in die Tasche stopfte. Es war zu spät: Der Rabbi hatte schon wieder begonnen zu weinen. Ich sah weg, weit weg, als er hinter mir vorbeiging, auf den Boden. Karl Richter stellte zwei neue Talmud-Bände zu den anderen ins Schaufenster. Band fünf und sechs, genauso golden und genauso verziert wie die anderen und genauso teuer. Ich ging in den Laden.

Bücher über Bücher. In jeden Zentimeter hatte Karl Richter Bücher gequetscht. Große, kleine, dicke, dünne, teure, nicht so teure. Karl Richter war wieder hinten im Laden verschwunden und tippte auf einer Schreibmaschine. Einer Schreibmaschine. Ich ging dem Klackern nach. In der Ecke, man kann sagen, in einer Höhle aus Büchern, saß Karl Richter. Er rauchte Pfeife.

«Schalom.»

«Schalom.»

«Die Bücher, die sie gerade ins Schaufenster gestellt haben ...»

«... kannst du dir weder leisten, noch kannst du sie lesen.»

«Ich möchte sie trotzdem sehen.»

Es dauerte ein paar Minuten, aber schließlich erhob er sich, kroch aus seiner Bücherhöhle, ging zum Schaufenster, zog vorsichtig den ersten Band hervor, trug ihn zu seinem Schreibtisch, breitete eine Zeitung aus und legte ihn darauf ab.

«Hast du saubere Finger?»

Ich setzte mich an den Tisch und blätterte in dem Buch. «Talmud Bavli. Babylonischer Talmud. Zusammengestellt, herausgegeben und mit einer Einleitung versehen von Dr. Michael Klausner.» Erschienen in Vilnius.

Ich blätterte in den Seiten. Da standen nicht bloß Text, Verse und Überschriften, wie in der Bibel, sondern es war ein Labyrinth von Kolumnen und Artikeln auf jeder Seite. In der Mitte schien immer der Hauptkorpus des Textes zu sein, eine breite Spalte in großen Lettern, drum herum wanden sich kleine Textstrecken in zum Teil winziger Schrift, an den Rändern und über den Zeilen thronten kunstvoll gemalte Überschriften. Der Einband war mit Gold verziert und aus echtem Leder.

«Sagen Sie, wer ist Rabbi Klausner?»

«War ein berühmter Rabbi in Litauen.»

«Warum ist dieses Buch so viel wert?»

«Es gibt nur zehn Ausgaben davon. Und das Gold auf der Vorderseite ist echt.»

«Wieso verkauft man so einen Schatz?»

«Vermutlich, weil man Geld braucht. Aber was geht dich das an?»

«Nichts, nichts.»

Ich blätterte vorsichtig weiter. Ganz hinten, auf der letzten Seite, hinter dem Register, hatte jemand etwas mit Bleistift hineingeschrieben. Es war eine Art Widmung. «Lieber Ariel», stand da, auf Deutsch. Und am Ende: «Dein Vater».

«Hier ist eine Widmung», sagte ich. «Da steht: ‹Vater›. Sagen Sie, ist es wirklich der Sohn, der hier die Bücher seines Vaters verkauft?»

«Was geht dich das an?»

«Nichts, nichts.»

«Glaubst du jetzt, ich bin herzlos? Ein Halsabschneider?»

«Nein, nein.»

«Ich bin doch der Einzige, der diesem Mann hilft. Glaubst du etwa, der verkauft seine Bücher gern? Aber er hat Kinder und Kinder und Kinder. Und dann hat der Erste seine Brit Milah und dann der Zweite …»

«Seine was?»

«Seine Beschneidung. Und wenn alle durch sind, geht es los mit der Bar-Mizwa beim Ersten, beim Zweiten, und die Mädchen brauchen ständig neue Kleider, und essen wollen sie auch. Sie gehen schon beide arbeiten. Seine Frau in der Bäckerei, hier in der Straße. Er beim Oberrabbiner im Büro, als Assistent. Aber glaubst du, davon kann man leben? Also kommt er zu mir und verkauft mir die Bücher. Ich gebe ihm viel zu viel Geld dafür. Aber es ist auch egal, sie liegen da nur als Blickfänger. Für *den* Preis würde die doch nie jemand kaufen. Ist auch ganz gut so, dann kann der Klausner einfach wieder kommen, wenn er wieder Geld hat, und sie auslösen. Jetzt hast du genug geguckt, mach das Buch zu und geh bitte.»

Ich ging und erzählte es Noa und dachte laut darüber nach, wie schrecklich das wäre, hätte mein Vater ein Kirchenlexikon geschrieben, zehn Bände, unglaublich selten, unglaublich wertvoll – und er hätte es mir vererbt und ich müsste es verkaufen. An Karl Richter, der es in sein Schaufenster stellen würde und so täte, als sei er das Sozialamt.

«Mein eigener Vater», sagte ich vor mich hin.

«Wieso dein Vater?», fragte Noa.

Ich hatte Noa bis zu diesem Tag nicht erzählt, dass mein Vater Pastor war. Sie hatte nie gefragt, und ich wollte nicht alles komplizierter machen. Aber dies war wohl der Moment, in dem es sein musste.

Noa dachte erst, ich würde einen Scherz machen.

«Wirklich? *Be-Emet?* So wie ein Rabbi, nur für euch? Sieht er aus wie einer der Mönche aus der Altstadt? Mit einem langen Bart und einem komischen Rock?»

Ihre Wimpern standen wie elektrisiert in der Luft, wie bei einem Jaguar oder so.

«Du bist Deutscher. Dein Großvater war ein Nazi. Dein Vater ist Pastor?»

«Mein Großvater war kein Nazi.»

«Ich fasse es nicht. Und du bist nicht einmal beschnitten.»

Am Nachmittag ging ich zur Bank, hob so viel Geld ab, wie der Automat mir gab, trug es zu Karl Richter und kaufte den ersten Band der Talmud-Ausgabe. Ich steckte ihn in eine Tüte, ging zu der Wohnung des Rabbis, stellte sie vor die Tür und klingelte. Und lief weg.

Eine Kippa ist genug

Wie fasst man alle jüdischen Feste in drei Sätzen zusammen?

1. Sie wollten uns vernichten.
2. Wir haben überlebt.
3. Lasst uns essen.

Am besten passt das wohl zum Purimfest. Es hat einen etwas obskuren biblischen Hintergrund, den kaum einer kennt, der aber im Buch Esther nachzulesen ist. Martin Luther schrieb über das Buch Esther einst, er würde es gerne in die Elbe schmeißen – er mochte es wohl nicht. Auch wenn Martin Luther seine Verdienste haben mag, dieser Satz gehört eindeutig zu seinen dümmeren. Es wäre sehr schade um dieses Buch Esther, ist es doch ein atemberaubendes Drama. Alles dreht sich um Esther, die Jüdin, die vor einigen tausend Jahren ihr Volk vor der Vernichtung gerettet hat. Haman, ein General des persischen Königs, wollte alle Juden ausrotten, einfach weil er sie hasste. Soll es ja geben. Aber die schöne Esther führte den leicht einfältigen König mit einer Verkleidung und einer List an der Nase herum. Am Ende war es der Juden hassende General Haman, der leiden musste. Nicht die Juden.

Eigentlich geht es an Purim aber um etwas ganz anderes: Israel setzt sich für eine Nacht eine Pappnase auf. Israel verkleidet sich und säuft sich einen an. Sogar die Orthodoxen in ihren Festungen, in Mea Schearim zum Beispiel, tun das. Im Talmud steht, ein guter Jude müsse sich an Purim so lange betrinken, bis er das Erste Buch Mose nicht mehr vom Zweiten unterscheiden kann. Oder so ähnlich. Purim fällt dank des jüdischen Kalenders meist ans Ende des Winters, so wie der Karneval im Rheinland. Noa hatte mich gefragt, ob ich mit ihr feiern wollte, in Tel Aviv, im Stadtteil Florentin, wo sie aufgewachsen war. Ich wollte.

Wir lehnten an der Balustrade eines Dachgartens, auf dem Zauberer, Piraten, Feen, Supermen, Ritter, Indianer, Teufel, Selbstmordattentäter, Hobbits, Löwen, Kampfpiloten, Vampire, Zwerge, Päpste und Balletttänzer durcheinandertanzten. Wir tranken komische Bowle, deren Farbe nicht zu erkennen war, es war bereits dunkel. Aus den Boxen einer zu kleinen Anlage dröhnten Techno und Soul. Genauso sah es auf dem Dachgarten neben uns aus, und auf dem daneben auch. In der Luft waberte eine Wolke aus Licht, Musik, Marihuana, Schweiß und Parfüm. Langsam stieg sie auf, über Tel Aviv, über Israel.

Noa stellte mir im Sekundentakt ihre Freunde vor: Das hier war Amir (der Clown), das Gad (mit dem Piratenhut), dort Tali (mit dem Goldkrönchen im Haar). Noa sagte mir sicher die richtigen Namen, aber sie hätte auch die Mitglieder des Sicherheitskabinetts aufzählen können, denn ich erkannte ja niemanden unter der Verkleidung.

Noa selbst trug ein weites Tuch auf dem Kopf, blau und weiß war es, zwei goldene Ohrringe groß wie Untertassen, ein Kleid, das unten einen Meter hinter ihr herschleifte, aber oben sehr eng war. Im Dekolleté ruhte eine Kette mit einem apfelgrünen Edelstein in Form eines Davidsterns. Ich hatte als Seemann angeheuert: weiße Hose, weißes Hemd und so eine Mütze wie Popeye, der Seefahrer. Die Mütze war etwas zu klein und rutschte mir den ganzen Abend auf den Hinterkopf. Dann sah sie aus wie eine Kippa.

Ich hatte gerade neue Bowle geholt, da stellten sich zwei Typen mit riesigen weißen Rosshaarperücken neben uns. Sie trugen rote Röcke und einen Degen an der Hüfte.

«Wir befinden sie schuldig im Sinne der Anklage», sagte die eine Perücke. Die andere nickte. Es war Liors Stimme.

«Hallo, Lior.»

«Hallo. Als was gehst du denn?»

«Ich bin ein Seefahrer.»

«Mit Kippa? Wohl ein jüdischer Seefahrer?»

«Kippa? Ich habe keine Kippa», sagte ich.

«Du hast sogar zwei!», sagte Lior. Noa prustete in ihre Bowle.

«Wieso zwei?»

«Na ja, das da auf deinem Kopf sieht im Moment aus wie eine Kippa – und dann, da unten, zwischen den Beinen, das nennt man auch Kippa. Weißt du? Deine Kippa trägt eine Kippa. Oder bist du beschnitten?»

«Wie bitte?»

«Ja, genau», sagte Noa. «Wieso bist du eigentlich nicht beschnitten? Hängst du so sehr an deiner Kippa? Vielleicht wäre heute Abend mal ein guter Anlass dafür.»

Ich lachte. Sie nicht. Sie meinte es ernst. Das war mir zu blöd. Ich drehte mich um und sah runter auf die Cordovero-Straße. Kein Zentimeter war mehr frei, das ganze Viertel wie im Rausch. Wer einen Balkon hatte, stellte seine Stereoanlage raus und drehte voll auf. Von dort kam Trance, von da House und Electro, von da hinten israelischer Pop. Singen, Jubeln, Kreischen. Alle verkleidet. Wie Karneval in Köln, nur besser und nicht in Köln. Wie Woodstock mal gewesen sein musste. Wie eine große Demonstration für Was-auch-immer.

Noa nahm mich in den Arm. Ich schloss die Augen und spürte ihren Atem an meiner Wange. Ich suchte ihre Nase. Gleich würden unsere Lippen sich berühren, gleich.

«Zack!», rief Noa und riss mir meine Seefahrermütze vom Kopf.

«Ha!» Sie hielt die Kappe wie einen erlegten Hasen in der Hand. «Die erste Kippa habe ich schon von dir. Und die zweite, die bekomme ich auch noch.»

Noa warf meine Mütze über die Schulter, sie flog über die Brüstung, runter auf die Straße.

«Was machst du?»

Noa zuckte mit den Schultern. Mir war diese Mütze ja eigentlich egal, aber hier ging es ums Prinzip. Ich drängte mich zur Treppe. Noa lief hinter mir her und wollte mich festhalten. Lior stand vor mir: «Alles gut? Hast du deine Kippa verloren?»

Ich stolperte die Treppe abwärts, raus auf die Straße. Ich suchte die Mütze zwischen den Füßen der Leute auf dem Boden. Tatsächlich fand ich sie wieder, weiß war sie nicht mehr. Meine Mütze. Meine Kippa. Ich setzte sie wieder auf. Ein Superman blieb neben mir stehen, er musterte mich, griff mir an den Oberarm und rief: «Hey, du siehst aus wie Popeye, aber du hast gar keine Muskeln!»

Witzig. Ich schlug nach ihm. Daneben. Superman machte einen Satz. Ich dachte, gleich, gleich springt er in die Luft und fliegt, die Faust voran, mit wehendem Umhang in den Nachthimmel über Tel Aviv. Noa kam zu mir. «Hast du deine Kippa wieder?»

Wir umarmten uns mitten in der Menge, die um uns herum wogte. Wir gingen ein Stück, führten mit irgend-wem Hopser auf wie die Griechen, in einer Reihe, Arm in Arm, beim Sirtaki. Es fühlte sich an, als habe jeder Jude an Purim ein zweites Mal Geburtstag: Erst isst man Süßes um die Wette, bis es nicht mehr geht. Dann ist der richtige Moment gekommen, mit dem Trinken anzufangen und gleichzeitig mit dem Tanzen. Wir liefen umeinander herum, rieben uns, drückten uns. Was für ein Fest. Ich gab Noa tausend Küsse, und sie gab mir zweitausend zurück. Bis ein Pirat vor mir stand und mich schlug.

Bumm. Voll auf die Nase. Ich taumelte.

«Was glaubst du, wer du bist?», schrie er mich an.

«Was glaubst du, wer du bist?», schrie Noa ihn an.

Sie schubste den Piraten weg.

«Jossi! Was bist du nur für ein Ekel. Was willst du von uns?»

«Du solltest dich schämen! Unsere Familie kauft keine Dinge aus Deutschland. Keinen Mercedes, keinen BMW. Keinen Volkswagen. Nicht einmal einen Bleistift oder einen Anspitzer. Und hier stehst du und knutschst an Purim mit diesem Deutschen.»

«Du spinnst. Hau bloß ab.»

«Sein Großvater hat unsere Großväter umgebracht! Kommt dir das nicht hoch, wenn du ihn küsst?»

«Was kommt bei dir hoch? Unsere Großväter stammen aus dem Iran und dem Irak, Jossi. Du hast zu viel getrunken.»

Für einen Moment schien es, als stünde die Party still. Für einen Moment gab es nur Noa und ihren Bruder Jossi auf dieser Welt. Sie verharrten wie Zeichnungen, sie bewegten sich nicht. Wer gab nach? Wer zog den Colt? Jossi zog die Nase hoch, schnäuzte sich in den Ärmel und ging. Noa schüttelte den Kopf. Die Musik war wieder da. Von rechts pustete ihr jemand eine Luftschlange ins Gesicht. Sie hakte sich bei mir ein und zog mich weg. Sie sah mich an.

Keinen Mercedes.

Keine Bleistifte.
Keine Küsse, aus Deutschland?
«Sitzt sie gut, deine Kippa?», fragte Noa.

Wir bewegten uns ein wenig, wippten sachte hin und her. Ein Tanz wollte nicht mehr daraus werden. Die Melodie, der Takt, die Bewegungen waren aber wie ein feiner Balsam, der sich langsam über die Wunde legte. Wir schlossen die Augen und blieben einfach beieinander, ganz nah, so, dass nichts mehr dazwischenpasste.

Irgendwann zog mich Noa in einen Hauseingang. Die Tür gab nach, und wir standen im Flur. Sie zog mich zu sich hin. Gut fühlte sich das an. Sie biss mir einen Kuss in die Lippe. Sie drückte mich an sich, ich roch ihren Schweiß und ihr Parfüm. Mein Herz schlug schneller, ich spürte ihren Busen, ihre Arme, ihren Mund. Und dann …

… dann griff sie zielstrebig nach meiner Kippa.

Gott ruft an

Ich habe nie behauptet, ein besonders frommer Christ zu sein. Ja, mein Vater ist Pastor. Aber auch die Väter von Friedrich Nietzsche und Gudrun Ensslin waren Pastoren. Außerdem komme ich in der Kirche schon beim Glaubensbekenntnis ins Schleudern, und mir ist es jedes Mal unangenehm, wenn man sich zum Friedensgruß nach der Predigt die Hand geben soll. «Friede sei mit dir», jaja, aber bitte nimm deine Hand wieder zurück.

Wir saßen in einem Café in Jaffa in Tel Aviv, es war kurz vor Ostern, und wir sprachen über unsere putzige Christus-Sekte. Noa und ich waren wieder so etwas wie ein Paar, tagsüber auch außerhalb Jerusalems – in der heiligen Stadt dagegen nur, wenn ich bei ihr übernachtete. Friedrich hatte Besuch von einem Mädchen namens Claudia. Sie war eine Freundin von ihm aus Mannheim; sie besuchte ihn für zehn Tage und war wie ich sehr christlich erzogen worden. Doch das Resultat war ein anderes: Sie wollte Pastorin werden. Noa fand das sehr spannend und nahm sie ins Verhör. Leider hatte Noa eine etwas schroffe Art, wenn sie Menschen nach der Tiefe ihres Glaubens befragte. Claudia erzählte, dass Gott zu ihr gesprochen und ihr gesagt habe, sie solle Pastorin werden.

Noa: «Er hat mit dir gesprochen? Wie das denn?»

Friedrich sah auf den Boden.

«War es eine SMS? Hat er dreimal klingeln lassen? Getwittert? Seid ihr Freunde auf Facebook? Oder spricht Gott wie früher im Schlaf zu den Seinen? Was ist, wenn man gerade nicht erreichbar ist oder mit den Eltern telefoniert? Ruft Gott dann nochmal an? Kann man zurückrufen? Hat er eine Mailbox? Teilt er deinem Chef bei der Kirche irgendwann mit, dass er sich dich als Bodenpersonal ausgesucht hat?»

Friedrich räusperte sich und trat mir unter dem Tisch sanft gegen das Schienbein.

Claudia sagte: «Wenn du mit Gott reden willst, ruft er dich auch zurück.»

«Und wie ist das mit Jesus? Du glaubst wirklich, Jesus ist Gott? – You know: He was a Jew.»

«Ja, also Jesus ist nicht direkt Gott. Jesus ist Gottes Sohn. Und ein Jude war er wohl, hm-mh.»

«Also ist Jesus nicht Gott?»

«Streng genommen nicht. Man kann vielleicht sagen,

dass er ein Teil von Gott ist. Wir sagen: Im Namen des Vaters, des Sohnes und des Heiligen Geistes.»

Noa leuchtete das nicht ein. Für sie war Jesus ein Jude, der eine spinnerte Sekte gegründet hatte. *Jesus was a kibbutznik.*

Ich ergriff das Wort: «Noa, wir gehen morgen in die Altstadt, zur Gründonnerstags-Prozession. Da können wir uns das alles aus der Nähe ansehen. Jesus und so.»

«Tagsüber? In Jerusalem?»

«Ja. Aber das ist in Ostjerusalem. Jossi, Jaacov und der Rest deiner Familie sind weit weg.»

«Einverstanden.»

Noa kam zu spät. Viel zu spät. Ich stand auf der Jaffa-Straße ein paar hundert Meter von ihrer Wohnung entfernt. Ich hätte in der Zeit, in der ich auf sie wartete, dreimal zu ihrer Wohnung und wieder zurück gehen können. Aber ich traute mich nicht. Wegen Jossi. Sie verstehen.

Ich rief Friedrich an.

«Wo seid ihr?»

«Gethsemane-Kirche.»

«Ist die Prozession schon da?»

«Kommt gerade.»

«Wir brauchen noch einen Moment.»

Am Gründonnerstag wälzt sich jedes Jahr eine große Prozession durch Ostjerusalem, mit Christen aus aller Welt, mit Mönchen, Pilgern, Touristen. An diesem Tag zog Jesus in Jerusalem ein, seine Anhänger begrüßten ihn mit Palmwedeln, die sie durch die Luft schwenkten, so steht es zumindest in der Bibel. Vorneweg laufen bei der Prozession junge Palästinenser in bunten Uniformen – christliche

Pfadfinder, die Barette und Halstücher tragen. Sie marschieren im Gleichschritt, nutzen den Tag, um zumindest einmal im Jahr so zu tun, als hätten sie eine Armee und würden in die Altstadt von Jerusalem einziehen. Endlich sah ich Noa und winkte einem Taxi. Ich stieg ein, vorne. Noa öffnete die Hintertür und wollte gerade Platz nehmen.

«Gethsemane-Kirche, zur Gründonnerstags-Prozession», sagte ich.

«Was? Gethsemane? Ölberg? Da fahre ich nicht hin. Das ist ja im Osten.»

Richtig. Für viele jüdische Taxifahrer existierte Jerusalem östlich der Altstadt nicht. Zu gefährlich, sagten sie, da sei das Taxi auch gar nicht versichert. Und so weiter. Wir stiegen aus, gingen bis zur nächsten Ecke. Noa übernahm. «Ich suche uns einen arabischen Taxifahrer. Die erkenne ich an der Nase.» Drei, vier Taxis ließen wir vorbeiziehen. Friedrich rief an. «Wo seid ihr?»

«Wir versuchen, arabische Taxifahrer an der Nase zu erkennen. In zehn Minuten sind wir da.»

Noa jubelte: «Da, der da drüben! Schau dir das T-Shirt an. Total arabisch. Nase stimmt auch.» Wir liefen über die Straße, sprangen ins Taxi, der Fahrer hatte eine Dose Cola in der einen Hand und in der anderen einen Bagel. Sein Ellenbogen hing aus dem Fenster. Er drehte sehr langsam seinen Kopf herum. Er war anscheinend mäßig begeistert, jetzt arbeiten zu müssen.

«Gethsemane-Kirche, Gründonnerstags-Prozession», sagte ich.

Er kaute. «50 Schekel.»

«Das ist zu viel.»

«Ist es nicht.»

«35.»

«Nein.»

«40.»

«Nein. 50 oder gar nicht.»

«Dann gar nicht.»

Wir stiegen aus. Drei Minuten später hatte Noa wieder einen Araber ausfindig gemacht. Dieses Mal war sie sich aber nicht ganz sicher.

«Gethsemane-Kirche, Gründonnerstags-Prozession», sagte ich beim Einsteigen.

«Gethsemane-Kirche, Gründonnerstags-Prozession», wiederholte der Fahrer und gab Gas.

Ich war erleichtert und sah aus dem Fenster. Jetzt würde alles gut. Ich kramte in der Tasche nach Geld. Unser Fahrer hatte das Taxameter nicht eingestellt. Das bedeutete: handeln.

«Wie viel?», raunte ich so beiläufig es ging und sah dabei demonstrativ aus dem Fenster.

«100 Schekel.»

«100? Dafür komme ich ja nach Tel Aviv und zurück!»

«Es ist Schabbat.»

«Schabbat? Heute ist nicht Schabbat! Es ist nicht einmal Sonntag und schon gar nicht Schabbat!»

Der Fahrer zuckte mit den Schultern. «Also ...» Was könne er denn dafür, sagte er, dass wir Christen alles anders machen müssten. Erst würden wir eine neue Religion erfinden mit einem leicht dümmlichen Juden als Maskottchen. Dann würden sie den Wochenplan ändern, den Schabbat auf den Sonntag verlegen und so tun, als habe das schon immer so in der Bibel gestanden – und dann würde ich auch noch nach Jerusalem kommen und ihm erzählen, wann

Schabbat sei? Wenn für diese Christen heute Sonntag sei, also zumindest so ein Feiertag, an dem lauter Menschen durch die Stadt liefen und alles aussähe wie am Wandertag der Nervenheilanstalt, dann könne er auch bestimmen, dass er Schabbat-Preise nehmen dürfe. Außerdem seien wir zu zweit. 100 Schekel.

«Selbst wenn Schabbat wäre, sind 100 Schekel zu viel», sagte ich.

«Du gibst also zu, dass heute Schabbat ist?»

«Nein. Natürlich nicht.»

Mein Telefon. Friedrich.

«Verdammt, wo seid ihr? Wir sind schon mitten im Zug.»

«Ich muss unserem Taxifahrer erklären, dass wir zur Gründonnerstags-Prozession wollen und dass heute nicht Schabbat ist.»

Pause.

«Hast du gekifft? Heute ist Sonntag, Palmsonntag.»

«Ach, … so? In zehn Minuten sind wir da. Echt.»

Noa war verdächtig still. Ich fand eigentlich, sie hätte sich mal einmischen können.

«Wir zahlen höchstens 40 Schekel.»

«40 Schekel? Das ist viel zu wenig. Seid froh, dass ihr am Schabbat überhaupt jemanden gefunden habt, der euch fährt. Laut Thora ist das Taxifahren heute nämlich verboten.»

«Hör mal, heute ist weder Schabbat noch Sonntag, und ich weiß nicht, was die Fahrt kostet, aber 100 Schekel sind zu viel. Wir fahren ja nicht nach Jordanien.»

«Willst *du* mir jetzt was über den Schabbat erzählen? Wenn du dich so gut mit dem Judentum auskennst, warum bist du dann bei dieser komischen Jesus-Sekte?»

Noa kicherte leise auf dem Rücksitz.

Ich nahm noch einen Anlauf: «Schau aus dem Fenster. Siehst du die Leute? Die gehen arbeiten, kaufen ein, da steht ein Orthodoxer und telefoniert. Heute ist ein normaler Arbeitstag, in ganz Israel.»

«Die da draußen? Das sind doch alles Amerikaner, Leute aus Tel Aviv und Christen. Was wissen die denn vom Schabbat?»

«Wollen wir stehenbleiben und sie fragen?»

«Dann kostet es 150 Schekel.»

«Ich werde nicht 100 und auch nicht 150 Schekel zahlen, um zur Gethsemane-Kirche zu fahren. Nicht am Schabbat und nicht an einem anderen Tag. 40 ist mein letztes Angebot.»

«Willst du mir erzählen, du hättest keine 100 Schekel? So viel kostet es nun mal zur ... Moment – wo wolltet ihr hin?»

«Gethsemane-Kirche.»

Er bremste.

«Da fahr ich sowieso nicht hin. Ich kann euch bis zur Altstadt bringen. 50 Schekel.»

Noa klatschte in die Hände.

Als wir am Damaskus-Tor waren, stiegen wir aus, und ich zahlte mit säuerlicher Miene 50 Schekel. Zum Abschied schlug ich auf die Motorhaube.

«Danke, du Knalltüte. Schabbat Schalom.»

Auszug der Kinder Israels

Montag, 4. Mai

Simsons Freundin Marit war zu Besuch, und Ruth hatte gekocht. Es gab Couscous mit Gemüse, wir saßen am Tisch.

«Schön, dich kennenzulernen», sagte Ruth. «Man sieht so selten was von Simsons Frauen.»

Stille.

Wir begannen zu essen.

Ruth: «Ihr studiert zusammen?»

Marit: «Ich arbeite bei der Dänischen Botschaft. Wir haben uns auf einem Musik-Festival kennengelernt. Vergangenen September.»

«Ach, tatsächlich? Weißt du, Simson kennt so viele Frauen, da kommt man schon mal durcheinander.»

Ruth verzog Oberlippe und Wangen zu einem giftigen Grinsen. Wir kauten.

«Wie heißt du nochmal?»

«Marit.»

«Mary? Merit?»

«So ähnlich.»

«Bist du jüdisch?»

«Nein. »

«Natürlich nicht. War ja noch nie eine. Immer Ausländerinnen. Simson, woran liegt das? Hast du was gegen jüdische Frauen?»

Marit verschluckte sich am Couscous.

«Du müsstest dich mal reden hören», brummte Simson. «Dann wüsstest du, warum.»

Marit hustete. Sie rief: «Simson! Sag was! Was heißt das: ‹*Immer* Ausländerinnen›?»

Ruth: «Entschuldigung, Entschuldigung. Ich kann mir halt nicht alles merken. Oder jede. Es reicht ja, dass *Simson* im Zweifelsfall weiß, wer da neben ihm sitzt. Oder liegt.»

Simson schob den halbvollen Teller von sich weg.

«Ich habe keinen Hunger mehr. Wir gehen.»

Donnerstag, 6. Mai

Joel bat zur WG-Sitzung, schriftlich, per Zettel unter der Tür. Bei der Sitzung sah er mich und Simson nicht an. Er richtete seinen Blick auf Ruth, die immer wieder nickte, wenn Joel einen Satz beendet hatte. Joel meinte, wir würden das Kaschrut nicht einhalten, also Simson und ich. In der Küche sei alles durcheinander, das Fleischbesteck liege im Milchbesteck, das Porzellan werde in die falschen Schränke eingeräumt. Irgendjemand stehle immer die Schokolade, sein Brot und die Nudeln. Am Schabbat habe er schon mehrfach im Dunkeln aufs Klo gehen müssen. Außerdem wäre es schön, wenn es am Abend in der Wohnung etwas leiser sein könnte. Er sah kurz in meine Richtung: «Vor allem, wenn ihr Besuch habt.» Ruth sagte, sie sehe das alles so wie Joel. Im Übrigen verkündete sie uns, dass ihr Bruder James aus Chicago für eine Woche zu Besuch komme. Der könne leider nicht in ihrem Zimmer schlafen, aber hier im Wohnzimmer auf der Couch sei ja genug Platz.

Freitag, 7. Mai

Ruth saugte die Wohnung. Es war sieben Uhr morgens. Noa lag neben mir, und wir versuchten noch zu schlafen. Wir legten uns Kissen über die Ohren. Gerade waren wir weggedämmert, da begann Joel, singend das Bad zu putzen. Ein paar Minuten herrschte Stille, dann klirrte es in der Küche. Ruth und Joel sortierten das Besteck, sie schmissen es in die Spüle. Dem Ton nach zu urteilen aus etwa zehn Metern Höhe. Um 16 Uhr kam Ruths Bruder James aus Chicago an. Ruth hatte ihn vom Flughafen abgeholt. James brachte seine Freundin Cathy mit. Brian, der große Bruder, hatte sich den beiden spontan angeschlossen. Was für eine schöne Überraschung. Familientreffen in unserem Wohnzimmer. Sie bauten aus der Couch und den Sesseln drei Betten. Nachmittags gingen sie einkaufen und füllten die Küche mit Essen und Vorräten, bis der Kühlschrank kaum noch schloss. Das Gemüse, das Obst, die Nudeln, sogar das Fleisch kennzeichneten sie mit kleinen weißen Etiketten, auf denen «Ruth» stand. Als Noa in der Küche einen Tee kochte, stand James aus Chicago daneben und sah ihr bei jedem Handgriff auf die Finger. Mehrfach griff er ein: «Nein, *den* Teelöffel bitte nicht für den Honig benutzen. – Du musst die Unterlage im Waschbecken auswechseln, bevor du dir die Hände wäschst. – Haltet ihr zu Hause etwa nicht alles koscher?» Noa goss ihm heißes Teewasser über den Fuß. Aus Versehen. Am Abend rief Ruths halbe Familie die Eltern in Oregon an, über das Internet, der Laptop stand auf dem Küchentisch. Der Lautsprecher war an und dröhnte auf voller Lautstärke: «ES IST SO SCHÖN, DASS IHR BEIEINANDER SEID», sagte Ruths Mutter. «ES WÄRE NOCH SCHÖNER, WENN IHR AUCH HIER WÄRT!», rief Ruth.

Mittwoch, 12. Mai
Fünf Tage später standen Ruths Eltern vor unserer Tür. «Ihr habt ein schönes, großes Haus!», sagte die Mutter und schleppte ihre Koffer über die Schwelle. Ruth räumte ihr Zimmer, in das die Eltern einzogen. Ruth schlief nun auch im Wohnzimmer. Ich suchte im Kühlschrank nach meinem Joghurt. Brian, Ruths großer Bruder, meinte, er habe ihn weggeschmissen, weil kein Platz mehr gewesen sei. «Morgen wäre er sowieso abgelaufen, you know?» Ruth sagte, dass Noa nicht mehr zu Besuch kommen solle, solange ihre

Eltern bei uns seien. Sie und Joel hätten unser Verhalten ja schon akzeptiert, aber ihren Eltern könne sie kaum erklären, warum ich, der Christ, mit ihnen hier wohnen würde. Und wenn ich dann noch Besuch von einer jüdischen Frau hätte, die im gleichen Bett schlafe wie ich … Am Abend riefen Ruth und ihre Familie die jüngere Schwester Rachel in Boston an. «ES IST SO SCHÖN, DASS IHR BEIEINANDER SEID», sagte Ruths Schwester Rachel in Boston. «ES WÄRE NOCH VIEL SCHÖNER, WENN DU AUCH HIER WÄRST!», rief der Rest der Familie im Chor.

Freitag, 14. Mai
Als ich in die Küche ging, weil ich frühstücken wollte, traf ich Ruths Schwester Rachel aus Boston und ihren Mann John im Wohnzimmer, auf zwei Küchenstühlen, denn die Couch und der Sessel waren ja zu Betten umfunktioniert worden. Vorgestern noch in Boston, heute schon in meiner Küche. Dieses Mal hatte es nur zwei Tage gedauert. Rachel aus Boston und John hatten auch die Kinder Leah, drei Jahre, und Josh, 14 Monate, mitgebracht. Alles ganz spontan. Es roch nach Windeln im ganzen Haus, und im Wohnzimmer stand ein Kinderwagen. Am Nachmittag besuchte mich Noa, der ich selbstverständlich kein Hausverbot erteilt hatte. Ruths Vater stand in der Küche und schnitt Gemüse, Brian half ihm dabei. James und Cathy bauten eine Warmhalteplatte auf, für den Schabbat, denn es würde ja ein großes Essen geben müssen. Die Warmhalteplatte hatte die Größe eines Kleinwagens. Niemand achtete auf uns. Als Noa und Ruth sich aber vor dem Badezimmer begegneten, bekam Ruth einen Schreikrampf. Wir machten einen langen Spaziergang, bis die Sonne unterging und der Schabbat begon-

nen hatte. Wir kehrten ins leere Haus zurück. Noa schickte mich mit Geld zum 24-Stunden-Laden, ich kaufte Wein und zwei Pizzas. Als ich wieder zu Hause war, grinste Noa über das ganze Gesicht. Sie sagte: «Komm, wir fahren zu mir!» Am Abend bekam ich einen Anruf von Ruth. Im Gegensatz zu Joel durfte sie auch am Schabbat telefonieren. Sie war in einer Telefonzelle. Vermutlich aus Respekt. Sie sprach immer noch in Schreikrämpfen. Zwar legte ich sehr schnell auf, aber ich verstand, dass Noa die koschere Küche kräftig umsortiert hatte, während ich einkaufen gewesen war.

Sonntag, 16. Mai
Nach der Uni fuhr ich nach Hause. Im Wohnzimmer standen neben der Fernsehcouch und dem Sessel in der Ecke drei Campingliegen und ein Feldbett. Aus dem einen Kinderwagen waren etwa vier geworden. Ich versuchte, mir einen Weg zu bahnen. Eine Frau mit rotem Kopftuch, so um die 40, die ich noch nie gesehen hatte, hielt mich fest, sah mich böse an und sagte auf Englisch mit spanischem Akzent: «Babys Schlaf. Iste ferboten jetzt su gehen in sweite Stohck.» Sie schüttelte energisch den Kopf und drängte mich mit einem Besen vor die Tür. Ich schob sie wieder zurück ins Haus. Sie pfiff einmal durch die Zähne und bekam Verstärkung von einer anderen Frau, die die Treppe heruntergelaufen kam. Zusammen beförderten sie mich aus dem Haus. Ich beantragte Asyl bei Noa.

Montag, 17. Mai
Simson hatten sie auch ausgesperrt. Wir saßen in Noas Küche. Noas Wohnung wurde zu unserer Kommandozentrale. Na ja, sie hielt uns eben aus. Ich schlief in ihrem Bett, Noa

zu meinem Leidwesen bei ihren Eltern und Simson in der Küche auf dem Fußboden. Wir berieten, was zu tun sei. An eine Rückkehr war im Moment nicht zu denken. Wir wollten unsere Sachen aus der Wohnung holen. Nachts schlichen wir uns in den Garten, kletterten an der Fassade hoch und stiegen durch Joels Fenster ein. Auf Zehenspitzen schlichen wir um Joels Bett, in dem nicht er, aber bis zu vier andere Gestalten lagen. Simson schob die Tür auf, wir schlüpften in den Flur. Auf einmal ging ein Licht an. Vor uns standen drei Männer in Jacken, auf denen «Security» stand. Sie richteten Taschenlampen und Pistolen auf uns. Sie schubsten uns hinaus auf die Straße.

Dienstag, 18. Mai
Wir waren raus aus dem Haus. Simson fand das nicht schlimm, er hatte sich in der WG nie wohl gefühlt. Und dann die Sache mit Ruth und Marit neulich am Esstisch. Die Miete für den Mai hatte er auch noch nicht überwiesen. Noa fand, wir müssten uns wehren. Außerdem schaute sie jeden Tag ein wenig grimmiger. Sie sagte es nicht, aber sie dachte vermutlich, dass sie ihre Wohnung auch gerne mal zurückgehabt hätte. «Vergiss Jerusalem!», rief Simson beim Abendbrot. «Wir suchen uns eine Bude in Tel Aviv und gehen surfen!»

Donnerstag, 20. Mai
Simson versuchte noch einmal, in die Wohnung zu kommen. Die Sicherheitsleute hatten ihn dieses Mal schon am Hauseingang erwartet. Er hatte nur einen kurzen Moment an ihnen vorbeischauen können. Von Fenster zu Fenster spannten sich Wäscheleinen mit Höschen und Blüschen

und Strümpfchen, genug für einen ganzen Kindergarten. Zu Hause kochte Noa Simson einen Tee und kippte ein großes Glas Arak in die Tasse.

Sonntag, 30. Mai
Ruth rief an. Sie bat um Friedensverhandlungen, ohne Bedingungen. Wir wussten nicht, warum, aber wir willigten ein. Ruth und Joel kamen etwa eine halbe Stunde zu spät. Sie sahen gestresst aus. Joels Kippa saß nicht richtig, er hatte weiße Breiflecken am Revers. Ruth roch nach Babysalbe. Sie sagte: «Machen wir es kurz. Wir halten es mit der Familie nicht mehr aus. Ich kann sie nicht einfach so wegschicken, das verbietet die Tradition. Uns fehlt euer Geld. Bitte zieht wieder ein.»

Zuerst fing Simson an zu lachen, dann lachte ich mit. So laut, dass es wehtat.

Ich merkte nicht, wie Joel und Ruth aufstanden und gingen. Ich sah sie nie wieder.

Pizza vom Mossad

Reuven war der Typ, der die ganze Zeit behauptete, er sei beim Mossad. Reuven benahm sich auch ansonsten durchaus sonderbar. Selbst Simson sagte: «Reuven ist mir unheimlich.» Natürlich glaubte das mit dem Mossad keiner, denn – hallo? – wenn du beim Mossad bist, dann sprichst du nicht darüber. Dann wohnst du in einem Penthouse auf dem Dach von Tel Aviv, im Rothschild Tower oder im Schalom oder im Azrieli, ganz oben, mit so einer großen Scheibe, an die die Möwen klatschen und dann zehn Stockwerke runterfallen, und mit einer Putzfrau, die jeden Tag wischt und abstaubt. Du hast immer eine Knarre dabei und hältst im Übrigen die Klappe. Reuven wohnte dagegen in Florentin, ihm gehörte ein bröckelndes Haus an der Vital-Straße mit ein paar Wohnungen und im Erdgeschoss mit einer Pizzeria, die «Giovanni» hieß. Reuven hielt auch viel zu selten die Klappe, er quatschte vielmehr den ganzen Tag. Das Beste an ihm war vielleicht sein Motorroller, so ein großer schwarzer, der über 80 km/h fuhr.

In der Pizzeria in Reuvens Haus gab es die beste Pizza der Welt, jedenfalls sagte das Reuven. Sie schmeckte tatsächlich sehr gut. Ein italienischer Jude, dessen Eltern vor 70 Jahren vor den Faschisten geflohen waren, von Mailand nach Israel, bereitete sie jeden Tag frisch zu. Er hieß Giovanni und er war Autist: Er hatte ein genaues Protokoll in seinem Kopf, wie ein Tag in der Pizzeria abzulaufen hatte. Gab es eine Änderung, auch nur eine kleine Abweichung, flippte er aus und warf mit Tomaten. In der Pizzeria stand ein großer Ofen, ein Tresen und an der Seite ein Kühlschrank mit Wasser. An der Wand hing ein Bild von Menachem Begin. Bei Giovanni lief stets die gleiche Musik, drei Platten von Gidi Gov, keine länger als 60 Minuten, insgesamt drei Stunden, und länger hatte «Giovanni» auch nie an einem Tag geöffnet.

An der Rückwand der Pizzeria gab es eine Tür, die verschlossen war. Der Einzige, der einen Schlüssel zu dieser Tür hatte, war Reuven. Nicht einmal Giovanni hatte einen, obwohl es seine Pizzeria war, in die diese Tür führte. Die Tür lag anscheinend außerhalb seines täglichen Protokolls, und darum interessierte sie ihn nicht.

Reuven verbrachte seine Tage damit, in der Pizzeria am Tresen zu sitzen und auf seinem Laptop herumzutippen.

Alle zwei Stunden stellte ihm Giovanni eine neue Pizza hin. So war Reuven über die Jahre recht dick geworden. Manchmal stand er auf, ging zu seiner mysteriösen Tür, schloss sie auf, schritt hindurch und schloss sie von innen. Niemand wusste, was sich hinter der Tür verbarg.

Die Tür und Reuvens Gelaber vom Mossad, meinte Simson, das sei alles nur Reuvens Masche. Das brachte diesem Typen jedes Wochenende eine neue Frau ein, die auf ihn hereinfiel. Sie kamen wegen der Pizza zu Giovanni, und während der hauchdünne Teig ihnen am Gaumen kitzelte, wanzte sich Reuven an sie heran, laberte ihnen die Ohren voll, erzählte vom Mossad und von seinen Verbindungen, wen er alles kannte. Dann verschwand Reuven für ein paar Minuten in seinem mysteriösen Zimmer. Wenn er zurückkam, kratzte er die Dame vom Tresen weg und schleppte sie mit nach Hause, hoch in den dritten Stock. Wer weiß, meinte Simson, vielleicht stimmte es ja auch, die Sache mit dem Mossad. Es gab jedenfalls keine bessere Tarnung für einen echten Mann vom Mossad, so Simson, als die ganze Zeit zu behaupten, man sei vom Mossad – wer glaubt einem das dann noch? Für eine Einsatzzentrale oder zumindest eine konspirative Wohnung sei die Pizzeria mit dem von Zwängen gesteuerten Giovanni auch keine schlechte Tarnung. Wer würde schon an den Geheimdienst denken, wenn er von einem Autisten mit Tomaten beschmissen werde?

So weit Simsons Theorie.

Wir trafen Reuven, weil wir umziehen mussten und er uns angeblich eine Wohnung vermitteln konnte. Reuven saß an seinem Tresen bei Giovanni und biss gerade in ein Stück Pizza mit Oliven, das sehr gut roch und lecker aussah.

«Warum wollt ihr umziehen?», fragte er mit vollem Mund. «Tel Aviv ist ein einziger Scheißhaufen. Schaut aus dem Fenster: Es ist warm, es stinkt, und in der Luft sind überall Fliegen. Wird immer schlimmer.»

«Was geht dich das an?», fragte Simson.

«Habt ihr Probleme mit eurem Betbruder? Habe ich mir gleich gedacht, als ich ihn gesehen habe. Allein schon diese bunte Kippa.»

«Hast du eine Wohnung für uns?»

«Natürlich habe ich eine Wohnung. Ich habe viele Wohnungen. Du weißt doch, ich habe meine Verbindungen. Alles streng vertraulich. Wärt ihr gleich zu mir gekommen, hättet ihr niemals in dieser merkwürdigen WG in Jerusalem wohnen müssen.»

«Wo ist die Wohnung?»

Reuven zeigte an die Decke. «Direkt über uns, erster Stock, Fenster nach vorne. Hier, geht hoch und schaut sie euch an.» Reuven drückte uns die Schlüssel in die Hand, schob sich vom Tresen weg, wankte auf seine mysteriöse Tür zu, öffnete sie und verschwand.

Die Wände der Wohnung waren hauchdünn, wie Vorhänge, und allesamt erst vor kurzem eingezogen worden. Die Tür bestand aus dünnem Sperrholz. Im Bad fehlte der Duschkopf. In der Küche gab es weder Herd noch Kühlschrank. Dafür waren die Zimmer groß, von den Fenstern aus sah man die Vital-Straße mit ihren Pubs und Kneipen, und es roch ab sieben Uhr am Abend nach Giovannis Pizza. Uns gefiel die Wohnung.

Wir wollten den Mietvertrag unterschreiben und warteten auf Reuven bei «Giovanni» am Tresen. Als ich gerade das zweite Stück Margherita verdrückte, öffnete sich die mysteriöse Tür zum mysteriösen Zimmer, oder was auch immer sich dort verbarg. Reuven schloss sie sorgfältig ab und setzte sich zu uns. Er legte den Vertrag auf den Tisch, Simson las ihn, dann nickte er mir zu, und wir unterschrieben. Reuven unterschrieb ebenfalls. Wir bestellten mehr Pizza. Reuven fragte, wie wir damals eigentlich an diese Wohnung in Jerusalem geraten waren. Ich erzählte, dass ich mit einer Internet-Anzeige hereingelegt worden war. Und vom Bewerbungsgespräch bei Joel, Ruth und Simson. Simson lachte sehr laut und lange, als ich ihn nachmachte: «You are such a puuusi.» Reuven lachte nicht. Er nahm seine Schlüssel, sagte «Bye» und knatterte weg mit seinem Roller. Giovanni brabbelte vor sich hin. «Was ist los, Joe?», rief Simson. «Es ist nicht gut», sagte Giovanni. «So geht es nicht. So nicht. SO NICHT!»

Eine Woche verging an der Vital, wir hatten uns gerade eingerichtet, da stand die Polizei vor der Tür. Genau genommen stand sie nicht vor der Tür, sondern direkt in der Küche, denn der Beamte hatte sehr fest angeklopft und die Spanplattentür zum Zerbersten gebracht. Er war so eine Rollerstreife, die nie den Helm abnahm, auch nicht beim Gehen, beim Einkaufen, beim Rauchen und vermutlich noch nicht einmal beim Sex. Er hatte eine Sonnenbrille auf, und wie er da so stand, in unserer Küche, mit seiner hellblauen Uniform und der Knarre am Gürtel und einem Zettel in der Hand, die in einem Lederhandschuh steckte, erinnerte er mich an einen Kämpfer der imperialen Sturmtruppen aus «Krieg der Sterne».

«Gidi Begin? Heißt du Gidi Begin? Ist hier ein Gidi Begin?»

Simson zuckte mit den Schultern.

«Wer? Wie? Gidi? Nein. Klopfst du immer so an?»

«'tschuldigung. Die Tür ist eh Schrott.»

«Gidi Begin? Wer soll das sein?»

«Gidi Begin. Ist hier gemeldet, in dieser Wohnung. Wir haben eine Anzeige gegen ihn vorliegen.»

«Nie gehört.»

Gidi Begin.

«Ich muss Sie warnen. Dieser Mann, also der Mann, der Gidi Begin heißt, vielleicht nennt er sich auch anders, ist ein Betrüger. Einer von der fiesen Sorte. Wenn es nicht seine Wohnung ist – wessen Wohnung ist das hier dann?»

«Reuven. Reuven Paglin heißt der Vermieter. Wollen Sie den Vertrag sehen?»

Simson holte den Vertrag und legte ihn auf den Küchentisch. Der Polizist nahm ihn in Augenschein und schrieb sich etwas auf. Dann ging er wieder und steckte einen 50-Schekel-Schein hinter die Türangel. «Für die Reparatur.»

Simson stand noch eine Weile da, über den Vertrag gebeugt. Ich stellte mich neben ihn. «Schau mal. Hier oben steht ‹Reuven Paglin› bei ‹Vermieter›. Aber hier unten – die Unterschrift. Reuven hat tatsächlich mit ‹Gidi Begin› unterschrieben.»

Gidi Begin.

Wir gingen runter zu Giovanni und suchten nach ihm. Also nach Reuven. «Wo ist Reuven?», fragte Simson Giovanni. Der rollte gerade den Teig aus und schwieg. Simson ging hinter den Tresen und zog an seiner Schulter: «WO IST REUVEN?» Giovanni langte mit der rechten Hand in die Tomaten und drückte Simson zwei in die Haare. Platsch. Ich hatte eine Idee. Ich ging zur mysteriösen Tür.

Ich klopfte an. Keine Reaktion. Ich drückte die Klinke. Verschlossen. Ich klopfte noch einmal an, dieses Mal etwas fester. Ich rief: «Aufmachen! *Gidi,* mach auf. Das Spiel ist aus!»

Erst passierte nichts.

Dann passierte gar nichts.

Ich winkte Simson, der sich mit einer Serviette die Soße aus den Haaren wischte. Giovanni knetete friedlich seinen Teig. Ich legte einen Finger auf die Lippen und deutete zur Ladentür. Wir öffneten sie, sagten «Auf Wiedersehen» zu Giovanni und schlossen sie wieder, aber von innen. Giovanni knetete seinen Teig. Wir stellten uns stumm vor die mysteriöse Tür.

Wir warteten. Es dauerte ein paar Minuten.

Erst knackte es leise, dann ein Quietschen. Der Schlüssel drehte sich. Die Tür öffnete sich, einen Spaltbreit, weiter, schließlich ganz. Reuven schaute sehr verdutzt, als er uns sah. Die Wände seines mysteriösen Raumes waren weiß gekachelt. Er stand zwischen einer Toilette aus Porzellan und einem hohen Stapel «Playboy»-Heften. In der Hand hielt er seinen Laptop. Auf dem Boden stand ein großer Aschenbecher. Es roch nach Rauch und nach Klo.

Ob Reuven vielleicht hin und wieder tatsächlich für den Mossad arbeitete oder für den Schin Bet, weiß ich nicht. Zuzutrauen wäre es ihm. Er war auf jeden Fall, wie sich herausstellte, der Kopf einer emsigen und gewitzten Bande von Betrügern. Sie waren spezialisiert auf sogenannte Luftbuchungen: Sie vermittelten Sachen, die es gar nicht gab – und machten sich mit der Anzahlung, der Kaution oder der Provision aus dem Staub. Sie boten meist per Inserat Wohnungen, Schmuck, Autos oder Möbel an. Die Masche funktionierte prima, auch weil sie zu zehnt waren und sich gegenseitig deckten. Einer der ausgedachten Namen, die sie wechselnd benutzten, war: «Gidi Begin». Gidi Begin. Jetzt fiel es mir ein. So hieß angeblich der Typ, der mir 400 Euro für ein Zimmer abgeknöpft hatte, das es gar nicht gab. Reuven versicherte mir, dass er diesen Namen sehr selten benutzen würde. Und er versprach, herauszufinden, an wen ich da geraten war. Wir übergaben ihn nicht der Polizei. Zumindest unsere neue Wohnung war nämlich keine Luftbuchung, und die Miete betrug durch wundersame Umstände auf einmal nur noch die Hälfte. Reuven bot mir zudem aus freien Stücken an, seinen schwarzen Motorroller bis auf weiteres als meinen zu betrachten. Jeden Abend bekamen wir ein paar Stücke von Giovannis bester Pizza der Welt geschenkt.

Pampelmuse

Stell dich an einem Sommerabend, so im Juni, an den Strand von Tel Aviv. Am besten an einem Freitag, wenn der Schabbat beginnt und alle Menschen, auch die, die Gottes Gebote nicht einhalten, in ihrem Leben einen Gang runterschalten. Geh nicht zu früh zum Strand, wenn die Jungs auf ihren Rollern kommen, mit der Freundin auf dem Sozius, und alles vollqualmen. Wenn der Strand und das Wasser übersät sind mit Surfern und Typen, die ihren Körper spazieren führen. Geh, wenn die Sonne nur noch ein paar Daumen breit über dem Horizont steht. Geh langsam, du wirst nicht schwimmen, das kannst du nicht, die Wellen sind zu hoch.

Zuerst spürst du den Sand, der warm ist. Schau auf die

Sonne, die pink und rund leuchtet. Rechts von dir planscht eine Muslimin, die Wellen heben ihr das Tuch vom Kopf und spülen den Rock an die Wasseroberfläche. Versuche nicht, sie zu retten, sie ist absichtlich so ins Wasser gegangen. Von links fliegt eine Frisbeescheibe heran, duck dich.

Setze den ersten Fuß ins Wasser. Wundere dich nicht, dass es dich nicht erfrischt. Den Strand nennen sie hier die «Badewanne», und das ist kein Spitzname, sondern eine Beschreibung der Wassertemperatur. Es duftet nach Salz und Meer, und meistens stinkt es auch nach faulem Ei oder totem Fisch. Du stehst bis zum Knie im Wasser, eine schäumende Welle rollt dir entgegen. Du siehst nach links, auf die Dächer, die alten Häuser und den Kirchturm von Jaffa. Vielleicht hörst du einen Muezzin zum Gebet rufen, und du denkst: Das gibt es, hier, in Tel Aviv? Du musst die Sonne anschauen, solange sie noch nicht in die Wellen gefallen ist. Sie wird jetzt so pink, so hell, so kitschig und so schön wie eine reife Pampelmuse. Du gehst, Schritt für Schritt, bis das Wasser am Bauchnabel steht, auf die Sonne zu. Vielleicht bleibt eine zerrissene Plastiktüte an deinem Bein hängen, oder du trittst auf einen alten Eisbecher. Das ignorierst du, denn die Pampelmuse am Himmel färbt alles rosa. Wenn du rosa bist bis zur Brust, bleibst du stehen. Schwimmen kannst du nicht, die Wellen sind zu hoch. Du wartest, bis die Sonne, diese Pampelmuse, in der Badewanne versunken ist.

Dreh dich nicht um. Wenn du dich umdrehst, wird alles anders sein. Du wirst in eine Stadt zurückgehen, die du nicht kennst. Bleib noch einen Moment stehen. Nur einen Moment.

Wenn ich mich umdrehte, da, im Wasser, ein paar Meter vor der Küste Israels, sah ich zuerst nach links, zur Promenade, den Hotelklötzen, dem «Dan Panorama», dem «David Inter Continental». Die Laternen davor leuchteten so hell, als wären sie Positionslichter für die Luftwaffe. Wenn ich aus dem Wasser zurück an den Strand watete, dachte ich, ich wäre ein Soldat. Vor hundert Jahren stapften sie hier aus dem Meer, sie kamen aus Europa und bauten Tel Aviv auf den Strand. Ich sah, wie die Lichter der Hotels und Häuser auf meiner Brust ein Muster ergaben, und fuhr mir mit der Zunge über die Lippen, um das Salz zu schmecken. Ich dachte für eine Sekunde, ich wäre ein jüdischer Soldat im Film «Waltz with Bashir». Ich hatte diese Bilder im Kopf, wie die jungen Israelis durch das flache Wasser am Strand von Beirut wateten, gegen das Licht der Blendgranaten blinzelten, die über den Dächern explodierten. Ich dachte an die Soldaten in dem Film, die landeten, um in die Stadt hinterm Strand einzumarschieren, denn es gab Krieg, und die Regierung hatte sie in den Libanon geschickt, um zu schießen. Beirut sieht in «Waltz with Bashir» aus wie Tel Aviv.

Ich dachte daran, wie ich den Film das erste Mal gesehen hatte, in einem Kino in Jerusalem. Ich erinnerte mich vor allem an die Momente nach dem Film, als das Licht anging. Ich weiß immer noch, wie still es war. Es war nicht still, wie es hier abends am Strand still ist oder wie es still ist in der Erlöserkirche in Jerusalem, wenn nach dem Gottesdienst alle gegangen sind. Es war so still, wie es nur in einem Raum sein kann, der voll ist mit Menschen, die nicht sprechen.

Immer wenn ich in Tel Aviv die letzten Schritte aus dem Wasser an den Strand machte, wenn an meinen nassen Füßen der trockene Sand kleben blieb, suchte ich nach meiner Uniform und nach meinem Gewehr, denn ich war ja im Krieg im Libanon und ein Soldat und sollte jetzt Libanesen erschießen. Ich stand da, mit einer Hose von Hannover 96, die mein Vater mir einst geschenkt hatte, eine richtige Badehose besaß ich nicht. Ich schaute den Strand hinunter, nach Jaffa im Süden, nach Norden zu den Hotels, und musste an den Krieg denken und an den Film «Waltz with Bashir». Ich war froh, dass ich kein Israeli war und keinen Film darüber machen musste, dass ich mit 19 meine Erinnerung verloren hatte, nachdem wir in unser Nachbarland einmarschiert waren, wie Ari Folman in «Waltz with Bashir».

Ich war froh, dass da keine Waffe im Sand lag, sondern Noa. Sie sagte: «Bist du wieder im Krieg? Also, wenn du mit Beirut fertig bist, können wir vielleicht etwas essen gehen? Mir ist kalt. Du stinkst nach Fisch. Deine Hose sieht lustig aus. Das mit der 96 sollten wir mal ausprobieren.»

Dänisch by nature

Auf einmal führten wir eine Fernbeziehung. Ich wohnte in Tel Aviv, Noa in Jerusalem. Wenn sie bei uns war, in der Vital-Straße in Florentin, blieb sie immer ein paar Tage, meist das ganze Wochenende. Sie richtete sich auf dem Tisch im Wohnzimmer ein, machte Skizzen und Entwürfe. Sie ging mit mir baden oder mit Simson, wir gingen tanzen. Noa kündigte sich selten an, sie kam und ging einfach. Meist hatte sie eine Sonnenbrille auf und ihre Badelatschen an, in jenem Sommer, auch wenn das Wetter gar nicht so gut war. Es gibt diesen Spruch in Jerusalem: Der Bus nach

Tel Aviv ist der schnellste Weg, ins Ausland zu fahren, ohne Israel zu verlassen. Noa verließ Jerusalem gerne und oft. Manchmal hatte ich das Gefühl, es ging dabei nur unter anderem um mich.

Wenn sie am Donnerstagnachmittag vom Busbahnhof kam, war ich oft noch auf dem Weg zurück von der Uni, die auch in Tel Aviv am anderen Ende der Stadt liegt. Ich hatte zwar diesen Roller von Reuven, aber ab 17 Uhr waren alle Straßen so dicht, dass ich ihn auch auf dem Rücken zurück nach Florentin hätte tragen können. Wenn ich in die Vital bog, sah ich schon Noa und Simson bei Giovanni sitzen. Es war fast wie eine kleine Familie im Urlaub. Nur fühlte ich mich wie das Kind.

In Jerusalem waren wir anders. Ich kam zu Besuch, und Noa unternahm nun jedes Mal einen neuen Versuch, mich ihrer Mutter vorzustellen. Ich hatte mich eigentlich an die Situation gewöhnt und fand es nicht mehr so schlimm, dass Noa mich geheim hielt. Mir waren diese plötzlichen Kontaktversuche sehr viel unangenehmer, als mit Noa das Agentenpärchen zu spielen und ihre Wohnung nur bei Nacht zu verlassen. Wenn ich alleine war und darüber nachdachte, konnte ich ihre Mutter sogar verstehen. Ich war verliebt in Noa, na klar. Aber ihre Eltern, ihre Familie – das schien mir etwas zu sein, was nicht für mich gedacht war. Etwas, das mich nichts anging.

Friedrich hatte mir einmal erklärt, dass er es richtig fände, dass der jüdische Staat es Nicht-Juden so schwierig mache, Israelis zu heiraten und in Israel zu bleiben. «Juden sollten Juden heiraten. Sonst gibt es sie irgendwann nicht mehr. Sie sollten zusammenhalten.» Ich fand diesen Spruch ausgesprochen blöde. Aber ich wollte Noa auch nicht herausschneiden, aus ihrer Familie, von der ich kein Teil werden konnte.

Noa ließ wirklich nicht locker: Wir gingen einkaufen in der Ben Jehuda, und sie steuerte zufällig Richtung King-David-Straße, wo ihre Mutter einen Laden für Schmuck hatte. Als wir vor dem Geschäft standen, war die Tür verschlossen. Ein anderes Mal hatte ich Noa in die Symphony Hall eingeladen, wir hörten Haydn. Nach dem Konzert gingen wir die Marcus-Straße hoch und hielten vor der Haustür ihrer Eltern. «Ich gehe kurz hoch», sagte Noa und verschwand. Ein paar Minuten später rief sie mich an und sagte, ich solle doch hochkommen, noch einen Mitternachtstee trinken. Vielleicht käme ihre Mutter ja dazu. Wir tranken Tee, aber ihre Mutter kam nicht dazu. Stattdessen ihr Bruder Jossi, der in Unterhose vor dem Kühlschrank stand und Noa fragte, was «die Schwuchtel» hier in der Küche mache.

Am letzten Juliwochenende kam Noa schon früh am Donnerstag nach Tel Aviv. Wir hatten uns bei Giovanni verabredet, und als ich den Roller parkte, saß sie bereits mit Simson an einem der Plastiktische auf der Straße, und sie tranken Arak mit Zitrone. Ich setzte mich dazu.

«Pass auf», sagte Simson.

«Wir haben einen Plan», sagte Noa.

«Morgen Abend gehen wir alle drei zum Schabbat-Essen bei meinen Eltern.»

Es war die blödeste Idee, die sie je gehabt hatten. Noas Brüder Jossi und Jaacov waren das ganze Wochenende auf einer Übung, die Eltern also allein. Sie sollten mich kennenlernen, ohne zu wissen, wer ich sei, sagte Noa. Simson würde mich mitbringen, als «Kumpel aus Dänemark», den er von der Uni kenne. «Du wirst wohl einen Dänen spielen können?» Immer dieser Unsinn mit den Dänen.

Wenn Noas Eltern und vor allem ihre Mutter mich dann einmal kennengelernt hätten, so das Kalkül, und sehen würden, dass ich nicht Befehle auf Deutsch schreiend und mit einem Hakenkreuz-Tattoo auf dem Unterarm durch die Gegend rannte, würde alles gut werden. Dann hätten wir sie ausgetrickst. Ich fand diese Idee selten dämlich. Aber ich hatte keine Wahl. Die Sache war beschlossen.

Ich kaufte eine Flasche Wein, teuren Wein. Ich zog mein bestes Hemd an, versuchte Noa trotzdem bis zuletzt zu überzeugen, es sein zu lassen. Sie sagte: «Das ist unsere Chance.» Vielleicht wollte ich gar keine Chance. Am Freitag nahmen wir das Scherut nach Jerusalem. Die Stadt war schon sehr leer, alle saßen in ihren Wohnzimmern oder werkelten noch schnell in der Küche und warteten auf den Schabbat. Ich dachte daran, wie Joel und Ruth immer den Freitagnachmittag damit verbracht hatten, Essen zu kochen und es auf eine Warmhalteplatte zu stellen. Wie Joel dann in die Synagoge gegangen war. Auf der Marcus-Straße begegneten uns Familien; Gruppen von vier, fünf Menschen, Eltern mit ihren Kindern, junge Paare, alle in ihren besten Kleidern. Sie sangen, sie riefen sich Scherze zu. Vor dem Haus ihrer Eltern nahm Noa meine Hand und drückte sie fest.

Die Mutter stand in der Tür und begrüßte uns. Sie umarmte Noa lange, dann reichte sie Simson kurz die Hand. Mir nickte sie zu. Das Esszimmer ging zur Straße raus, eine breite Flügeltür führte auf einen großen Balkon. Der Esstisch stand in der Tür, sodass wir halb im Freien saßen. Auf dem Tisch lagen zwei Laibe vom Challa-Brot, ein Becher mit Wein stand daneben, und eine Kerze brannte. Noas Vater kam aus dem Nebenzimmer. Er nickte uns zu, ging zu einem Schrank und zog zwei Kippot heraus. Eine reichte er Simson, die andere mir. «Take it. Now you are a Jew», sagte Noa.

Wir stellten uns um den Tisch. Ich saß am Kopfende, links von mir Noa und Simson. Rechts Noas Mutter und genau gegenüber ihr Vater. Er sang und sprach ein Gebet. Er trank einen Schluck Wein aus einem silbernen Becher und reichte ihn herum. Als ich Noas Mutter den Becher gab, begegneten sich unsere Blicke. Sie hatte runde Augen und einen offenen Blick. Genau wie Noa. Nach dem Wein standen wir in einer Reihe vor dem Waschbecken in der Küche und wuschen uns die Hände. In der Küche war so viel Essen aufgetürmt, dass es für ein ganzes Fußballteam genug gewesen wäre.

Zuerst gab es Salat aus Granatäpfeln, Koriander und so etwas Ähnlichem wie Roter Bete. Es folgten gebackene Kartoffeln mit Thymian, Rosinen, Walnusssoße und Reis. Ich aß und hielt den Mund. Der Wein war schrecklich süß und schrecklich schwer. Noas Vater sah mir belustigt dabei zu, wie ich ein Glas nach dem anderen leerte. Sie unterhielten sich auf Hebräisch, und die paar Brocken, die ich verstanden hätte, ließ ich an meinen Ohren vorbeirauschen wie das kühle Windchen, das durch die offene Balkontür hereinwehte. Als Noas Vater mir zum vierten Mal nachschenkte, fragte er: «Wie ist es in Dänemark mit den Juden? Kann man dort leben?»

«Ja, äh, Dänemark ist … ein liberales Land», sagte ich.

«Ich dachte an den Streit um die Mohammed-Karikaturen», sagte Noas Vater leise, «es gibt dort wohl eine starke muslimische Gemeinde. Vor kurzem las ich, dass der Zeichner dieser Karikaturen immer einen Polizeiwagen vor der Tür hat und in einem bombensicheren Zimmer schläft. Ich hoffe, so ist es nicht für die dänischen Juden?»

Mir fiel ein, dass vor jeder Synagoge in Deutschland ein Polizeiwagen steht, dass die Straßen mit Gittern abgesperrt sind. Ich begann zu sagen: «In Ger..., äh, in Denmark, äh ...», und dem Satz fehlte ein Ende. Noas Mutter fragte: «Wie viele Juden gibt es denn in Dänemark?»

«In Dänemark? Also, so, etwa 30 000?»

«Ach, so viele?»

Tja, so viele? Sind das viele?

Ich hatte einfach keine Ahnung. Ich wollte mich weiter meinem Wein widmen. Woher sollte ich wissen, wie viele Juden in Dänemark lebten und wie viele Polizeiautos vor ihren Synagogen standen?

«Es geht den Juden in Dänemark sicher besser als denen in Deutschland», sagte Noas Mutter. «Man liest ja so einiges.» Ich nickte und zupfte an meiner Kippa.

«Wie gefällt dir Israel?», fragte Noas Vater.

«Ein interessantes Land», sagte ich.

«Ist es nicht zu warm?»

«Nein. Ich finde es angenehm.»

«Die israelischen Frauen?»

«Die finde ich auch angenehm.» Gelächter. Schnell das Thema wechseln.

«Das Essen ist großartig. Besonders der Salat.»

«Persisches Rezept», sagte Noas Mutter. «Der ganze Trick sind die Granatäpfel. Ihr Saft ist der gesündeste, den es gibt. Granatäpfel gibt es in Dänemark nicht, oder? Was heißt denn ‹Granatapfel› auf Dänisch?»

«Ich … keine Ahnung. Ich habe Granatäpfel noch nie in Dänemark gesehen.»

Das war noch nicht einmal gelogen. Ich begann zu schwitzen, sah rüber zu Noa. Sie schien das alles sehr lustig zu finden. Jedenfalls lachte sie, flüsterte Simson etwas zu, und dann lachten sie beide. Ich fühlte mich allein. Irgendwo war hier eine versteckte Kamera, dachte ich, und gleich käme ein Fernsehmoderator rein und würde etwas sagen; «Schauen sie bitte hierher», würde er sagen, und alle würden lachen und klatschen, und ich wäre der Dumme. Ich suchte verzweifelt Noas Blick, aber sie sah mich nicht an. Wenn sie es tat, lachte sie über mich wie über einen Hosenscheißer aus dem Kindergarten, der Heimweh nach seinen Eltern hat.

Nein, wie niedlich.

Ich nahm einen großen Schluck vom klebrigen Schabbatwein. Noas Mutter legte mir noch etwas von diesem scharfen Karottensalat auf den Teller. Ich nahm einen Bissen und musste niesen und husten. Ich stand auf, ging in den Flur, Noas Mutter kam hinterher. Da waren vier Türen, die alle gleich aussahen. Ich nahm sofort die richtige zum Badezimmer, ohne darüber nachzudenken, noch bevor Noas Mutter sagen konnte, es sei die zweite auf der linken Seite. Ich wusste ja, welche es war, denn ich war schon einmal hier gewesen. Noas Mutter gab mir Taschentücher. Niesen. Schnäuzen. Trompeten wie ein Elefant. Noas Mama sagte: «Gesundheit! Du hast übrigens eine sehr große Nase. Für einen Dänen.»

Nach dem Essen rauchten Simson, Noas Vater und ich auf dem Balkon Zigaretten. Wir atmeten ein, atmeten aus und sprachen nicht viel. Noas Mutter deckte den

Tisch neu ein, für die Süßspeise. Noas Mutter verteilte Milchreis und goss aus einer kleinen Karaffe Rosenwasser darüber.

Noa fragte: «Für wen ist der sechste Teller?»

«Jossi kommt noch. Er hat frei bekommen.»

«Oh. Schön.»

Noa sah mich nervös an. Endlich sah sie mich mal an. Endlich musste sie mich ansehen. Simson atmete kräftig aus. Ich setzte mich in aller Ruhe auf meinen Stuhl, wartete, bis alle Platz genommen hatten und löffelte meinen Milchreis aus. Ich lobte den Nachtisch und fragte Noas Mutter, ob ich noch mehr davon bekommen könne. Sie lächelte mich zufrieden an. Simson und Noa kratzten etwas betreten in ihren Schalen. Als ich mit der zweiten Schale fertig war, stand Noa auf, ging um den Tisch und stellte sich in die Küchentür, so, dass nur ich sie sehen konnte. Sie sah mich böse an und zuckte nervös mit dem Kopf.

Ab in die Küche. Wir müssen reden. Jossi kommt.

Ich blieb sitzen und lobte den Milchreis. «Du bist ein guter Junge», sagte Noas Mutter. Noa setzte sich wieder hin. Simson trat mir unter dem Tisch gegen das Schienbein. Er deutete mit einem Kopfzucken Richtung Badezimmer. Ich ging auch darauf nicht ein. Was gab es zu besprechen? Wenn es so sein sollte, sollte es so sein. Jossi sollte nur kommen.

Wir tranken ein Glas Arak mit Zitrone, das mir, glaube ich, besser schmeckte als Simson und Noa. Simson ging auf die Toilette und schrieb mir eine Kurznachricht. Ich hörte mein Telefon piepen, reagierte aber nicht. Sie wurden mit jeder Sekunde nervöser. Ich unterhielt mich mit Noas Mutter über das Essen und bat sie, mir die Rezepte zu verraten.

Noa unterbrach uns jäh: «Ich muss mit dir reden. In der Küche. Jetzt.» Ihre Mutter fuhr sie an: «Benimm dich mal. Wir unterhalten uns gerade.»

Gegen 22 Uhr öffnete sich die Wohnungstür. Jossi ließ seinen Militärsack im Flur auf den Boden sinken. Er kam ins Wohnzimmer. Seine Mutter wollte ihn in die Arme schließen. Er sah mich. Er streckte den Finger geradeaus, wie einen Pfeil. Er zeigte auf mich. Er rief: «Was macht die Schwuchtel hier?»

Ich legte meine Kippa auf den Tisch, bedankte mich noch einmal bei Noas Mutter und ging raus, in die milde Schabbat-Luft, die Gott Jerusalem in dieser Nacht schenkte. Um 24 Uhr fuhr noch ein Scherut nach Tel Aviv. Als ich wieder in meiner Wohnung saß, suchte ich nach ein paar Sachen im Internet. Ich fand heraus: In Dänemark leben etwa 7000 Juden. «Granatapfel» heißt «Granatæble».

Zweimal Hebron

Auf dem Weg nach Hebron muss man zuerst am Checkpoint bei Bethlehem vorbei, durch die Kontrolle, dann in den Bus. An der Landstraße, auf halbem Weg, gibt es eine Kreuzung, neben der Siedlung «Neve Daniel», und dahinter liegt der Weinberg. An der Kreuzung auf dem Berg bei Neve Daniel bremste der Busfahrer und ließ mich raus und fragte noch: «Neve Daniel?» Ich schüttelte den Kopf und sagte: «Nassims Weinberg.» Ich war auf der Suche nach Friedrich und nach einem Ort, an dem ich Noa und Simson sicher nicht begegnen würde.

Dieser Nassim war ein palästinensischer Bergbauer, der Kontakt zum St.-Pierre-Krankenhaus hatte, so viel wusste ich. Falls Oberschwester Karin recht hatte, konnte ich Friedrich hier finden. Sie hatte mir erzählt, dass Friedrich im vergangenen Monat ständig nach Jad Vaschem gefahren war; ein-, zweimal die Woche. Von einem Tag auf den anderen habe er dann um Urlaub gebeten und sich hierher zurückgezogen.

Ich entdeckte Friedrich auf dem Feld. Er kniete im Acker, einen großen gelben Korb neben sich, und drückte Zwiebeln in die Furche. Er war nicht leicht zu erkennen, denn er hatte seinen Bart noch länger wachsen lassen, auch die Haare. Als er mich sah, richtete er sich auf, stützte die Arme in die Hüften und blinzelte.

«Schickt dich die Botschaft? Werde ich schon vermisst?»

«Jad Vaschem schickt mich. Sie haben deinen Namen gefunden. Er ist dir am Eingang aus dem Pass gefallen. Im Ernst: Was suchst du hier? Pflanzt du Kartoffeln für die Hamas?»

«Wenn du schon mal da bist, hilf mir wenigstens. Das Feld muss ich bis zum Sonnenuntergang fertig haben.»

Nach der Arbeit zeigte Friedrich mir den Weinberg. Alles Mögliche bauten sie hier an, aber Weintrauben eigentlich nicht. Auf dem Berg standen genau zwei Gebäude: das alte Familienhaus von Nassim und eine Baracke für die Zivis und Volontäre, wie Friedrich. Für andere Gebäude bekam Nassim keine Genehmigung. Seinen Traktor, einen Generator, Werkzeug, Tiere und Saatvorrat brachte Nassim in Höhlen unter, die er in den Fels geschlagen hatte. Einige Höhlen hatten richtige Zufahrten und sahen aus wie handgemachte Parkhäuser. Vor seiner Baracke drückte mir Friedrich eine Petroleumlampe in die Hand und entzündete ein Streichholz. «Hier. Drinnen ist es dunkel.» Wir traten in eine Art Garage, in der zwei Doppelstockbetten standen. Ein Schreibtisch mit ein paar Büchern.

«Du kannst links schlafen. Vor morgen früh kommst du hier eh nicht wieder weg.» Wir legten uns hin und schwiegen. Um acht Uhr ging auf einmal das Licht an, weil Nassim im Haupthaus den Generator angeschmissen hatte. Jetzt hatten wir für eine Stunde Strom, Licht, man konnte den Computer anschließen. Um neun surrte der Generator im Haupthaus leise wieder aus. Nur noch die Petroleumlampe auf dem Boden leuchtete. Friedrich schob das Glas an der Lampe zur Seite, hielt eine Zigarette rein, nein zwei, rauchte sie an und gab mir eine. Der erste Zug schmeckte nach Staub und Öl. Total ungesund. Aber auch wahnsinnig gut.

«Hast du was gefunden, Friedrich? In Jad Vaschem? Bist du deswegen hier?»

«Ja. Nein. Ich habe nichts gefunden. Das ist ja auch etwas.»

«Was hast du gesucht?»

«Einen Namen. Den eigentlichen Grund, aus dem ich in Israel bin.»

Am Abend tranken wir mit Nassim Tee im Haupthaus. Er saß in einer Sitzecke mit bunten Kissen und Decken, an der Wand ein Bild vom Felsendom in Jerusalem und eins von Jesus Christus. «Mir und meinen Vätern», sagte Nassim, «gehört dieser Hang seit Jahrzehnten, ach was, seit Jahrhunderten.» Zugegeben – seine Eltern hatten einst das Weite gesucht, als Israel gegründet wurde und die Palästinenser flohen, nach dem verlorenen Krieg. Er sei in Frankreich aufgewachsen, hatte einen Job, eine Wohnung in Lyon, er habe Klavier gespielt, sei mit Frauen ausgegangen. Alles war gut.

Als Rabin und Arafat sich in Washington Anfang der Neunziger die Hände gaben, «Du weißt schon, Clinton stand dahinter und grinste wie ein Zirkusclown», da sei die Versuchung aber so groß gewesen, zurückzukommen – Nassim hatte etwas aufbauen wollen, hier, auf dem Weinberg, am Ort seiner Väter. Ein paar Jahre lief es ganz gut, aber dann kam die erste Intifada. Und die zweite. Seit mehr als zehn Jahren müsse er mit dem israelischen Staat nun darum streiten, ob er auf dem Weinberg bleiben dürfe. Er habe Kataster-Papiere, die älter seien als Israel. Dazu komme, dass sie ihn aus der Westbank nicht mehr herausließen. Er habe mehrfach Ausreiseanträge gestellt, sagte Nassim, am Anfang hatten sie ihm auch einige bewilligt. Aber seit 2002 habe er die Westbank nicht mehr verlassen. Das Schlimmste sei, dass er hier nicht mehr mit Frauen ausgehen könne. «Ist eben nicht Frankreich. Die Leute stecken die Frauen in Kartoffelsäcke und wundern sich, dass die Jungs durchdrehen, wenn sie 16 sind.» Am Anfang habe er noch ein paar Freunde in Jerusalem gehabt, die für ihn recherchierten und mit einem Foto von ihm in Ostjerusalem auf die Suche gegangen seien, nach einem Rendezvous. Einmal hatten sie sogar ein Treffen arrangiert, am Checkpoint in Bethlehem, sein bester Kumpel hatte ihm geschrieben. Da sei eine Frau, hatte er gemeint, die sei ganz wunderbar und genau das Richtige für Nassim. Also standen sie da, an der Mauer beim Checkpoint, er auf der einen Seite und konnte nicht raus; sie auf der anderen und konnte nicht hinein. Sein bester Freund musste den Grenzbeamten eine halbe Stunde bequatschen und bestechen und ihm das Blaue vom Himmel herunter lügen: Nassim und diese Frau, die er noch nie gesehen hatte, seien ganz schrecklich ineinander verliebt und durch die Mauer voneinander getrennt. Politik und Krieg habe ihre Liebe gefährdet, und sie würden alles dafür geben, sich nur ein paar Minuten sehen zu können. Der Grenzbeamte blieb aber hart und gab sogar das Bestechungsgeld zurück.

Sie versuchten es wieder und wieder bei unterschiedlichen Grenzbeamten, aber es wollte und wollte nicht klappen. Nach drei Monaten gab es einen Schichtwechsel, und die komplette Einheit wurde ausgetauscht. Die neuen Soldaten waren jünger und noch nicht so abgestumpft. Nassim und sein Kumpel starteten einen neuen Versuch.

Dieses Mal behauptete Nassims Freund frech heraus, Nassim und diese Frau hätten vor Jahren bereits geheiratet und seien dann durch die Intifada, diese verdammte Intifada, voneinander getrennt worden, und auf nichts würden sie mehr brennen, als sich endlich, endlich wieder in den Armen halten zu dürfen – und sei es nur für ein paar Minuten, hier, am Checkpoint. Der Soldat, er mochte vielleicht 20 gewesen sein, hatte Mitleid, und ein wenig romantisch war er auch, und also schloss er einen Verhörraum auf, ließ die Frau, sie hieß Sadees, eintreten und schloss wieder zu. Dann holte er Nassim, brachte ihn zu dem Raum, schloss die Tür auf, klopfte ihm auf die Schulter und sah ihn ein wenig schwärmerisch an, mit feuchten Augen. Er habe das Zimmer betreten, sagte Nassim, diesen verdammten Verhörraum, habe diese Frau gesehen – und noch ehe der Soldat die Tür hinter ihm zumachen konnte, habe er sich umgedreht, die Flucht ergriffen und sei zurück nach Bethlehem gelaufen. So schnell er konnte. Zu seinem Weinberg. Diese Sadees sei ziemlich sauer gewesen, sein Kumpel ratlos, und der Soldat, «dieses Kind am Checkpoint», war vermutlich für einen Tag der traurigste Mensch der Welt.

«Was war das Problem mit ihr?», fragte Friedrich.

«Sie hatte blaue Augen.»

«Na und?»

«Blaue Augen sind Augen ohne Farbe. Blaue Augen haben keine Farbe, sie spiegeln nur das Licht. Menschen mit blauen Augen fehlt also die Farbe in der Pupille. Wusstest du das nicht? Wem die Farbe in der Pupille fehlt, dem fehlt sie auch in der Seele. Menschen mit blauen Augen sind wie Gespenster. Ich kann doch kein Gespenst küssen.»

Ich blieb bei Friedrich auf dem Weinberg. Wir schütteten Mauern auf, setzten Keimzwiebeln ins Feld und schlugen Feuerholz. Der Weinberg musste bewirtschaftet werden, sonst galt er als Brachland und Nassim hätte sein Recht darauf verloren. Abends lagen wir in der Baracke, rauchten und tranken Tee. Jeden Abend fragte ich Friedrich, warum wir überhaupt auf dem Weinberg waren. Bei mir war es klar: Ich war hier, um ihn zurückzuholen. Oder um einfach Zeit mit ihm zu verbringen. Aber er?

Nach einer knappen Woche, am Samstagabend, der auf Nassims Weinberg sehr langweilig vor sich hin tröpfelte, begann Friedrich zu erzählen, von seinen Großeltern aus Frankfurt am Main und von den Häusern, die sie besaßen. Von dem Schreibwarengeschäft. Seine Eltern dachten immer, es sei genauso lange im Besitz der Familie gewesen wie die Häuser. Bis die Oma vor einem Jahr starb und die Familie die alten Unterlagen und Bilder sortierte. Nach ein paar Wochen war klar: Die Großeltern hatten das Geschäft

1938 für drei Reichsmark gekauft. Man muss sagen: geklaut. Friedrich erzählte von einem alten Bild, auf dem man die Front des Geschäfts sah, und auf einem großen Schild stand drüber: «Papier & Schreibwaren – Moses Hochbach».

«Ich habe versucht herauszukriegen, wer das war und ob er noch lebt. Ich bewarb mich für Israel als Volontär. Ich hatte das Gefühl, dass ich hier die Antwort finde.»

«Und?»

«In Jad Vaschem konnten sie mir helfen. Aber erst bei meinem achten oder neunten Besuch.»

«Erzähl.»

«Fast die gesamte Familie Hochbach starb in Auschwitz. Aber Moses Hochbach selbst schaffte es, in die USA zu emigrieren. Bei der Einbürgerung änderte er oder die Behörde seinen Namen in ‹Highman›. Er heiratete dort noch einmal und bekam vier Kinder: drei Jungen, ein Mädchen. Einer seiner Söhne wurde Rabbi und ging nach Israel. Er ist etwa 55 Jahre alt und gar nicht weit weg von uns.»

«Er lebt in Neve Daniel?»

«Nein, in Hebron bei den Siedlern in der Altstadt, den Verrückten. Nun versuche ich mich seit drei Wochen zu überreden, dorthin zu fahren und mit ihm zu sprechen. Bis hier bin ich gekommen.»

Wir beschlossen, nach Hebron zu fahren, aber zwei Mal. Einmal mit einer linken Aktivisten-Gruppe von ehemaligen Soldaten, die Berichte über den Dienst in der Armee sammelten und Touren nach Hebron organisierten, für Israelis, Touristen und Studenten. Beim zweiten Mal wollten wir Rabbi Highman um eine Führung bitten.

Eine Woche später liefen wir die Marktstraße von Hebron hinunter. Früher gab es hier wirklich mal einen Markt, Menschen, Leben. Jetzt sah die Ladenzeile aus wie eine tote Filmkulisse, alle Türen zu, ein paar Soldaten patrouillierten. «Hebron hat nach Schätzungen zwischen 150 000 und 200 000 Einwohner», sagte Or, unser Guide. «Zum ganz großen Teil Palästinenser.»

Mitten in Hebron liegt aber außerdem eine jüdische Siedlung, 600 Einwohner, geschützt von 500 Soldaten. Die Siedler stünden politisch am rechten Rand, sagte Or, und gingen selten ohne Waffe vor die Tür. Große Teile der Innenstadt sind durchzogen von Kontrollpunkten und Barrieren aus Betonblöcken. Hebron war immer umkämpft, doch in den vergangenen Jahren war die Stadt zum Symbol des palästinensisch-israelischen Konflikts geworden. Es gab blutige Anschläge von Siedlern und Palästinensern, viele Menschen starben.

Hier auf dem Markt, in der Mitte der Stadt, war kein Mensch auf der Straße. Wir trotteten schweigend durch die Sonne. Unser Guide Or trug eine runde Brille, eine Kippa, Jeans, schwarzes Polohemd. Er hatte ein gewinnendes Lächeln, und wie ein Ideologe sah er nicht gerade aus. Er erzählte von seinem Dienst in der Armee, davon, wie er von den Leuten aus der Siedlung beschimpft wurde, weil die sich lieber selbst verteidigen wollten. Er erzählte, wie er jeden Tag mehr Widerwillen dabei empfand, Palästinenser am Kontrollpunkt warten zu lassen, ihre Häuser zu durchsuchen, ihnen zu verbieten, über bestimmte Straßen zu gehen. Stephanie aus Paris fiel ihm ins Wort: «Das ist doch Staatsterrorismus!»

Wir waren eine Gruppe von etwa 20 Leuten. Zwei Drittel kamen aus Europa, ein Drittel aus den USA. Alle unter 30. Ein Kanadier war auch noch dabei. Um die Gruppe schwirrten zehn Polizisten mit großen Sonnenbrillen wie Bienen um die Königin. Sie sollten uns schützen. Vor wem, war nicht so ganz klar. Als wir durch die jüdische Siedlung gingen, standen ein paar Siedler vor ihren Häusern und motzten uns an. Ein Kind warf mit einem Kieselstein. An einer Wand stand in schwarzen Lettern: «Kill Arabs.»

In der Mitte der Altstadt steht die Machpela, ein bunkerartiger Tempel, den Herodes hat bauen lassen. Unter der Machpela soll Abraham begraben liegen. Außerdem auch seine Frau Sara, sein Sohn Isaak und dessen Frau Rebekka, ferner Isaaks Sohn Jakob und dessen Frau Lea – und der Kopf von Jakobs Bruder Esau. Die Machpela wird auch die «Höhle der Patriarchen» genannt und ist Juden und Moslems und auch einigen Christen heilig.

«Heute ist der Zugang zu den Gräbern aufgeteilt – Juden gehen von links, Moslems von rechts hinein», erklärte Or. Christen können durch beide Eingänge gehen. In den Eingang rechts und damit in die Ibrahimi-Moschee stürmte am 25. Februar 1994 um fünf Uhr morgens der israelische Militärarzt Baruch Goldstein, der Jahre zuvor aus Brooklyn nach Israel emigriert war und in einer Siedlung bei Hebron lebte. Er eröffnete am Eingang der Moschee das Feuer auf die Betenden. Seine Kugeln töteten 29 Menschen, 150 wurden verletzt. Er schoss, bis er überwältigt und mit einem Feuerlöscher erschlagen wurde. Daraufhin brachen in Hebron Krawalle los, bei denen 19 weitere Palästinenser und fünf israelische Soldaten ihr Leben ließen. «Wem danach ist, der kann gerne in der Machpela beten gehen», sagte Or am Ende seines Vortrags.

Eine weitere Woche später brachen Friedrich und ich ein zweites Mal auf, nach Hebron, dieses Mal mit den Siedlern.

Die Ladenzeile am Markt sah unverändert aus wie eine tote Filmkulisse, die Türen verrammelt. «Unsere Gemeinschaft zählt etwa 600 Menschen, wobei 200 davon Studenten sind», sagte Rabbi Jacob Highman. Heute war er unser Guide.

Auch von den 600 Siedlern war am Markt nichts zu sehen. Jacob Highman sprach langsam und bedächtig, hin und wieder fing er an zu singen oder die Thora zu zitieren. Friedrich beobachtete ihn und jede seiner Bewegungen, er wartete auf den richtigen Moment, ihn anzusprechen. Der Rabbi trug ein hellblaues Hemd. Er hatte wache hellblaue Augen, und ein kleiner Bart wuchs um seinen Mund. Wie ein Ideologe schaute er nicht aus. «Ist es nicht das Normalste der Welt für einen Juden, hier wohnen zu wollen, wo unser Stammvater begraben liegt? Sagt es mir.»

Rabbi Highman erzählte, dass die Armee sie, die Siedler, zwar schütze, aber ihnen auch das Leben schwermache. «Es wäre einfacher, wenn sie nicht da wäre», sagte er, man könne sich sicher arrangieren mit den Palästinensern. Er führte uns in das Haus eines Siedlers, ein älterer Mann, der gerade in der Küche stand und uns in der Wand neben dem Herd Einschusslöcher vom letzten «Araber-Angriff» zeigte. Im Flur hing ein Plakat, das auf den ersten Blick aussah wie eines von den Pazifisten: «Schalom achschaw» stand da, «Frieden jetzt». Man sah eine riesige gezeichnete Friedenstaube, die über Mekka kreiste. In ihrem Schnabel hielt die Taube allerdings den Felsendom vom Tempelberg in Jerusalem, und sie war im Begriff, ihn langsam auf die Kaaba niedersegeln zu lassen. *Schalom achschaw.*

Auch die Siedler-Reisegruppe zählte etwa 20 Leute. 15 kamen aus den USA, dann war da noch ein Pärchen aus Spanien mit einem kleinen Kind – und Friedrich und ich. Die Gruppe nickte zustimmend, wenn Rabbi Highman über die «Araber» sprach und über den «Frieden», den sie hier versucht hätten, «die Herren» Arafat und Rabin. Das Wort «Frieden» betonte Rabbi Highman so, wie andere Menschen «Krieg». Wir gingen dieses Mal nicht zu Fuß durch die Häuser der jüdischen Siedlung, sondern fuhren mit einem Bus mit Panzerglas und schusssicheren Wänden. Am Rand der Siedlung stand das «Beit Hadassah», ein stolzer Steinbau mit Ziersäulen an der Front. 1893 wurde der Grundstein für dieses Haus gelegt, erzählte Highman, bis 1929 sei hier ein jüdisches Krankenhaus gewesen. Am 24. August 1929 zogen bewaffnete Banden von arabischen Bewohnern Hebrons durch die Häuser der Juden und mordeten, folterten und vergewaltigten. Die britischen Soldaten, sie waren damals die Polizei, griffen erst am Abend ernsthaft ein. 67 Juden verloren ihr Leben. Der Rest der Gemeinde, etwa 700 Menschen, wurde von den Briten evakuiert.

Am Ende seines Vortrags brachte uns Rabbi Highman auf den Platz vor der Machpela und trug uns auf, am Grabe Abrahams zu beten – und nicht mit allzu kleinen Wünschen vor den Herrn zu treten: «Think big – fordert ganz Israel von HaSchem.» Während die Gruppe eifrig klatschte, schlurfte ein kleiner Junge auf Rabbi Highman zu und schüttelte ihm die Hand. Rabbi Highman streichelte ihm über die Kippa. Er sagte: «Toll. Sehr schön. Wir brauchen gute junge Juden.»

Friedrich stand wie versteinert da, er rührte sich nicht

von der Stelle. Ich stupste ihn an. «Nun, geh hin. Wegen dir und ihm sind wir hier. Frag, was du fragen willst.»

Friedrich sah ins Leere. Er sah auf seine Schuhe. Er sah zur Machpela. Er ging los, aber nicht zu Rabbi Highman, sondern in Abrahams Grabbunker und ward nicht mehr gesehen. Ich wartete auf einer Steinbank. Rabbi Highman war lange weg.

Friedrich kam zurück.

«Friedrich, Mensch. Was ist los? Warum sprichst du nicht mit dem Rabbi? Nach all dem Aufwand.»

Stille.

«Weißt du, Nassim würde jetzt sagen: Er hat ziemlich blaue Augen.»

Die Taschen voll

«Du fährst nach Hause, wenn dein bester Freund heiratet oder deine Schwester ein Kind bekommt», sagte Friedrich. Vermutlich fährst du auch nach Hause, wenn deine Oma stirbt. Friedrich fuhr zurück nach Deutschland, weil er meinte, er habe hier nichts mehr zu suchen. Zum Abschied gab er eine Party bei Pascal, dem arabischen Christen in der Altstadt. Wir dekorierten: Papierlaternen, Luftschlangen, Konfetti. Pascal stellte eine Lautsprecherbox auf. «Try it», rief er. Friedrich legte eine CD in den Player. «Westerland» von den Ärzten dröhnte aus den Boxen: «Jeden Tag sitz' ich am Wannsee und ich hör' den Wellen zu …» Pascal wedelte nervös mit den Armen. «Down! Down! Too much!» Der Nachbar kam aus dem Haus und schaute verwundert die Gasse hinauf.

Friedrich nahm Pascals Wasserpfeifen genauer unter die

Lupe: «Meinst du, man kann damit was rauchen?» Pascal kam dazu. «No drugs!», sagte er.

No drugs? Das wird wohl nichts.

Alle kamen zur Party: Die Pfleger aus dem St.-Pierre-Krankenhaus, Marcus, Jan und die Volontäre, Lior und auch Natalie. Sogar Oberschwester Karin setzte sich für eine halbe Stunde vor Pascals Kneipe, trank eine Limonade und zog kurz an einer Schischa. Dann ging sie zurück ins Krankenhaus, womöglich direkt in die Kapelle, um Vergebung zu erbitten.

Friedrich machte den DJ und legte deutschen Achtziger und Neunziger-Schrott auf: Die Toten Hosen, Nena, Grönemeyer. Pascal huschte angespannt umher. Seine Alkohol-Bestände gingen bald zur Neige, und er schaute auch ein wenig so drein, als wollte er den Laden schließen. Marcus kramte mitgebrachten Alkohol aus seinem Rucksack und stellte sich hinter die Theke. Pascal protestierte kurz und ergebnislos. Alle, die da waren, telefonierten noch mehr Leute heran. Die Party verlegte sich langsam auch auf die Gasse vor der Tür.

Gegen zwölf ging Marcus für eine halbe Stunde weg und kam mit einem Leuchten im Gesicht wieder. Er schnappte sich Friedrich, sie verschwanden zusammen auf dem Klo. Als sie wieder rauskamen, fassten sie sich ständig an die Nase, laberten doppelt so schnell wie vorher und auch doppelt so viel Stuss: «Die haben wir abgezogen», sagte Marcus. «Für mindestens 'ne Woche Verstrahlung eingekauft und den Jungs am Damaskus-Tor nur alte Schekel und Spielgeld angedreht. Hähä.»

«Die», das waren die Dealer, die immer in einer dunklen Ecke an der Innenseite des Tores herumlungerten und

Hasch vertickten. Auf Wunsch auch härteren Stoff. Pascal kam zu mir. Er rief: «You have to stop. The neighbour called. Too much noise.»

Ich drehte die Musik leiser und legte «A-ha» auf.

Bei «Take on me» sah ich Noa und Simson. Sie waren zu zweit gekommen. Noa umarmte gerade Friedrich, der nervös zu mir rübersah. Ich nickte. Warum, weiß ich auch nicht. Simson tat so, als sehe er mich nicht. Noa ebenfalls. Ich ebenfalls. Wir wussten alle, dass das eine Pose war. Ich war sauer. Ich nahm mir einen Alu-Stuhl und setzte mich ein Stück entfernt von der Party in die Gasse und rauchte ein paar Zigaretten. Ich beobachtete Pascal, der verzweifelt versuchte, die Party zu beenden.

Vier Typen marschierten an mir vorbei. Unter ihren gefälschten Marken-Sport-Pullovern spannten sich imposante Muskeln. Sie hatten ihre Hände in den Taschen. Zwei trugen Baseball-Caps. Alle trugen Bart. Drei der Sportpullis stellten sich wie eine Mauer hin, und der vierte schnappte sich Marcus. «Die da», diese Dealer, die Marcus vorhin heldenhaft verarscht hatte, kamen zurück und wollten mit ihm nochmal die Sache mit dem Spielgeld besprechen. Einer presste Marcus an die Wand. Marcus spuckte ihm ins Gesicht! Zack!, das war seine Nase. Er blutete. Zwei Volontäre sprangen ihm zur Seite. Zack!, das war das Bein von dem ersten. Zack!, der Arm vom zweiten.

Pascal kam aus der Kneipe gehastet. Er brüllte etwas auf Arabisch. Er kochte. Einer der Sportpulli-Typen schmiss einen Stuhl nach Pascal. Der duckte sich und brüllte noch lauter. Tiefe Männerstimmen, dunkle, schauerliche Laute auf Arabisch. Eine Frau fing an zu kreischen. Friedrich hing dazwischen wie eine Fahne im Wind. Er wusste nicht, was er tat, denn er war auf Koks. Er stellte sich mitten in den kleinen Krieg in der Altstadt und wollte vermitteln. Frieden machen. Waffenruhe. Einer der Sportpullis schlug ihm ohne Ansatz ein Stuhlbein in den Rücken. Friedrich sank zu Boden. Ich sprang auf und lief zu ihm. Er war bewusstlos. Ich zog ihn weg von der Klopperei, die immer größer wurde: Das raufende Bündel drehte und überschlug sich, überrollte alles, was sich ihm näherte. Etwas flog mir an den Kopf. Ich fiel hin.

Ich kann mich noch erinnern, dass Simson meinen Namen rief. Er drückte mir einen Daumen auf den Hals, zog mich einen Meter weg in die Kneipe, neben Friedrich. Dann sah ich Simson nur noch von hinten. Ich glaube, er hatte eine Schischa in der Hand, nur falsch herum, wie eine Keule. Eine der Boxen der Anlage knallte auf den Boden und begann zu qualmen. Ich nahm meine Kraft zusammen und zog Friedrich und mich raus auf die Gasse.

Irgendwann kam die Polizei. Ich sah schemenhaft die Typen von der Straßenkampf-Einheit in ihren grauen Uniformen, mit Schlagstöcken und Schilden und Helmen. Sie schlugen auf alles ein, was sie vor sich hatten. Völlig egal: Palästinenser, Volontäre, Simson, die Dealer, Noa, Natalie, Pascal. Druff.

Bei mir ging das Licht aus.

Als ich aufwachte, lag ich in einer Zelle, neben mir stand ein Glas Wasser. Ich trank es aus. Ein Polizist öffnete die Tür. Er griff nach meinem Oberarm und zog mich vor einen Schreibtisch. Auf dem Tisch lagen in einer Plastikschale mein Portemonnaie und meine Schlüssel. Der Polizist bat mich, gegenüber von ihm Platz zu nehmen. Er war sehr ruhig und stellte mir lauter Fragen. In der Hand balancierte er meinen Pass.

Wo wohnst du? Warum bist du hier? Wen kennst du hier? Nenne drei Freunde von dir. Kann ich jemanden anrufen? Wo bist du überall gewesen? Warum Israel? Wie ist der Streit in der Kneipe entstanden? Wer war beteiligt? Wen davon kennst du? Hast du Drogen gekauft oder genommen? Besitzt du eine Waffe? Und so weiter.

Ich antwortete. Ich erzählte von der Feier und den Typen vom Damaskus-Tor. Ich verschwieg alles, was mit Drogen zu tun hatte. Wir hätten gefeiert, sagte ich, und dann sei die Sache eskaliert. Der Polizist hörte mir zu, notierte alles Mögliche.

«Wir haben bei dir Drogen gefunden. Marihuana und Kokain.»

«Aber ...»

«Wir werden einen Test machen.»

«Ich hatte nichts dabei. Das ist nicht mein Zeug.»

«Wir werden sehen.»

«Was ist mit den anderen? Sind sie verletzt? Mein Freund Friedrich?»

«Sitzt schon im Flieger nach Deutschland. Er sagte, er habe sowieso ausreisen wollen.»

Der Polizist brachte mich zur Toilette, und ich musste in einen weißen Plastikbecher pinkeln. Er verschwand mit dem Becher. Ich saß da und wusste, dass er mir gleich sagen würde, dass ich gekifft hatte. Aber den Stoff, den hatte mir trotzdem jemand untergejubelt. Vielleicht als ich am Boden lag.

Er kam zurück.

«Der erste Test war positiv. Du hast gekifft. Der zweite ist negativ. Kein Koks. Wolltest du das Zeug verkaufen?»

«Es muss mir jemand zugesteckt haben.»

«Warum? Wer?»

«Keine Ahnung.»

«Woher hattest du die Drogen?»

«Ein Joint ging rum.»

«Und das Koks?»

«Ist nicht meins. War nie meins.»

«Das soll ich dir glauben?»

Der Polizist sah mich lange an. Er griff nach seinem Telefon. Er wählte, sprach ein paar Sätze, wartete, legte auf. Er wählte noch eine Nummer. Er tippte etwas in einen Computer. Er kopierte meinen Pass, ging zum Faxgerät und schickte eine Seite weg. Er wartete und zog eine andere Seite aus dem Fax. Er hob wieder das Telefon ab und wählte. Er las meinen Namen und die Nummer von meinem Pass ab. Er wiederholte sie. Er legte auf. Er zog einen Stempel aus seiner Schublade und ließ ihn auf meinen Pass niedersausen.

Er sagte: «Ich glaube dir kein Wort. Du reist zurück nach Deutschland. Dein Visum gilt noch bis Ende der Woche, ich habe es gerade verkürzen lassen. Außerdem habe ich dafür gesorgt, dass du erst mal kein neues bekommst. Du musst Israel verlassen, für mindestens ein Jahr. Du hast hier nichts mehr zu suchen.»

Auf die Nüsse

«Hallo? Geht es dir gut? Ich muss zurück nach Deutschland.»

«Alles in Ordnung. Ein paar Schrammen. Du musst weg? Wirklich?»

Kurze Pause.

«Ja.»

Lange Pause.

«Vielleicht ist es besser so. Bye, *Bubik*.»

«Bye.»

Aufgelegt. Aber es gab noch einiges zu sagen. Ich nahm einen Zettel und schrieb Noa einen Abschiedsbrief. Ich kaufte mir eine Packung Erdnüsse mit Schokoüberzug und fuhr mit dem Scherut nach Tel Aviv. Ich steckte mir eine Nuss nach der anderen in den Mund. Irgendwann nahm ich mir vor, die Schokolade erst komplett abzulutschen – und dann hineinzubeißen. Das gelang mir nicht. Als wir in Tel Aviv am Busbahnhof ankamen, waren nur noch drei Nüsse übrig. Ich machte mich auf zur Wohnung, was vom Busbahnhof im Allgemeinen etwa 20 Minuten dauerte. Die Hälfte der Zeit lief man am Busbahnhof selbst entlang. Dieser Busbahnhof von Tel Aviv ist ein unglaubliches Gebilde, das sich wie ein schwarzes Loch jede Sekunde um ein paar Meter vergrößert. Als seine Architekten vor ein paar Jahrzehnten seine ersten Steine setzen ließen, konnte das noch keiner wissen. Sie planten ein modernes Verkehrszentrum, auf mehreren Stockwerken, mit Zwischenebenen für Geschäfte und Restaurants, mit ein paar Garagen im Untergrund und großzügigen Dachgärten. Die Bussteige klebten die Architekten mit Brücken und Zufahrten von außen an die Stockwerke, sie reichten wie Tentakel vom Gebäude weg in die Stadt hinein. Alles sollte modern und praktisch sein – und riesig. Riesiger als alles bisher Dagewesene. Was die Architekten nicht einplanten, war, dass ihre Schöpfung ihnen über den Kopf wachsen sollte. Sie türmten Stockwerk über Stockwerk über Stockwerk, und auf einmal begann der Busbahnhof, sein eigenes Leben zu führen. Angeblich hat der Busbahnhof von Tel Aviv sieben normale Stockwerke und noch mal sieben Zwischenstockwerke und ein paar Verbindungsstockwerke. Aber sicher sind es heute viel, viel mehr. Wie viele, das weiß keiner so genau. Es weiß auch keiner, wo hier welcher Bus wann und wohin fährt. Der Busbahnhof hat da seinen eigenen Kopf. Wenn es mal einen Plan gibt, baut sich das Gebäude in der Nacht von alleine um, und alles stimmt nicht mehr. Der ganze Betrieb in diesem Busbahnhof ist nur eine Simulation seiner selbst. Eigentlich füllt dieser Busbahnhof keine andere Funktion mehr aus, als bloß zu existieren. Er ist ein sich selbst verwaltender und ständig vergrößernder Organismus. Er gilt als der größte Busbahnhof der Welt. Kein Wunder, er wächst ja jeden Tag.

Ein paar Monate nach der Grundsteinlegung war den Architekten ihr Projekt völlig entglitten: Sie merkten, dass sich der Busbahnhof quasi über Nacht ein eigenes Zwischenstockwerk gebaut hatte. Mit einer völlig ungeplanten Ladenzeile, Bussteigen, die in keinem Grundriss standen und einem Schnellrestaurant, für das niemand eine Lizenz gekauft hatte. Die Architekten verabredeten damals, über das Problem Stillschweigen zu bewahren, und bauten einfach weiter. Weil das Gebäude sich aber immer stärker verselbständigte, wurden die Architekten irgendwann verrückt und nahmen sich das Leben. Sie stürzten sich gemeinsam von einer 15 Meter hohen Zufahrt zum vierten Stock, die es nach ihren Plänen gar nicht hätte geben dürfen.

Seitdem wird das autoaktive Wachstum des Busbahnhofs von Tel Aviv durch die Stadtverwaltung stillschweigend akzeptiert und gedeckt, beizeiten eingedämmt; beispielsweise, wenn der Busbahnhof droht, die Lewinsky-Straße zu überqueren. Würde man den Busbahnhof nicht hin und wieder in seine Schranken weisen, hätte er in ein paar Jahren ganz Tel Aviv in sich aufgenommen, zu einer riesigen Busstation umgebaut, mit Tausenden von sinnlosen Bussteigen, Ticketschaltern, Ladenzeilen. Ich kann an dieser Stelle nur davor warnen, diesen Busbahnhof jemals zu betreten. Das Scherut nach Jerusalem hält und fährt auf dem Bürgersteig davor, man muss ihn also nicht betreten. Wenn sie das Scherut suchen, fragen sie nicht nach der Vorder- oder Hinterseite des Busbahnhofs, denn so etwas hat er nicht. Er hat nur lauter Richtungen, in die er sich stetig ausdehnt.

Ich war froh, als ich an diesem Tag die Sderot Har Zion überquerte. Ich war den Fängen des Busbahnhofs ein weiteres Mal entkommen. Nur noch ein paar Straßen, dann wäre ich wieder in Florentin gewesen, bei der Wohnung. Die Luft drückte ein wenig, und sie war sehr feucht, wie sie es gerne ist in Tel Aviv. So feucht, dass man sich die Hände waschen konnte, indem man sie zweimal über dem Kopf kreisen ließ. Die Straßen ruhten sich still und friedlich von der anstrengenden Woche aus. Es war Freitag, und bald würde der Schabbat beginnen. Auf der Matalon-Straße hörte ich Gesang. Ich blieb stehen. Der Bürgersteig öffnete sich an dieser Stelle zu einem kleinen Platz, an dem eine

Synagoge lag. Das Gebäude leuchtete weiß, auf das Dach war ein neunarmiger Leuchter aus Metall geschraubt worden. Die Kerzenhalter sahen aus wie Lüsterklemmen. Die Tür der Synagoge stand offen, die untergehende Sonne malte ein Dreieck auf die Fliesen hinter der Schwelle. Es war fast, als hätten meine Beine diese Entscheidung alleine gefällt und nicht ich, aber ich bog nach links ab, Richtung Synagoge. Auf Plastikstühlen, die eigentlich weiß, aber auch sehr dreckig waren, saßen da etwa zehn ältere Männer, alle mit der Kippa auf dem Kopf, mit den Gebetsbüchern in den Händen. Sie sangen, sie brummten, sie murmelten Thora-Verse. Sie schlugen mit den Händen rhythmisch auf die weichen Lehnen ihrer Stühle. Ich sah ihnen zu, kippte leicht zur Seite, und mein Kopf stützte sich am Türrahmen ab. Ich ließ den Rucksack auf den Boden gleiten, hörte das Brummen der Männer. Ich schloss meine Augen und sah den Polizisten in Jerusalem vor mir, wie er mir den Pass zurückgab und sagte, er könne nichts mehr für mich tun.

Du musst das Land verlassen.

War das alles tatsächlich passiert? Vielleicht nicht. Vielleicht war ich seit ein paar Wochen im Busbahnhof von Tel Aviv gefangen und hatte es nur geträumt. Vielleicht waren all diese Dinge nicht in der realen Welt geschehen? Ich war schläfrig, die Gebete der Männer versiegelten mir sanft den Verstand. Ich wollte nicht mehr nachdenken oder sprechen. Über nichts. Nicht über Jerusalem, Krieg, Israel und so. Ich kniff die Augen für eine Sekunde zusammen, öffnete sie wieder, setzte vorsichtig zwei Schritte tiefer in die Synagoge hinein, ließ mich vom Brummen der Männer tragen. Auf einem Regal lagen Kippot. Ich nahm eine und legte sie mir vorsichtig auf den Hinterkopf, setzte mich in der letzten Reihe auf einen weißen Plastikstuhl, den Rucksack zwischen den Beinen. Für eine Weile beobachtete ich genau, was die Männer taten. Ich versuchte mir zu merken, was sie sangen, fasste ein wenig Mut und machte ihnen einiges nach. Eine Sache hatte ich schnell verstanden: Immer wenn jemand an der hinteren Wand des Raumes den Vorhang vor der Thora aufzog, standen wir auf und beteten und sangen im Stehen weiter.

Gelobt seist du, unser ewiger Gott, König der Welt. Baruch Atah.

Der Vorbeter ging auf mich zu, er wollte mich bitten, den Vorhang vor der Thora wegzuziehen und ein Gebet zu sprechen. Ich sah schnell woandershin. Er suchte sich einen anderen, der den Vorhang zurückzog. Kurz danach kam er wieder zu mir. Er nickte mir zu. Ich schüttelte verlegen den Kopf. Die Kippa fiel auf den Boden.

Jetzt schmeißt er mich raus.

Ich hob die Kippa auf, und als ich den Vorbeter ansah, drehte er mir bereits den Rücken zu. Wieder hatte er einen anderen gefragt. Ich atmete durch, und das Brummen der Gebete wehte um meinen Kopf wie Nebel. Es ging gar nicht um das, was diese Männer hier sagten und sangen. Das meiste verstand ich sowieso nicht. Es ging vielmehr um das Gefühl, das wie eine Aufgabe war, wie eine Aufgabe dessen, was ich gerade war. Zumindest für diesen Moment. Die Aufgabe dessen, was da im Rucksack vor mir lag. Ich gab es auf. Meinen Pass, der mich in ein paar Tagen zurück nach Deutschland schickte. Den Brief. Noa.

Ich dachte an all diese Sachen. War es wirklich passiert? War es wichtig? Da draußen vielleicht. Da war es wichtig.

Aber nicht hier drinnen. Die Gebete schienen alles auszulöschen.

Baruch HaSchem. Gelobt sei der Name Gottes.

Als der Vorbeter seine Hand auf meine Schulter legte, merkte ich erst, wie weit weg ich mich hatte treiben lassen. «Wir müssen jetzt schließen», sagte er.

Wie in Trance erhob ich mich.

Leise fiel die Tür der Synagoge ins Schloss: Klick.

Es war still auf der Matalon-Straße. Und dunkel.

Plötzlich öffnete sich die Tür wieder.

«Hallo! Hallo! Hallo! Halt! Du …», rief der Vorbeter. Er hielt etwas in der rechten Hand. «Du hast deinen Rucksack vergessen.»

Ich ging geradeaus, bis ich am Meer stand. Die Sonne war in den Wellen versunken. Ich setzte mich in den Sand und wartete. Keine Ahnung, worauf. Mein Kopf fühlte sich an wie eine Kugel voll mit Sand. Mikroskopisch kleine Steinchen knirschten an der Hirnrinde bei jeder noch so sachten Bewegung. Ich hatte ein dumpfes, schweres Gefühl zwischen den Augen. Wie ein Brummen. Ich wurde immer dunkler, aber von innen. Dieses Brummen kannte ich seit einem Jahr. Bisher hatte ich ihm nur nie zugehört. Ich möchte es das Israel-Brummen nennen, das Grundbrummen jedes Tages.

Mal zerrte es mir an den Nerven, mal trat es mir vors Knie, mal küsste es mich in den Schlaf. Dann schnauzte es mir am nächsten Morgen ins Gesicht, es schubste mich von hinten, machte sich lustig über mich. Bis ich nicht mehr konnte und mich ins Taxi setzte, an den Strand, um die Schuhe auszuziehen und die Füße ins Meer zu halten. Ich dämmerte weg, den Kopf im Sand. Ich träumte dunkel und schwer. Einen Traum wie aus Teer. Eine Katze weckte mich dadurch, dass sie meine Nase ableckte. Ich öffnete den Rucksack und zog die kleine Tüte heraus, mit den Schokonüssen. Zwei waren noch da. Ich nahm eine und steckte sie in den Mund. Vorsichtig lutschte ich an ihr herum. Dann biss ich zu. Wieder nix.

Den Rest der Nacht verbrachte ich in einem Bett mit einer Sippe Wanzen in einem widerlichen Hostel an der Allenby-Straße. Dreimal wachte ich auf und jedes Mal, weil mir eine Kakerlake entweder den Mund oder die Nase so versperrte, dass ich nicht mehr atmen konnte. Am nächsten Morgen beschloss ich, dass es an der Zeit war, meinem Schicksal nicht länger zu widerstehen.

Ich ging zum Busbahnhof und suchte das Scherut zum Flughafen. Es war noch Schabbat, und ich musste warten, bis mit dem Nachmittag der normale Verkehr wieder ins Rollen kam. Ich setzte mich auf eine Bank. Nach anderthalb Stunden bekam ich großen Durst. So großen Durst, dass ich das Wagnis auf mich nahm und den Busbahnhof betrat. Man weiß ja nie, ob man diesen Busbahnhof jemals wieder verlässt. Und wenn, ob man ihn als der verlässt, der man war, als man ihn betrat. Ich sah mich um und kaufte eine Flasche Wasser am Tresen eines Schnellrestaurants. Ich trank sie in einem Zug aus. Dann musste ich aufs Klo. Es dauerte ein wenig, weil die einzige Kabine besetzt war. Nach fünf Minuten kam ein Typ raus, der einen irren Blick hatte.

Als ich zu meinem Platz am Fenster zurückkam, standen da drei Polizisten, die in ihre Funkgeräte sprachen. Einer sah mich an. «Das hier ist dein Platz? Hast du hier einen Rucksack stehenlassen?»

«Ja?»

«Er kam uns verdächtig vor. Wo warst du so lange? Er wird entschärft. Was Wichtiges drin?»

«Ja.»

«Dann lass uns laufen.»

Wir rannten aus dem Schnellrestaurant, links durch den Busbahnhof, ein Treppe hinunter, an lauter Läden vorbei, die alle den gleichen Blödsinn verkauften, nämlich alte DVDs, Süßigkeiten und Hüte. Dann eine Treppe hinauf, eine Rampe hinunter, einen Gang bis zum Ende, bis vor eine Tür, die der Polizist auftrat. Wir stolperten auf ein Vordach, das mit Absperrband versperrt war, rollten uns unter dem Band hindurch, aus der Ferne sah ich ein Podest aus Metall, darauf einen Kasten, von dem ein Kabel wegführte. Es war verbunden mit einem flachen Gerät, das eine Frau in einer grauen Uniform in der Hand hielt. Sie trug eine Schutzbrille und große Schallschutzkopfhörer. Sie drückte einen Knopf.

Es machte leise «Bumms».

Wortlos gingen wir zu den Resten meines Rucksacks. Die Sprengmeisterin hob den Metallkasten an. Darunter dampfte es, und die Überbleibsel meines Rucksacks rieselten durch die Luft. Von meinem Brief an Noa war nur Staub geblieben. Eine Ahnung von meinem Pass. Ein Rest von allem. In meine Richtung rollte ein kleines Ding. Ich hob es auf. Es war die dritte Nuss. Die letzte. Der Schokoüberzug war leicht angekokelt, aber sie hatte die Sprengung überlebt. Ich hielt sie ins Licht. Ich steckte sie in meine Tasche.

Als ich ein paar Tage später im Flieger saß und die Lichter des Busbahnhofs von Tel Aviv und die Lichter vom Rest des Landes aus ein paar hundert Metern Höhe unter mir verschwinden sah, holte ich diese eher eklige Nuss hervor und steckte sie in den Mund. Ich begann zu lutschen. Sie schmeckte scheußlich. Aber dieses Mal musste es einfach klappen. Nur die Schokolade. Ganz langsam.

– Ein Jahr später –

«It's your first time in Israel?»

Sicher nicht. Ist es das letzte Mal, dass ich hier am Pass-schalter stehe? Unwahrscheinlich.

Vom Flughafen ab ins Taxi. Der Fahrer kannte die Straße nicht. Ich gab sie in sein GPS ein. Er machte große Augen, lachte und fuhr trotzdem in die falsche Richtung. «Ich arbeite erst seit gestern hier. In Tel Aviv I am a tourist, like you.» Wir fuhren die breite schicke Autobahn Richtung Tel Aviv. Ich sah die Türme, die Hochhäuser, das Meer, das am Horizont glitzerte, die Vororte mit ihren Fertighäusern, ein paar Palmen dazwischen. Alles war genau wie immer. Nur dass alles mehr als ein Jahr her war.

Nach einer halben Stunde standen wir vor dem Haus in der Vital-Straße. Giovannis Pizzeria war noch geschlossen. Ich sah an der Fassade hoch. Im ersten Stock waren die Fenster weit geöffnet. Aus dem dritten Stock dröhnte Heavy Metal. Ich ging die Treppe hoch. An der Tür, die immer noch aus Spanplatte war, hing ein Schild, aus Eisen geschmiedet: «Noa & Simson».

Ich klopfte. Es roch nach Reis, leicht angebranntem Reis, so wie die Perser ihn machen. Reis mit Rosinen. Ich hörte Simson durch die Tür. Er fluchte. Die Tür flog auf. Simson lachte und drückte mich an seinen großen Körper. «SCHALOM!»

Irgendwo in der Wohnung hörte ich Noa. Sie schimpfte auch. «Du Nichtsnutz! Benimm dich mal. Was willst du denn? Sei still und bleib sitzen.»

Als sie um die Ecke kam, hielt sie ein Kind auf dem Arm. «So ist es schön, Jonathan.»

Jonathan rülpste. Er hatte helle braune Augen, wie Murmeln, ohne rote Äderchen, ganz frisch und hell. Braune Augen, wie seine Mutter, und einen hochroten Kopf.

«Jonathan – schöner Name», sagte ich.

«Noas Idee», sagte Simson.

Wir aßen, Reis mit Rosinen, erzählten und lachten und weinten, alles war genauso wie früher.

In ein, zwei Momenten, als die Sonne in einem bestimmten Winkel durchs Fenster schien, dachte ich, dass dieser Jonathan etwas hatte, was mir merkwürdig bekannt vorkam.

Zum Beispiel eine wirklich große Nase.

Inhalt

Danke

Liat

Anne und Roman.

Adam, Gero, Ron, Samuel.

Charlotte, David, Franziska, Gerd, Jan, Jochen, Lars, Manuel, Michael, Matthias, Max, Ronald, Taki, Sven.

Angela und Benjamin, Angelika und Jürgen, Elly, Gisela.

Michael Gaeb, ohne den es dieses Buch nie gegeben hätte.

Isabell Trommer, ohne die dieses Buch nie erschienen wäre.